앞으로 10년, **돈의 배반이** 시작된다

UNFAIR ADVANTAGE
by Robert T. Kiyosaki

Copyright © 2011 by CASHFLOW Technologies, Inc.
This edition published by arrangement with Rich Dad Operating Company, LLC.
Korean translation copyright © 2012 by Next Wave Publishing Co.

이 책의 한국어판 저작권은 대니홍 에이전시를 통한 저작권사의 독점계약으로 흐름출판에 있습니다.
신저작권법에 의해 한국 내에서 보호를 받는 저작물이므로 무단전재와 무단복제를 금합니다.

부자 아빠가 되는 마지막 기회

앞으로 10년,
돈의 배반이 시작된다

초판 1쇄 인쇄 2012년 3월 16일
초판 16쇄 발행 2019년 10월 24일

지은이 로버트 기요사키
옮긴이 고영태
펴낸이 유정연

편집장 장보금
기획편집 백지선 신성식 조현주 김수진 김경애 **디자인** 안수진 김소진
마케팅 임충진 임우열 이다영 박중혁 **제작** 임정호 **경영지원** 박소영

펴낸곳 흐름출판(주) **출판등록** 제313-2003-199호(2003년 5월 28일)
주소 서울시 마포구 월드컵북로5길 48-9(서교동)
전화 (02)325-4944 **팩스** (02)325-4945 **이메일** book@hbooks.co.kr
홈페이지 http://www.hbooks.co.kr **블로그** blog.naver.com/nextwave7
출력·인쇄·제본 (주)현문 **용지** 월드페이퍼(주) **후가공** (주)이지앤비(특허 제10-1081185호)

ISBN 978-89-6596-023-2 03320

• 이 책 내용의 전부 또는 일부를 사용하려면 반드시 저작권자와 흐름출판의 서면 동의를 받아야 합니다.
• 흐름출판은 독자 여러분의 투고를 기다리고 있습니다. 원고가 있으신 분은 book@hbooks.co.kr로 간
  단한 개요와 취지, 연락처 등을 보내주세요. 머뭇거리지 말고 문을 두드리세요.
• 파손된 책은 구입하신 서점에서 교환해드리며 책값은 뒤표지에 있습니다.

이 도서의 국립중앙도서관 출판시도서목록(CIP)은 e-CIP홈페이지(http://www.nl.go.kr/ecip)와 국가자료공동목록시스템
(http://www.nl.go.kr/kolisnet)에서 이용하실 수 있습니다.(CIP제어번호: CIP2012001096)

부 자 아 빠 가 되 는 마 지 막 기 회

앞으로 10년,
돈의 배반이
시작된다

로버트 기요사키 지음 | 고영태 옮김

흐름출판

부자들의
불공정한 게임이
시작된다

지금 전 세계적으로 돈이 넘쳐나고 있다. 세계 각국 정부들이 찍어낸 엄청난 종이돈이 수조 달러에 이른다. 각국 정부들은 세계 경제가 공황에 빠지기를 바라지 않기 때문에 앞으로도 종이돈을 더욱 많이 찍어낼 것이다. 이것이 금이나 은 같은 귀금속 가격이 지속적으로 상승하고, 그 결과 돈을 꼬박꼬박 은행에 저축하는 사람들이 경제적인 패자가 되는 이유다.

문제는 이런 가짜 종이돈이 소수 사람들의 손에 있다는 것이다. 그래서 부자들은 더 부자가 되고 가난한 사람들과 중산층은 더욱 가난해진다. 이에 따라 경제도 나빠지고 결국 빈익빈 부익부 현상은 더욱 심화될 것이다.

미국 인구통계국에 따르면, 미국의 빈곤층은 2010년 10월을 기준으로 약 15퍼센트 정도 증가했다. 이는 약 400만 명의 중산층이 빈곤층으로 전락했다는 것을 뜻한다.

나는 거짓말쟁이처럼 들릴 위험을 무릅쓰고 매우 현실적인 투자와 관련된 책을 쓰기로 결심했다. 어떤 것을 알고 있기만 하고 이를 많은 사람들과 공유하지 않는 것은 바람직하지 않다고 생각하기 때문이다.

좋은 것을 혼자만 알고 있는 것은 지나친 탐욕이다. 세계 경제가 침체에서 회복하기에 앞서 우리 모두는 진짜 금융 교육을 받아야 할 필요가 있다. 나는 사람들에게 물고기를 잡아주는 것보다 물고기 잡는 방법을 가르쳐주는 것이 더 옳다고 생각한다. 따라서 이 책은 스스로 경제위기를 극복하고 싶은 당신에게 권하는 비서秘書가 될 것이다.

로버트 기요사키

돈의 배반,
어떻게 대처할 것인가

서성식 _ A+에셋 CFP본부장 겸 자산연구소 부소장

역사의 게임에서는 영원한 승자도 영원한 패자도 없다. 자본주의 250년의 역사를 돌이켜보면 바닷물 조류의 방향이 바뀔 때 누가 그물을 던지느냐에 따라 국가의 운명이 바뀌었다. 말에서 석탄, 석유, 전기, 그리고 태양광까지의 변화는 100년 동안 이루어진 결과다.

부자 아빠 로버트 기요사키의 이번 책은 앞으로 다가올 10년이 그동안 우리가 겪은 200년간보다 더 큰 조류로 변화할 것을 지적하고 있다. 그리고 그 변화는 근본적이고 가장 변혁적임을 역설한다. 뿐만 아니라 글로벌 경제 현장의 가장 가까이에서 진실을 알리고, 그 이면에 도사린 행간의 의미를 전하겠다는 치열한 탐구와 깊은 사유, 그리고 무엇보다 정확한 예측이 돋보인다.

사람들은 항상 의구심을 갖는다. 전 세계적인 금융위기와 실물경제 침체, 그리고 경기회복만으로 끝일까? 만일 아니라면 그 다음은 무엇일까? 위기 때문에 잃어버린 자들의 끊임없는 시위 그리고 무제한으

로 풀었던 종이지폐의 부메랑……. 지금 다가온 기차에 올라타긴 하지만, 국가 부도의 시대가 도래한다면? 로버트 기요사키는 이에 대해 누구보다도 날카롭게 지적한다.

이 책의 원제는 'Unfair Advantage', 즉 '불공정한 경쟁우위'라는 뜻이다. 한마디로 시작부터 부당하고 불공정한 게임이란 뜻이다. 메가트렌드Mega-Trend를 예측하고 발 빠르게 준비하는 사람과 그렇지 않은 사람 간의 경쟁은 공정한 게임이 안 된다.

책에서 기요사키는 지식, 세금, 부채, 위험, 보상이라는 5가지 키워드를 제시하고 있다. 이 5가지 키워드에 대해 제대로 알고 있는 사람은 모르는 사람에 대해 절대적으로 경쟁우위에 서게 된다. 이 5가지 키워드를 모르는 사람 입장에서는 불공정할 수도 있다. 즉 이를 아는 사람과 모르는 사람은 출발선부터 다르다는 의미이고, 아는 사람 입장에서는 불공정하지만 경쟁우위를 갖게 된다는 뜻이다. 다행히 이 책은 이런 메가트렌드를 소개하고 있기에 이 책을 읽는 것만으로도 읽지 않은 사람보다 경쟁우위에 있게 된다.

나는 기요사키가 미국 상황을 기반으로 이 책을 썼지만, 한국 상황에도 시사하는 바가 크다고 보고 있다. 2012년 우리나라의 상장사들은 최고 실적을 예측하고 있다. 하지만 대학생 졸업자 44만 명 중 일자리를 얻는 수는 51퍼센트밖에 되지 않는다. 부동산 가격 역시 100주 이상 연속 하락하고 있으며, 개인 부채는 1,000조를 넘어섰다. 프랑스의 경우 고령화 사회에 진입하기까지 147년이나 걸렸지만, 우리나라는 단 22년 만인 2022년이면 고령화 사회에 접어들게 된다. 저출산과 고령화로 인한 인구 변화, 쌍봉세대의 은퇴, 자산가치의 감소,

일자리 감소 등의 메가트렌드는 한국 상황에도 고스란히 적용된다. 앞으로 다가올 10년 동안 한국에서 일어날 변화에 대해 살펴보자.

먼저 인구 변화다. 통계청 자료에 따르면, 한국의 출산율은 1958년에는 6.4명, 1970년 4.5명, 2008년 1.19명으로 집계되었다. 이는 세계 출산율 중에서 193위로, 이미 저출산 국가로 진입했다고 볼 수 있다. 그렇다면 저출산은 한국의 인구 변화에 어떤 영향을 미칠까?

기요사키는 일본과 미국의 인구 변화 사례를 통해 그 해답을 간접적으로 제시해주고 있다. 일본의 경우 1990년도 이후 생산가능인구인 35~55세 인구가 감소하면서 주택가격지수도 하락하기 시작했다. 그러다 1990년 말 이후에는 주택가격지수가 급격히 하락했다. 이는 일본에만 국한된 이야기가 아니다. 미국 역시 2006년 이후 40~59세 인구가 감소하기 시작했고, 주택가격지수도 하락하기 시작했다. 2006년부터 노동력의 주축인 30~40대 인구가 감소하고 있는 우리나라도 일본과 미국을 닮아가고 있는 것이다.

두 번째 생각해볼 문제는 쌍봉세대(소득이 높고 사회적 지위도 안정된 지점에 이른 4, 50대)의 은퇴다. 2010년부터 베이비붐 1세대인 1955년생들의 은퇴가 시작되었고, 2020년부터는 베이비붐 2세대인 1966년생들의 은퇴가 시작된다. 이들의 특징은 약 72퍼센트가 자가를 보유하고 있으며, 이중 93퍼센트는 부채를 활용하고 있다. 또한 퇴직 후 임금 소득상실과 주택담보대출 원리금의 부담으로 소비를 대체할 만한 현금자산이 부족하다. 따라서 현금자산을 확보하기 위해 자산의 이동이 예상된다.

자산의 이동은 주로 보유한 부동산을 처분한 후 주식이나 펀드 그리고 현금자산으로 확보할 것이다. 이 책에서 분석한 대로 살펴보면,

쌍봉세대의 경우 65세 은퇴 시점 이후 자산의 현금화가 예상된다. 특히 현재 거주 중인 중대형 아파트를 처분한 후 현금을 확보하고, 거주지는 중소형 아파트로 이동하리라 본다. 그래서 이 책은 부동산에서 금융자산으로의 자산 이동을 권하고 있는 것이다.

세 번째로 자산가치의 하락이다. 1975년 우리나라의 일인당 국민총소득은 6,147달러였다. 그러던 것이 2010년에는 약 3배 이상 증가한 20,759달러였다. 그렇다면 우리의 생활수준은 얼마나 향상되었을까? 시내버스 요금은 1975년 40원이었으나 현재는 25배 증가한 1,150원이다. 영화요금은 700원에서 13배 증가한 9,000원으로, 목욕탕 요금은 250원에서 25배 증가한 7,000원으로 증가했다. 결국 일반 자장면에서 곱빼기 자장면 수준의 소득으로 향상된 것뿐이다.

그렇다면 향후 개인들의 자산 증가는 어떨까? 이미 EU 국가와 미국, 일본은 국채 금리가 1퍼센트 미만의 초저금리 시대로 진입했다. 한국도 대부분의 은행권 정기예금이 4퍼센트 미만이며, 향후 선진국 수준으로 하락할 가능성이 높다. 즉 기요사키가 강조하듯이 정기예금만으로는 더 이상 자산을 축적하기 어렵다.

개인 부채 역시 마찬가지다. 2000년 282조였던 개인 부채는 2009년에는 877조, 2011년에는 1,000조로 대폭 늘어났다. 이는 2006년 부동산 가격이 상승, 개인 자산이 부동산으로 편중되기 시작하면서 부동산 담보대출이 급격히 증가한 결과다. 현재 부동산시장에서 주택 보유자들은 높은 이자와 고점에 대한 부담감으로 주택을 매물로 내놓고 있는 실정이다. 하지만 주택 구매자들은 가격 하락을 기대하면서 관망만 하다 보니 쌍방간 거래가 실종된 상태라 할 수 있다. 이를 반영하듯 부동산시장은 전세값만 상승하고 있다. 그래서 이 책을 읽고 나면, 세금과 자산의 관계, 부채와 자산의 관계를 이해할 수 있을 것이다.

네 번째로 일자리 감소와 청년 고용에 관한 부분이다. OECD 국가의 대학 진학률을 보면, 미국은 60퍼센트, 일본은 47퍼센트, 프랑스는 41퍼센트, 독일은 35퍼센트다. 이에 비해 한국은 84퍼센트로 OECD 국가 중 1위를 기록하고 있다.

그런데 2010년 통계청 취업자료를 보면 2010년 졸업자 44만 명 중 51퍼센트만 취업했으며, 그중 37퍼센트가 비정규직이고, 정규직 중 21퍼센트가 월소득 150만 원 이하다. 특히 우리나라 30대 그룹의 생산 규모는 국내 GDP의 40퍼센트를 차지하지만, 청년 고용률은 전체의 3.8퍼센트로 신규 채용에 소극적이다.

이처럼 앞으로 10년의 한국 상황도 아주 희망적인 것만은 아니다. 그렇다고 손 놓아버릴 수는 없다. 오히려 대비하기 위해 시간과 돈을 투자해 금융지식을 쌓아야 한다. 이것이 기요사키가 누차 강조하는 바다. 그는 금융 교육을 받아 재정과 경제에 관한 지식을 쌓으면 누구든 이 불공평한 경쟁 사회에서 우위를 차지할 수 있다고 말한다. 책에 언급된 세금 문제나 현금흐름을 창출하기 위한 임대수익 등은 미국의 상황과 다른 부분도 있다. 하지만 기요사키가 전하고자 하는 핵심은 결국 '모르면 당한다'라는 내용일 것이다. 그것만 제대로 파악한다면 앞으로의 위기에 어떻게 대처해야 하는지 알 수 있을 것이다.

일본의 '잃어버린 10년'을 아는가. 이 책에서는 일본의 잃어버린 10년을 인구부양비율과 국가 부채를 통해 원인을 분석했다. 인구부양비율이란, 생산활동인구 중에서 총 부양인구로 국가의 생산 가능한 경제활동인구 비율을 나타낸 수치다. 일본의 경우 1990년부터 인구 부양비율이 급격히 상승했으며, 2000년 이후 국가 부채가 GDP 대비 220퍼센트까지 증가한 후 일본의 잃어버린 10년이 찾아왔다.

우리나라도 앞으로 다가올 10년에 대해 막막하기만 하다. 인구 감소에 따라 부동산 가격과 자산 가치는 하락하는 반면, 개인과 국가의 부채는 증가할 것이다. 국내 상장기업의 이익은 증가할지 몰라도 일자리는 계속 감소할 것이다. 이는 개인의 자산 감소와 구매력 저하로 이어져 결국 가계 자산에도 변화가 예상된다. 특히 우리나라의 경우 2015년 이후 인구부양비율이 급격히 상승할 것이다. 현재 개인부채 1,000조와 국가부채 규모를 생각할 때 우리도 잃어버린 10년을 대비해야 할 때라는 것이다.

"위기에 영웅 나고 불황에 거상 난다"고 했다. 기요사키는 앞으로 10년이 너무 힘들고 어렵다고만 이야기하지 않는다. 이 시기야말로 투자와 자산 쉬프트의 적기임을 감지하고 행동하라고 말한다. 따라서 과녁의 표준을 편향된 여론이나 대중의 기호에 맞춤으로써 독자들로부터 외면받고 있는 책들과는 분명 다르다. 특히 누구도 쉽게 제시하지 못했던 세금과 화폐에 대한 이야기를 원숭이에 빗댄 우화는 앞으로 우리가 어디로 나아가야 할지를 알려주는 내비게이션이 되기에 충분하다. 앞으로 다가올 10년을 희망으로 바꿔줄 책임이 분명하다. 2012년에 만나는 신선한 어젠다, 미래를 위한 마음다짐이 필요한 모든 이들에게 권하고 싶은 책이다.

차례

지식  1 : 장

왜 금융 교육이 중요한가

세금

모르면 당한다

2 : 장

부채  3:장

좋은 빚을 활용하라

위험 4:장

투자, 결국 위험관리다

보상

돈을 위해 일하지 마라

앞으로 10년,
우리는 무엇을
준비해야 하는가

지난 수천 년 동안 아프리카와 아시아의 원주민들은 원숭이를 잡는 기술을 익혀왔다. 먼저 몸통에 작은 구멍이 있는 나무를 찾아 그 구멍 안에 과일과 호두를 넣어둔다. 그러면 잠시 후 원숭이가 나무로 다가와 과일과 호두를 가져가려고 구멍 속에 손을 집어넣는다. 과일과 호두를 움켜잡은 원숭이는 작은 구멍에서 손을 빼지 못해 함정에 빠지게 된다. 원숭이는 빠져나가려고 몸부림을 치면서도 결코 과일과 호두를 포기하지 않는다. 원주민들은 손쉽게 함정에 빠진 원숭이를 잡거나 죽일 수 있다.

사람도 원숭이와 비슷하다. 단지 과일과 호두에 집착하는 대신 직업 안정성, 소유물 그리고 돈에 집착할 뿐이다. 대부분의 사람들은 금융 교육을 받지 못했기 때문에 함정에 빠진 원숭이처럼 평생 임금의 노예가 되거나 정부가 거둬가는 세금의 노예로 살아간다.

2007년 세계 금융위기가 닥쳤을 때 사람들은 해고되지 않기 위해 직장에 더욱 매달렸다. 수백만 명의 사람들은 주택담보대출mortgage loan의 할부금을 갚지 못했지만 집에 집착했다. 대부분의 미국인들은 연방 정부가 수조 달러의 돈을 마구 찍어내고 있는 상황에서 지출을 줄여가며 더 많은 돈을 저축했다.

연방 정부가 찍어낸 돈이 시중에 넘쳐나자 구매력은 더욱 떨어졌다. 근로자들은 주식시장이 폭락하면서 지금까지의 수익을 모두 날려버렸지만 더 많은 돈을 은퇴연금에 쏟아 부었다. 실업률이 치솟는 와중에도 점점 더 많은 사람들이 학교로 되돌아갔고, 재학생의 수는 폭발적으로 증가했다.

2010년이 되자, 대부분의 사람들은 전 세계가 금융위기를 겪었다는 사실을 알게 되었다. 하지만 이들은 불행하게도 어떻게 위기에 대처해야 하는지 모르고 있다. 사람들은 원숭이처럼 손에 잡은 것을 움켜쥔 채 위기가 지나가기를 숨죽여 기다리고 있다. 그리고 정치 지도자들이 세계 금융위기를 해결하면 다시 좋은 시절이 돌아올 것이라고 믿고 있다.

일부 사람들은 자신들이 변해야 한다는 사실을 잘 알고 있다. 하지만 제대로 된 금융 교육을 받지 못하면 이들도 무엇을 해야 하는지 또는 어떻게 변해야 하는지 알지 못한다.

앞으로 10년, 위기가 시작된다

앞으로 다가오는 10년은 세계 역사상 가장 변화무쌍한 10년이 될 것이다. 불행하게도 과거의 유산에 집착하고 있는 사람들—즉 직업 안정성, 저축, 집 그리고 은퇴연금 등에 집착하는 사람들—은 앞으로 다가올 세계적인 금융 폭풍에 가장 큰 피해를 입게 될 것이다.

나는 다음의 5가지 사실을 근거로 이들이 가장 큰 피해자가 될 것이라는 사실을 자신 있게 말할 수 있다.

1. 향후 10년 동안 산업화 시대는 완전히 끝날 것이다

산업화 시대는 1500년경에 시작해 2000년에 끝났다. 제2차 세계대전이 끝난 1945년에 미국은 산업화 시대의 제국들 가운데 가장 강력한 힘을 가지게 되었다.

산업화 시대에는 기술, 공장, 훌륭한 학교 그리고 강력한 무기를 소유한 국가들이 세계를 지배했다. 자동차 산업, 항공 산업, 라디오와 TV 산업 그리고 무기 산업이 세계 경제를 지배했던 산업화 시대에는 근로자가 평생 고임금을 받는 직업을 가질 수 있었고, 노동조합에 의해 보호를 받았으며, 죽을 때까지 은퇴연금을 지급받을 수 있었다.

이런 산업화 시대에 금융 교육은 중요하지 않았다. 그러나 1989년 '월드와이드웹www'이 탄생하면서 산업화 시대는 종말을 고했고, 정보화 시대가 시작됐다. 앞으로 다가올 10년 동안 임금이 비싼 선진국의 공장들이 저임금 국가로 이전되고, 더 많은 일자리들이 기술에 의해 대체될 것이다. 평생 고임금을 받는 직업을 유지하고 죽을 때까지 은퇴연금을 받는다는 사람들의 생각은 구 시대의 사고방식이 되었다.

오늘날 미국은 가장 부채가 많은 국가다. 미국은 현재 사회보장과 의료보장 같은 복지 프로그램을 더 이상 감당할 수 없을 정도의 부채를 지고 있다. 따라서 직업 안정성과 평생연금이 보장되지 않는 정보화 시대에 금융 교육은 반드시 필요하다.

불행하게도 함정에 빠진 원숭이들처럼 수백만 명의 근로자들은 아직도 학교 교육, 직업 안정성, 급여, 의료보장, 조기 은퇴 그리고 평생 동안 지속되는 정부의 지원과 같은 산업화 시대의 유물에 집착하고 있다.

이 책은 정보화 시대에 대비하기 위해 당신이 어떤 교육을 받아야 하는지 알려줄 것이다.

2. 돈의 법칙은 1971년에 이미 바뀌었다

1971년 미국의 닉슨 대통령Richard M. Nixon이 금본위제도gold standard 를 폐지하면서 돈의 법칙이 바뀌었다. 미국 달러는 화폐로서의 기능을 상실했고 부채의 수단이 되고 말았다. 1971년 이후 저축을 하는 사람들은 모두 경제적으로 패자가 되었으며, 미국 달러화의 구매력 가치는 95퍼센트나 하락했다. 나머지 5퍼센트의 가치를 잃게 되는 데는 아마 40년도 채 걸리지 않을 것이다.

손에 쥔 과일을 놓지 못해 나무구멍에서 벗어나지 못하는 원숭이처럼 수백만 명의 사람들은 여전히 저축에 집착하고 있다. 당신은 이 책에서 은행에 저축하는 것은 어리석은 일이며, 대신 그 돈으로 무엇을 할 수 있는지 배우게 될 것이다.

은행이 돈을 찍어낼 수 있다면 당신도 돈을 찍어낼 수 있다. 당신은 이 책을 통해 당신만의 돈을 찍어내는 방법을 배우게 될 것이다. 하지만 그러기 위해서는 금융 교육이 반드시 필요하다.

3. 1971년 이후 은행에 대한 구제금융의 규모가 크게 증가했다

2010년, 사람들은 서브프라임subprime(비우량 주택담보대출) 사태의 전

모와 전 세계에 걸쳐 수조 달러의 구제금융이 집행됐다는 사실을 알게 되었다. 현재 수많은 사람들이 각국 정부들이 부유한 은행가들을 구제해주고, 그 책임을 힘없는 납세자들에게 전가하는 것에 대해 분노하고 있다.

그러나 불행하게도 은행에 대한 구제금융지원은 과거에도 여러 차례 있었고, 1971년 이후 그 규모가 증가했다는 사실을 아는 사람들은 많지 않다. 1980년대에 은행에 대한 구제금융의 규모는 수백만 달러 정도였다. 1990년대에는 그 규모가 수십억 달러로 증가했다. 2007년부터는 은행에 대한 구제금융이 국제적인 문제가 되었고, 그 규모도 수조 달러로 증가했다.

금융 교육을 받지 못한 탓에 대부분의 사람들이 '빚=나쁜 것'이라는 사고방식에 둘러싸인 것은 불행한 일이다. 손에 쥔 바나나를 놓지 못해 나무 구멍에서 손을 빼지 못하는 원숭이처럼 사람들은 달러라는 종이돈에 집착하면서 부채에서 벗어나려고 최선을 다하고 있다.

제대로 된 금융 교육을 받지 못한 대부분의 사람들은 부채가 나쁘다고 생각한다. 부채를 활용해 더 많은 돈을 벌 수 없다면 그 부채는 나쁜 것이다. 그러나 당신을 부자로 만들어주는 좋은 부채도 있다.

당신은 부채가 어떻게 은행가와 금융 교육을 받은 사람들을 부자로 만들어주는지 이 책을 통해 배우게 될 것이다.

4. 인플레이션이 심화되고 있다

2000년 1월 4일, 금 1온스(약 8돈)의 가격은 282달러였다. 10년 후인 2010년 12월 30일에 금 1온스의 가격은 1,405달러로 상승했다. 지난 10년 동안 미국 달러화의 가치는 금과 비교해 398퍼센트나 하락했다.

2000년 1월 4일, 원유 1배럴의 가격은 25달러였다. 2010년 12월 31일, 원유 1배럴의 가격은 91달러로 올랐다. 10년 만에 원유의 가격은 264퍼센트가 상승했지만 정부는 여전히 인플레이션이 없다고 주장하고 있다.

이런 상황에서 금융 교육을 받은 똑똑한 사람은 다음과 같은 질문을 던질 것이다.

- 앞으로 10년 뒤인 2020년 12월 31일에 금 1온스의 가격은 얼마나 될까?
- 휘발유 1갤런의 가격은 2020년 12월 31일에 얼마나 오를까?
- 앞으로 10년이 지나면 식료품은 얼마나 더 비싸질까?

금융 교육을 받지 못한 사람들은 이런 질문을 하지 못한다. 대신 학교로 되돌아가고, 더 열심히 일하고, 더 많은 세금을 낸다. 그리고 더 비싼 가격을 주고 물건을 구입하고, 정해진 수입의 범위에 맞춰 살기 위해 최선을 다해 저축하고 또 저축한다.

당신은 이 책을 통해 미래를 예측하는 방법과 앞으로 다가올 변화로부터 위험을 줄일 수 있는 방법을 배우게 될 것이다.

5. 더 많은 사람들이 더 가난해질 것이다

앞으로 부유층과 빈곤층의 격차는 더 커질 것이다. 중산층 가운데 많은 사람들이 빈곤층으로 전락하게 될 것이다. 미국과 영국, 프랑스 그리고 일본과 같은 선진국들에서도 가난한 사람들은 더 많아질 것이다.

정부가 은행가들을 구제하려고 나서는 순간 이는 빈곤층과 중산층을 희생시켜 부유층을 구제하는 방법을 선택한 것이다. 따라서 앞으로 10년 동안 부자들은 더 부유해지고, 가난한 사람들과 중산층은 세금 부담과 인플레이션 때문에 더욱 빈곤해질 것이다.

향후 10년 동안 다음과 같은 일들이 벌어지면서 금융 교육을 제대로 받지 못한 사람들은 더욱 어려움을 겪게 될 것이다.

- 베이비붐 세대들이 은퇴할 것이다 : 미국에만 7,800만 명의 베이비붐 세대가 있다. 베이비붐 세대의 52퍼센트는 퇴직연금이나 노후 대비 투자가 충분하지 못한 것으로 추정된다. 정부의 사회보장이나 의료보장 프로그램도 파산 상태에 이르렀다. 베이비붐 세대를 위한 복지 프로그램의 재원을 마련하기 위해서 미국 정부는 1964년 이후 태어난 세대들에게 더 많은 세금을 거둬들여야 할 것이다.
- 더 많은 일자리가 사라질 것이다 : 연방 정부, 주 정부, 시청 등 지방 자치단체는 재정난을 겪을 것이다. 이들 가운데 많은 곳들이 사실상 파산 상태에 처할 것이다.
- 앞으로의 일자리 감소는 공공 분야에서 발생할 것이다 : 2007년부터 2010년까지 대부분의 일자리 감소는 대기업이나 중소기업 등 민간 분야에서 발생했다. 그러나 앞으로는 정부의 일자리가 사라지게 될 것이다.

이것은 더 많은 세금, 열악한 대국민 서비스 그리고 더 많은 실직을 의미한다.

2011년 1월, 미국에서 두 번째로 위험한 도시인 뉴저지 주의 캠던 Camden 시는 경찰 인력을 50퍼센트 감축했다. 캠던 시는 소방관과 공무원의 수도 감축했다. 범죄의 희생자가 늘고 화재로 인한 재산 피해가 늘어난다면 누가 캠던 시에 살고 싶어하겠는가? 각종 공공기관들이 기능을 상실하면 개인들의 재산 가치에 어떤 영향을 미치게 될 것인가?

이 책은 당신에게 미래를 대비하기 위한 새로운 아이디어를 제공해줄 것이다.

2010년을 기준으로 미국의 부채는 무려 14조 달러에 달했다. 전미 정책분석센터NCPA, National Center for Policy Analysis에 따르면, 사회보장 프로그램과 의료보장 프로그램에 대한 부채까지 포함시키면 전체 부채 규모는 107조 달러에 달할 것으로 추정된다. 이것은 미국의 파산이 머지않았다는 것을 의미한다.

현재 미국은 다음 3가지의 기본적인 선택권을 가지고 있다.

- 부채를 갚지 못해 국가 부도를 선언한다 : 이렇게 되면 세계 경제의 판도가 바뀔 것이다.
- 지출을 줄이고 세금을 인상해서 부채를 갚는다 : 이 방법도 세계 경제를 크게 변화시킬 것이다.
- 더 많은 달러를 찍어내 달러화의 가치가 떨어지고 위조지폐와 다름없는 달러로 지출을 감당한다 : 이것도 세계 경제에 큰 영향을 미칠 것이다.

손에 쥐고 있는 과일을 놓지 않아 함정에 빠진 원숭이처럼 보통 사람들은 미국 달러화의 실체에 대해 잘 알지 못할 뿐더러 세계 경제에서 어떤 일이 벌어지는지조차 관심이 없다. 단지 먹고사는 데 필요한 돈을 충분히 모으는 데 집착할 뿐이다.

먹을 수 없다는 사실을 인지하지 못한 채 손으로 움켜잡은 과일에 집착하는 원숭이처럼 보통 사람들은 실제로 자신들이 소유하고 있는 돈이 진짜 돈이라고 생각한다. 이들은 세계 경제위기를 정부 관리들이 해결할 수 있을 거라고 믿고 있다. 세계적인 금융위기를 한 사람의 정치 지도자나 한 국가가 해결할 수 없다는 사실을 아는 사람들은 소수에 불과하다.

당신은 이 책에서 정보화 시대의 변하고 있는 돈의 규칙에 어떻게 적응해야 하는지를 배우게 될 것이다.

1972년, 미국의 닉슨 대통령은 중국을 개방시켰다. 현재 중국은 다음 세대에 세계 최대 강국이 되기 위해 열심히 달려가는 개발도상국이다. 앞으로 다가올 10년 동안 중국은 경제적으로 지속적인 성장을 이룩할 것이다.

그러나 중국은 인플레이션, 국제 사회에 대한 정치적 영향력 그리고 미국 달러화를 제외한 외환보유고 확보 문제 등과 씨름하면서 정치적으로 불안정을 겪게 될 것이다. 또한 경제성장이 빈부 격차를 심화시키면서 내부적인 갈등을 겪게 될 것이다. 이런 중국 경제의 불안 요소가 세계 경제 전반에 벼락 경기나 불경기를 불러오고 더 나아가 금융시장에 큰 여파를 미치게 될 것이다.

당신은 이 책을 통해 세계적 관점에서 생각하고 행동하고 사업을 하는 법을 배우게 될 것이다. 세상에는 여전히 많은 기회들이 존재한다. 하지만 자신들이 매달려 있는 나무만을 생각하는 사람들은 이런 기회를 잡을 수가 없다.

앞으로 다가올 10년은 세계 역사상 가장 흥미로운 시간이 될 것이다. 향후 10년 동안 미국의 시대는 종말을 고할 것이다. 미국이 마구 찍어내는 달러화는 쓸모없는 종잇조각이 되고, 지금과는 완전히 다른 새로운 세계 경제 체제가 등장할 것이다. 저비용의 과학 기술에 의해 움직이는 국경 없는 새로운 세계는 천재들이 능력을 발휘할 수 있도록 만들고, 구 시대의 세계 경제를 지배하는 거대한 음모를 폭로할 것이다.

금융 교육을 받은 사람들과 새로운 세계에 적응할 준비가 된 사람들 그리고 사고가 유연한 사람들에게 앞으로 10년은 생애 최고의 시대가 될 것이다. 하지만 과거의 행복했던 시절이 다시 돌아오기만을 기다리는 사람들에게 다음 10년은 생애 최악의 시기가 될 것이다.

당신이 금융 교육을 받지 못한 이유

새로운 세계로 향하는 열쇠는 교육이다. 문제는 현재의 학교 교육제도가 산업화 시대의 진흙구덩이에 빠져 헤어나지 못하고 있다는 것이다. 정보화 시대에 개인의 교육과 평생 교육은 그 어느 때보다 중요하다. 하지만 불행하게도 학교에 다니는 것만으로는 급격하게 변하는 세계에 대비할 수 없다. 학교는 너무 느리게 변하는 반면 세계는 훨씬 빠른 속도로 변하고 있기 때문이다.

산업화 시대에 필요한 교육은 다음 2가지였다.

- 학문 교육 : 읽고, 쓰고, 기본적인 수학문제를 해결하는 능력을 배양하는 교육
- 전문(직업) 교육 : 사회의 생산적인 구성원으로 만들어 돈을 벌 수 있도록 하는 교육

예를 들면 의사들은 의대를 가고, 변호사들은 법대에서 교육을 받는다. 조종사들은 항공학교를 다니고, 요리사들은 요리학교를 다닌다.

정보화 시대에는 다음과 같은 3가지 종류의 교육이 필요하다.

- 학문 교육
- 전문(직업) 교육
- 금융 교육

그렇다면 왜 학교에서는 금융 교육을 시키지 않는 것일까? 사람들이 원숭이들을 학교에 몰아넣고 훈련을 시키기 때문이다.

사람들이 제대로 된 금융 교육을 받는다면 꼬박꼬박 지급되는 월급과 연금에 집착하지 않을 것이다. 세법을 잘 알고 있다면 불필요한 세금을 내지 않을 것이다. 그리고 은행 시스템을 이해하고 있다면 저축을 하지 않을 것이다.

올바른 금융 교육을 받으면 집이 자산이 아니라 부채라는 사실을 깨닫게 될 것이다. 인플레이션을 이해한다면 단지 수입의 범위 안에서만 생활하려고 하지 않을 것이다. 부채에서 벗어나려고 하는 대신

부채를 이용해 부를 축적하는 방법을 배울 것이다. 그리고 행복한 은퇴를 꿈꾸면서 아무 생각 없이 자신들의 돈을 월스트리트의 펀드매니저나 재무설계사 그리고 부동산 중개인들에게 맡기지 않을 것이다.

올바른 금융 교육을 받은 사람들은 왜 학교에 가야 하는지, 누가 자신들의 선생님인지, 그리고 교육의 진정한 목적이 무엇인지에 대해 의문을 제기할 것이다.

금융 교육은 평생 교육이다

1973년, 나는 베트남전쟁에서 귀환했다. 26세의 대학 졸업생이었던 나는 인생의 다음 목표에 대해 생각하고 있었다.

당시 나에게는 2가지 자격증이 있었다. 첫 번째는 스탠더드 오일사 Standard Oil Company의 유조선을 운전할 수 있는 3등 항해사 자격증이고, 두 번째는 미국 해병대가 발급한 항공기 조종사 자격증이다. 2가지 자격증 모두 직업 안정성이 높고 보수도 많았지만, 나는 항해사나 조종사가 되지 않았다.

나의 가난한 아빠는 학교로 돌아가 석사와 박사학위를 받고 정부의 고위 공무원이 되기를 바랐다. 1973년 당시 54세였던 그는 하와이 주의 교육감과 공화당 소속의 하와이 부지사를 지내고 현직에서 은퇴한 상태였다. 그는 교육감을 사퇴하고 자신의 상사인 민주당 소속의 주지사에 대항해 주지사에 출마했다가 실직자가 되었다. 나의 가난한 아빠와 새뮤얼 킹 판사는 선거에서 패배했고, 주지사는 자신을 배신한 대가로 그를 주 정부에서 일할 수 없도록 만들었다.

나의 가난한 아빠는 고등 교육을 받았지만 교육계 밖의 세상에서는 생존할 수가 없었다. 주 정부에서 일할 수 없다는 사실을 잘 알고 있었던 그는 은퇴연금을 신청했고, 아이스크림 프랜차이즈 비즈니스를 시작했다가 모든 재산을 잃었다.

나의 가난한 아빠는 나의 미래를 보여주었다. 나의 가난한 아빠가 자신의 뒤를 따르라고 충고했을 때 나는 이미 어느 아빠의 충고를 따라야 하는지 알고 있었다. 나는 가난한 아빠의 집에서 나와 와이키키에 있는 부자 아빠를 찾아가 조언을 구했다.

부자 아빠와 가난한 아빠는 모두 교육을 중요하게 생각했다. 하지만 중요시했던 교육의 종류가 달랐다. 나는 다양한 종류의 교육들이 어떻게 다른지 잘 알고 있었다. 이것이 일반인들은 모르는 나의 불공정하지만 높은 경쟁우위 가운데 하나다.

이 책을 읽고 있는 당신에게 다음의 3가지 개념은 교육을 선택하는 데 큰 도움이 될 것이다.

1. 교육은 목표가 아닌 과정이다

사람들은 높은 지위에 오르고 훌륭한 사람이 되기 위해 학교에 다닌다. 전통적인 교육의 문제점은 교육이 봉급생활자를 길러내는 과정이라는 것이다. 이 때문에 대부분의 사람들은 취직하기 위해 학교에 다닌다고 말한다.

원숭이들은 나무의 작은 구멍에서 왜 손을 빼낼 수 없는지 그 이유에 대해 의문을 갖지 않는다. 대부분의 사람들도 취직을 해서 다른 사람들의 고용인이 되기 위해 학교를 다닌다는 것에 대해 의문을 품지 않는다. 당신이 현명한 사람이라면 "내가 남을 위해 일하는 봉급생활자가 되고 싶지 않다면 무엇을 해야 하는가?"라는 질문을 던질 것이다.

2. 현금흐름 4분면의 규칙

나의 부자 아빠는 나에게 현금흐름 4분면에 대해 설명해주었다. 이것은 내가 어른이 됐을 때 어떤 사람이 되고 싶은지 그리고 내가 어떤 교육을 받아야 하는지를 선택할 수 있도록 도와준 부자 아빠만의 설명 방식이었다.

E : 봉급생활자(Employee)

S : 중소기업 운영자나 자영업자(Small business or self-employed)

B : 대기업(Big business, 종업원 500명 이상)을 운영하는 사람

I : 투자자(Investor)

전통적인 교육은 학생들을 봉급생활자와 전문직 자영업자들이 되도록 교육시킨다. S사분면에 속한 학교에는 법대와 의대 그리고 치대가 있다. 가장 많은 세금을 내는 사람들이 의대와 법대를 졸업했다는 것은 재미있는 일이다. 이들은 S사분면에 속하기 때문에 세금을 많이 낼 수밖에 없다. 내가 이들처럼 공부를 잘하는 학생이었다면 세금을 적게 내는 방법을 알고 싶었을 것이다. 세금 부담률이 높다는 것이 S

사분면이 가지고 있는 함정 가운데 하나다.

봉급생활자가 사업을 하기 위해 직장을 그만두면 컴퓨터 컨설팅이나 부동산 중개인 등 매우 전문적인 작은 기업이나 서비스 업체를 운영하는 것이 일반적이다. 나무 구멍에 갇힌 원숭이처럼 대부분의 사람들은 E사분면과 S사분면에 대해서만 알고 있다.

금융지능이 높은 사람들은 B와 I사분면에서 활동하기 위해 무엇을 배워야 하는지 알고 싶을 것이다. 세계 최고의 부자들은 B와 I사분면에 속한 사람들이다. 이들은 돈은 가장 많이 벌지만 세금은 가장 적게 낸다.

당신은 이 책을 통해 B와 I사분면에 속한 사람들이 봉급생활자와 자영업자들이 모르는 비밀을 알고 있다는 사실을 배우게 됨으로써 그들보다 높은 경쟁우위를 갖게 될 것이다.

3. 전통적 교육 VS 비전통적 교육

나의 가난한 아빠는 전통적 교육을 중요하게 생각했다. 그는 좋은 성적과 좋은 학교가 좋은 직장을 보장한다고 믿었다.

반면 나의 부자 아빠는 비전통적 교육을 중요하게 생각했다. 그는 학교 성적표와 어떤 학교를 졸업했는지에 대해서는 관심이 없었다. 오히려 내가 어떤 기술을 배웠는지, 선생님이 누구인지 그리고 실제 비즈니스 세계에 진출하기 위해 무엇을 어떻게 준비했는지를 중요하게 생각했다. 그는 월급이 많은 직업을 가치 있게 생각하지 않았다. 기업인이 되는 것, 즉 자신이 연봉이 많은 일자리를 많이 만들어낼수록 가치 있다고 생각했다. 이런 이유로 나는 해병대에 복무하던 1973년에 비전통적 수업을 수강했고 다음과 같은 3가지를 배웠다.

- 투자하려면 부채를 활용하라.
- 영업 능력을 개발하라(판매가 곧 소득이다).
- 세금을 줄여라.

1973년에 내가 수강한 비전통적인 금융 교육은 내 인생 최대의 경쟁우위를 가져다주었다. 나는 지금까지도 비전통적 교육을 받고 있다. 이런 교육 덕분에 나는 좋은 학교를 우수한 성적으로 졸업하고 연봉을 많이 받는 의사와 변호사 그리고 대기업의 임원이 된 똑똑한 친구들에 대해 불공정하지만 높은 경쟁우위를 가지고 있다.

올바른 금융 교육은 학생들에게 세 종류의 소득이 있다고 가르친다.

- 일반 근로 소득
- 포트폴리오 소득(각종 투자, 배당금, 이자, 로열티 등으로 발생한 소득 – 옮긴이)
- 수동적 소득(임대 부동산, 파트너십 등에서 발생하는 소득 – 옮긴이)

대부분의 봉급생활자와 전문직 종사자들은 근로 소득을 얻기 위해 교육을 받는다. 이 때문에 E와 S사분면에 속한 사람들이 매우 쉽게 덫에 걸리고 가장 열심히 일하면서 가장 많은 세금을 낸다.

이 책은 금융지식이 풍부한 사람들이 왜 포트폴리오 소득과 수동적 소득 그리고 비과세 소득을 위해 일하는지 알려줄 것이다.

돈에 대한 새로운 생각들 vs 낡은 생각들 ___

사람을 나무 구멍에 손이 낀 원숭이에 비유하는 것이 잔인하게 들릴 수도 있다. 그러나 나는 잔인해지고 싶어서 이런 말을 한 것이 아니다. 단지 핵심을 명확하게 전달하기 위해 원숭이 이야기를 이용했다. 오히려 미국 시민들이 금융 교육을 받지 못한 채 순진하게 열심히 일하고 세금을 내고 저축을 하도록 만드는 것이 더 잔인하다. 경제적으로 변화무쌍하고 불확실한 시기에 무엇을 해야 하는지 정확하게 알려주지 않는 것이 더 잔인한 것이다.

원숭이와 사람 사이에는 비슷한 점들이 있다. 예를 들면 원숭이는 과일과 호두를 놓지 않으려고 주먹을 꽉 쥐고 있고, 사람은 구 시대의 생각을 버리지 못하고 집착하는 경향이 있다. 우리 대부분은 2가지 물체가 동시에 한 공간에 있을 수 없다는 물리학의 법칙을 알고 있다. 즉 자동차 1대가 들어가는 차고에 자동차 2대를 동시에 주차할 수 없다는 의미다.

이런 물리학의 법칙은 우리의 사고방식과 아이디어에도 똑같이 적용된다. 원숭이가 함정에서 벗어나 자유롭게 되려면 손에 쥐고 있는 것을 포기해야 하는 것처럼, 사람도 자유로워지려면 과거의 사고방식에서 벗어나야 한다.

구 시대의 사고방식에는 다음 10가지가 있다.

1. 나는 결코 부자가 되지 못할 것이다

부자가 될 수 없다는 생각이 바뀌지 않는다면 당신은 부자가 될 수 없다. 이 책은 부자가 될 수 없다는 생각을 바꾸기 위해 쓰였다. 당신이 부자가 될 수 없다는 생각을 바꾸고자 한다면 말이다.

2. 부자는 탐욕스럽다

이 책에서 당신은 부자가 되기 위해서는 관대해져야 한다는 사실을 알게 될 것이다. 독자들은 E와 S사분면에 속한 사람들이 B와 I사분면에 속한 사람들보다 훨씬 더 욕심이 많다는 것을 알게 될 것이다.

3. 나는 부자보다 행복한 사람이 되고 싶다

행복한 부자는 될 수 없는 것일까? 그렇지 않다. 돈과 행복 가운데 단지 하나만 가질 수 있다고 생각하는 것은 제한된 사고방식 때문이다.

4. 세금은 불공평하다

이 책은 세금은 매우 공정하다는 사실을 일깨워주고, 금융 교육을 받은 사람들을 부자로 만드는 세금에 대해 알려줄 것이다.

5. 나는 열심히 일해야 한다

당신은 이 책을 통해 열심히 일하는 사람들이 가장 세금을 많이 내고 있다는 사실을 알게 될 것이다.

6. 투자는 위험하다

이 책은 투자가 위험하지 않다는 사실을 알려줄 것이다. 당신은 금융 교육을 받지 못한 사람들이 가장 위험한 상품에 투자하는 이유를 알게 될 것이다.

이 책은 교육의 목표가 무엇이고, 누가 당신의 선생님인지에 대해 왜 의문을 제기해야 하는지 그 이유를 깨닫게 해줄 것이다.

나는 1973년에 MBA 과정에 등록했다. 나의 선생님들은 모두 E사분면에 속한 봉급생활자들이었다. 그래서 나는 6개월 만에 MBA 과정을 중단했다. 2년 동안의 MBA 과정은 나를 고액 연봉을 받는 봉급생활자로 만드는 프로그램이었다.

B와 I사분면에 속한 사람이 되고 싶다면 B와 I사분면에 속한 선생님을 찾아야 한다. 항공학교에서 나의 첫 번째 강사는 비행의 기본 기술을 가르쳐주었다. 다음 단계의 강사는 고급 비행 기술을 가르쳐 항공학교를 졸업할 수 있게 해주었다. 다음 단계의 선생님은 전투기 조종사였다. 이들은 과거 항공학교의 선생님과 완전히 달랐다. 나는 비행 방법을 이미 알고 있었지만, 전투기 조종사들은 실제 전쟁 상황에서 비행기를 조종하는 방법을 가르쳐주었다.

금융 교육은 항공학교의 교육과 상당히 비슷하다. 비행은 혼자 배울 수 없다. 학생들을 훈련하는 데 가장 뛰어난 비행기 조종사에게 배우고, 직접 체험할 수 있는 기회를 주는 것이 최선의 교육 방법이다.

전통적인 교육은 실전 경험이 부족하다는 문제점을 가지고 있다. 개인의 교육과 자기계발에서 가장 중요한 것은 실전 경험이다. 대부분의 학생들은 학교에서 문제에 대한 기술적 해법을 배우지만 기술적 지식을 활용하는 데 필요한 방법을 배우지 못한 채 졸업한다. 따라서 졸업한 이후에 만나는 선생님과 멘토는 매우 중요하다.

이번 금융위기가 가져온 비극으로 전 세계의 많은 대학생들이 학교를 졸업했지만 일자리를 찾지 못했다. 많은 학생들이 학교를 졸업하고도 직업을 찾지 못하는 여러 가지 이유 가운데 하나는 종업원이 되도록 훈련을 받았기 때문이다. 이들은 기업가가 되는 데 필요한 기술을 가지고 있지 않다.

설상가상으로 많은 학생들이 상당한 빚을 지고 졸업하는데, 일자리를 찾지 못하면 학자금대출을 갚을 방법이 없다. 학자금대출은 주택담보대출과 다르다. 학자금대출은 절대 면제되지 않는다. 즉 주택담보대출은 안 갚을 수 있지만 대출 받은 학자금은 그럴 수가 없다.

졸업생이 직장을 구하지 못한다면 학자금 이자는 점점 더 늘어만 갈 것이다. 몇 년 뒤에는 급증하는 이자 때문에 부채가 폭발할 것이고, 학생들은 평생 동안 원숭이처럼 함정에 갇혀 있게 될 것이다.

8. 나는 안정적인 직업이 필요하다

당신은 이 책을 통해 안정과 자유의 차이를 배우게 될 것이다. 안정과 자유는 정확히 반대 개념이다. 더 많은 안정을 원할수록 자유는 더 적어진다. 경비가 가장 삼엄한 교도소에 있는 수감자들이 가장 자유롭지 못한 것도 이 때문이다. 원숭이들은 안정에 집착하기 때문에 함정에 빠진다.

9. 주식, 채권, 뮤추얼펀드에 장기적으로 분산 투자해야 한다

이 같은 조언은 최악의 재정 자문이 될 수 있다. 지난 10년을 돌아보라. 과거 10년은 주식과 채권 그리고 뮤추얼펀드에 투자한 사람들에게 잃어버린 10년이었다.

2000년 초에 다우존스 평균지수는 11,357포인트였지만 2010년 말에는 11,577포인트를 기록했다. 10년 동안 약 200포인트 정도만

올랐을 뿐이다. 앞서 말한 충고를 따른 사람들은 지난 10년 동안 말도 안 되는 수준인 0.2퍼센트의 수익을 얻었다. 이런 끔찍한 통계에도 불구하고 수백만 명의 사람들은 여전히 이런 엉터리 조언을 따르고 있다.

그렇다면 이것이 금에 투자해야 한다는 의미일까? 절대 그렇지 않다. 현실 세계에서 도움이 되는 진짜 금융 교육을 받으라는 의미다. 당신이 금융 교육에 관심이 없는 대부분의 사람들과 비슷하다면 전문가들이 말하는 대로 하라. 즉 당신의 돈을 그들에게 맡기는 것이다. 당신이 나쁜 투자자라면 금도 좋은 투자수단이 아니라는 사실을 명심하라. 당신이 나쁜 투자자라면 어떤 곳에 투자해도 좋은 투자수익률을 낼 수 없다.

당신은 이 책을 통해 더 많은 금융 교육을 받을수록 세금도 적게 내고 위험이 줄어들면서 수익도 증가한다는 것을 알게 될 것이다.

당신이 무엇에 투자하든—그것이 비즈니스이든 부동산이든, 종이돈이든 상품이든—당신 자신에 대한 투자만큼 중요한 것은 없다. 당신이 바보라면 무엇에 투자하든지 당신은 손해를 볼 것이기 때문이다.

10. 나는 공부를 못했다. 따라서 부자가 되기는 힘들 것이다

의사나 변호사가 되려면 학교 교육을 받아야 하지만 부자나 기업가가 되기 위해 학교에 다닐 필요는 없다. 세계 최고의 부자들 가운데 일부는 학교 졸업장이 없다.

포드 자동차Ford를 설립한 헨리 포드Henry Ford도 졸업장이 없고, 제너럴 일렉트릭General Electric을 설립한 토마스 에디슨Thomas Edison도 학교를 마치지 못했다. 마이크로소프트Microsoft의 창업자 빌 게이츠Bill Gates, 페이스북Facebook을 만든 마크 주커버그Mark Zuckerberg, 버진Virgin의 설립자 리처드 브랜슨Richard Branson, 디즈니월드Disney World를 세운 월트 디즈니Walt Disney 그리고 나의 우상인 애플Apple의 창업자 스티브 잡스Steve Jobs도 대학 졸업장이 없는 사람들이다.

많은 사람들이 학교에서 E와 S사분면에 속한 봉급생활자가 되도록 훈련 받았기 때문에 원숭이처럼 덫에 걸려 있다. 이 책은 B와 I사분면에 속한 사람의 생활이 어떤지 그리고 그런 사람이 되기 위해 어떤 교육을 받아야 하는지를 알려줄 것이다.

당신은 이 책에서 과거와 다른 돈에 대한 생각과 부자들이 부를 축적하는 이유를 배우게 될 것이다. 이 책의 가장 중요한 목적은 이런 생각을 많은 사람들에게 전달해주고, 그들이 가지고 있을지도 모를 과거의 생각에 도전하는 것이다. 구 시대의 사고방식을 버리고 돈에 대한 새로운 생각을 받아들이는 일은 이제 당신에게 달려 있다.

세상에서 가장 나쁜 금융 조언 5가지

2011년 1월 23일 〈투데이쇼Today〉에서 〈컨슈머 리포트Consumer Reports〉지와 장 채트스키Jean Chatsky 기자가 다음과 같은 조언을 했다. 이들은 지난 수년 동안 시청자들에게 똑같은 충고를 해주고 있다.

- 검소하게 살아라.
- 예산을 세우고 401(k) 퇴직연금에 가입하라.
- 저축하라.

- 부채를 없애라.
- 가능한 더 오래 일하고 늦게 퇴직하라.

나라면 이 충고를 절대 따르지 않을 것이다. 나쁜 충고일 뿐만 아니라 사람들을 의기소침하게 만들기 때문이다. 어느 누가 절약하면서 저축하는 생활을 원하겠는가? 이런 충고는 나를 두렵게 만든다. 금융 지식이 없는 사람들에게 이 같은 조언은 상당히 훌륭하게 들릴 수도 있지만 나는 정말 끔찍한 충고라고 생각한다.

이 책을 통해 당신은 401(k) 퇴직연금이 왜 가장 나쁜 투자 상품 인지 깨닫게 될 것이다. 〈타임Time〉은 지난 2009년 '401(k)에서 탈퇴 해야 할 때'라는 제목의 기사에서 401(k) 퇴직연금이 어떻게 개인의 재산을 갉아먹는지를 잘 보여주었다.

앞으로 10년 동안 〈투데이쇼〉의 충고를 따른 사람들은 가장 큰 손실을 보게 될 것이다. 이들은 세계 경제의 부침浮沈과 높은 세금 때문에 큰 손해를 입게 될 것이다. 전통적인 조언을 따른 사람들은 인플레이션이 극심해지면서 생활이 어려워질 것이다. 또 주식시장이 폭락할 경우 투자 손실이 발생해 많은 사람들이 더 가난해질 것이다.

하지만 가장 커다란 비극은 이런 구 시대의 충고를 따른 사람들이 역사상 가장 큰 기회를 놓치게 된다는 것이다. 향후 10년 동안 엄청 난 부가 창출되지만 이는 무용지물이 된 과거의 충고를 따르는 사람 들을 위한 것이 아니다. 구 시대의 충고를 따르는 사람들은 절망 속에 서 부자들이 더 부유해지는 것을 바라만 보게 될 것이다.

금융지식이 당신을 부자로 만든다

원숭이는 손에 쥔 것을 놓을 때까지 자유를 얻을 수 없다. 인간도 마찬가지다. 인간은 쓸모없는 구 시대의 사고방식에서 벗어날 때까지 자유를 얻을 수 없다.

옛말처럼 똑같은 일을 반복하면서 다른 결과를 기대하는 것은 어리석기 짝이 없는 행동이다. 하지만 대부분의 사람들이 그렇게 한다. 사람들은 지금까지 도움이 되지 못한 쓸모없는 전문가들의 조언에 귀를 기울이며 여전히 그에 집착하고 있다.

과거의 사고방식을 바꾸는 것이 어렵다는 것을 나도 잘 알고 있다. 나이 든 개에게는 새로운 묘기를 가르치는 것이 어렵다. 사람도 마찬가지다. 과거의 사고방식에 집착하는 사람들을 변화시키는 일은 매우 어렵다.

이 책은 부자든 가난하든, 똑똑하든 그렇지 못하든, 부유한 나라에 살든 아니면 가난한 나라에 살든 상관없이 깊이 있는 금융 교육이 가져다줄 수 있는 불공정한 경쟁우위에 대해 설명하고 있다. 월드와이드웹의 발달로 누구든지 막대한 부를 얻을 수 있는 시대에는 새로운 사고방식에 적응하고 진지하게 금융 교육을 받아들이고 실천하면 부자가 될 수 있다.

우리는 실수를 통해 교훈을 얻는다. 실수가 나쁘다는 생각은 잘못된 사고방식이다. 실수를 하지 않는다면 배울 수 없다. 나의 가난한 아빠가 계속 가난했던 것도 이 때문이다. 가난한 아빠는 실직과 선거 패배 그리고 아이스크림 프랜차이즈 비즈니스의 실패 경험을 축복으로 여기지 않고 자신을 책망했다. 나의 가난한 아빠는 자신이 저지른 실수가 무엇인지를 배우고 성장할 수 있는 가장 좋은 기회라는 사실을 깨닫지 못하고 가난하게 생을 마감했다.

학교에서는 실수를 가장 많이 하는 학생을 바보라고 낙인찍는다. 하지만 현실에서는 가장 많이 실수하고 실수로부터 배우는 사람들이 더 똑똑한 사람이 된다. 나는 A학점을 받아 의사와 변호사가 된 동창들보다 내가 돈을 더 많이 벌고 있다고 말할 수 있어 행복하다. 나는 그들보다 더 많은 실수를 했고, 실수를 통해 많은 것을 배웠기 때문에 더 부자가 되었다.

그렇다고 이 책이 당신에게 최고의 조언을 해준다고 주장하는 것은 아니다. 워런 버핏Warren Buffett의 말처럼 다행스럽게도 돈을 버는 방법은 많다. 나는 돈을 버는 나만의 방법을 발견했다. 자신만의 돈 버는 방법을 찾아내는 것은 당신의 몫이다. 이 책은 해답을 제시하는 것이 아니라 답을 찾도록 이끌어주는 안내서다. 투자 세계에서 정답은 없기 때문이다. 당신에게 맞는 해법만이 존재할 뿐이다.

이 책은 당신에게 돈이라는 사물을 바라보는 새로운 사고방식을 제공해주기 위해 쓰였다. 이 책의 내용 가운데 사실이 아니길 바라는 것들도 상당수 포함돼 있다. 현실 경험이 부족하고 한정된 금융 교육을 받은 사람에게는 믿기 힘든 사실이다. 하지만 나에게는 모든 것이 진실이고, 앞으로 현실적인 금융 교육에 더 많은 시간을 투자할 의지가 있는 사람들에게도 진실이 될 수 있다.

이 책의 내용은 모두 일상생활에서 활용되는 경험, 사고방식, 행동들과 관련돼 있다. 이 책은 또 금융 교육에 투자할 준비가 돼 있다면 우리 모두가 누릴 수 있는 불공정한 경쟁우위에 관해 설명하고 있다. 나는 많은 사람들이 구 시대의 생각에서 벗어나 새로운 사고방식을 받아들이기를 바라는 마음으로 이 책을 집필했다.

자동차 1대가 들어가는 차고에 2대의 자동차를 주차할 수 없다는 사실을 명심하라. 원숭이가 손에 쥔 것을 놓지 않으면 자유를 얻을 수 없는 것처럼 인간도 과거의 사고방식을 버리지 못하면 변화를 추구할 수 없다. 금융 세계의 변화가 목전에 다가온 상황에서는 과거의 사고방식에 집착하는 것보다 새로운 사고방식에 적응하고 이를 받아들이는 것이 더 좋다.

산업화 시대와 정보화 시대가 충돌하는 과정에서 엄청난 부의 이동이 진행되고 있다. 어제 부자였던 사람들이 내일은 부자가 아닐 수도 있다. 오늘의 중산층이 내일의 빈곤층이 될지도 모른다. 단지 어제 A학점을 받았다는 사실이 오늘 더 많은 것을 알고 있다는 것을 의미하지 않는다. 이 책은 과거에서 벗어나 부와 기회가 넘쳐나는 용감한 신세계로의 이동을 다루고 있다.

진짜 금융위기는 낡고 쓸모없어 현실 세계와 동떨어진 교육제도의 위기다. 금융위기는 우리의 학교가 학생들에게 일자리, 세금 그리고 투자에 대한 진실을 가르쳐줄 때까지 끝나지 않을 것이다.

이제 학교는 손에 쥔 것을 버리지 못해 함정에 빠진 원숭이가 되도록 만드는 교육을 중단해야 한다. 우리가 사람들에게 돈에 대해 가르치지 않는다면 정직하고 훌륭한 교육을 받고 열심히 일하는 나의 가난한 아빠와 같은 사람들이 많아질 것이다. 이들은 부자들을 증오하고 정부가 자신들을 돌봐주기를 기대하면서 생을 마감했다.

이제 우리는 사람들을 자유롭게 풀어주어야 한다. 금융 교육이 사람들을 자유롭게 할 수 있다. 이 책을 읽는 당신이 더 많은 지식을 얻기를 바란다. 지식이야말로 진짜 돈이다.

지식

왜 금융 교육이 중요한가

누구에게 투자 자문을 받아야 할까 | 금융전문가들이 만든 최악의 경제위기 | 금융 교육을 강조하는 이유 | 부자 아빠의 교훈 | 현금흐름을 만들어내는 금융 교육 | 부자 되기 좋은 시점 | 우리 부부가 경제적 자유를 얻을 수 있었던 이유 | 진정한 금융 교육이란

자주 묻는 질문 —— 나는 1만 달러를 가지고 있다. 어디에 투자해야 할까?

간단한 답변 —— 돈을 어디에 투자할지 모른다면, 아무에게도 돈이 있다고 말하지 않는 것이 가장 좋다.

설명 —— 당신이 돈을 어디에 투자해야 할지 모른다면 그 돈으로 무엇을 해야 한다고 말해줄 사람들은 많다. 그들은 "돈을 나에게 맡겨라. 내가 대신 잘 관리해줄 테니"라고 말한다. 최근 금융위기에서 가장 큰 손해를 본 사람들은 이들의 말을 믿고 돈을 맡긴 사람들이었다.

조금 더 자세한 답변 —— 당신의 금융 교육 수준이 무엇을 해야 하고 어떻게 투자해야 하는지를 결정한다.

설명 —— 당신이 금융 교육을 받지 못하면 투자 위험은 높아지고 세금도 더 많이 내야 하기 때문에 수익도 줄어든다. 금융 교육을 받지 못한 사람들은 집, 주식, 채권, 뮤추얼펀드에 투자하거나 은행에 저축한다. 이런 전통적인 방식의 투자는 가장 위험한 투자다.

당신이 금융 교육을 받으면 투자위험이 줄어들고 세금이 줄어들어 수익이 늘어난다. 다시 말해 더 낮은 위험으로 더 많은 돈을 벌 수 있고 세금도 덜 낼 수 있다. 문제는 기존의 전통적인 재테크 충고를 따르거나 전통적인 상품에 투자할 수 없다는 것이다.

누구에게 투자 자문을 받아야 할까 _____

2007년, 세계는 '서브프라임subprime'이라는 새로운 용어에 대해 알게 되었다. 세계의 금융시장이 크게 요동치자 한때 존경받던 거대 금융기관들도 휘청거리기 시작했다. 일부는 잔해만 남기고 사라졌다. 2008년 9월 15일, 리먼 브라더스 투자은행Lehman Brothers investment bank이 파산을 선언했다. 미국 금융 역사상 최대의 파산 사건이었다.

2008년에는 또 미국 최대의 증권회사인 메릴린치Merrill Lynch도 파산해 뱅크 오브 아메리카Bank of America에 인수당했다. 메릴린치가 수백만 명의 고객들에게 재산을 위탁받아 관리해주고, 그들에게 재무상담을 해주던 회사였다는 사실은 아이러니가 아닐 수 없다.

메릴린치는 2011년에 들어서야 정상화되었다. 메릴린치의 홈페이지에는 "당신의 재산을 다시 증식시켜줄 재무상담사를 오늘 당장 만나보라"고 선전하고 있다. 여기서 재산을 '다시 증식시켜준다'는 말에 주목해보자. 당신이 만일 똑똑한 사람이라면 "왜 재산을 다시 증식해야 하는가"라는 질문을 던질 것이다. 만일 당신이 손해를 봤다면 또다시 그들에게 돈을 맡겨야 하는 이유가 무엇인가?

AIG와 패니메이Fannie Mae 그리고 프레디맥Freddie Mac은 여전히 어려움을 겪고 있다. 세계 최고의 갑부인 워런 버핏과 그가 운영하는 투자회사 버크셔 헤서웨이Berkshire Hathaway도 금융위기에서 막대한 손실을 봤다.

사실 비우량 주택담보대출에 AAA신용등급을 부여해서 독버섯 같은 파생상품을 전 세계 투자자들과 연금펀드 그리고 세계 각국의 정부에 판매한 주체는 버핏이 통제권을 쥐고 있는 신용평가 회사인 무디스Moody's였다. AAA등급으로 포장된 비우량 담보를 판매하는 행위는 사기다. 버핏의 회사는 이런 세계적 금융위기를 촉발하는 데 일종의 도구 역할을 했다.

하지만 사람들은 여전히 버핏을 존경스러운 투자자로 생각하고 있다. 여기에 더해 버핏이 영향력을 발휘하고 있는 회사들—웰스 파고Wells Fargo, 아메리칸 익스프레스American Express, 제너럴 일렉트릭, 골드만삭스Goldman Sachs—은 납세자들이 부담한 수십억 달러의 구제금융까지 받았다. 이것이 세계에서 가장 현명한 투자자인 워런 버핏의 진정한 투자 비법일까?

금융위기 동안에 수백만 명의 사람들이 집을 압류당했다. 지금 이들의 집값은 대출을 받을 당시의 가격보다 더 하락한 상태다. 2010년에 보스턴 대학Boston College은 미국의 퇴직연금펀드에 6조 6,000억 달러의 자금이 부족하다는 보고서를 공개했다.

이 보고서는 퇴직연금펀드의 손실과 주택 가격의 하락으로 미국인들의 은퇴자금이 줄어들었다고 주장하고 있다. 은퇴자금의 여력이 부족하다면 더 이상 일을 할 수 없는 미국인들은 어떻게 해야 할까? 쇼핑 카트를 끌고 다리 밑에서 생활해야 할까? 의료보장제도까지 무너진다면 어떤 일이 벌어질까? 누가 미국 시민들을 돌볼 것인가?

시애틀의 컨설팅 회사인 밀리만Milliman은 미국 100대 회사의 확정급여형 퇴직연금DB, Defined Benefit Retirement Pension이 2010년 8월을 기준으로 1,080억 달러의 손실을 기록했다는 보고서를 발표했다. 한 달 동안 엄청난 규모의 손실을 본 것이다. 이는 확정급여형 퇴직연금에 가입한 회사에서 일하기 때문에 노후가 보장됐다고 믿는 미국인들이 앞으로 큰 곤란에 처하게 될 것이라는 의미다. 미국인들은 평생

보장된 연금을 수령할 수 없을지도 모른다.

미국 근로자 대부분은 401(k)와 같은 확정기여형 퇴직연금DC, Defined Contribution Retiremet Pension에 가입해 있다. 확정기여형 퇴직연금은 근로자가 받을 연금 급여액의 적립금 운용 실적에 따라 변동된다. 연금에 적립된 기금이 고갈되거나 소진된다면 한푼도 받을 수 없다. 만일 주식시장이 하락한다면 확정기여형 퇴직연금에 가입한 사람들은 큰 어려움에 처하게 된다. 그들은 꿈같은 은퇴생활 대신 악몽을 맞이하게 될 것이다.

캘리포니아 공무원 연금CalPERS은 160만 명의 공무원과 은퇴자 그리고 그들의 가족들을 위한 연금과 의료보험을 운영하고 있다. 다시 말해 수많은 사람들이 캘리포니아 공무원 연금에 노후생활을 의존하고 있는 셈이다. 하지만 불행하게도 캘리포니아 공무원 연금은 다른 공무원 연금의 손실을 모두 합친 것보다 더 많은 손해를 본 것으로 악명이 높다. 어떤 사람들은 캘리포니아 공무원 연금이 미국에서 가장 부패해 있고 가장 무능한 공무원 연금이라고 주장하고 있다.

2010년에 스탠퍼드 대학은 캘리포니아 공무원 연금과 캘리포니아 교원 연금CalSTRS이 과도한 위험에 노출된 상품에 투자하고 있으며, 이 둘을 합치면 부채 규모가 약 5,000억 달러에 이른다고 공개적으로 경고했다. 5,000억 달러는 엄청난 규모의 자금이다. 정부 공무원으로 취직해 직업 안정성과 노후를 보장받을 수 있다는 이야기는 이제 옛말이 되어버렸다.

금융전문가들이 만든 최악의 경제위기 _____

이제 당신은 내 말의 핵심을 이해할 수 있을 것이다. 세상과 고립돼 살지 않았다면 당신은 금융위기의 역사에 대해 알고 있을 것이다. 우리가 금융 관련 조언을 구했던 세계에서 가장 똑똑한 금융전문가들, 즉 세계 최고의 대학에서 최고의 금융 교육을 받은 사람들이 어떻게 '새로운 대공황'이라고 불리는 세계 역사상 최악의 금융위기를 초래했는지에 대해 잘 알고 있을 것이다.

그렇다면 다음과 같은 의문을 제기할 수 있다. 각종 금융기관들의 리더들이 최고의 교육을 받는데도 왜 우리는 이런 최악의 금융위기를 맞이하게 되었을까? 왜 부자들은 더욱 재산이 많아지고, 가난한 사람들은 더욱 가난해지고, 중산층은 점점 사라지는 것일까? 왜 세금이 점점 더 늘어나는데 정부의 재정은 고갈되는 것일까? 왜 임금은 하락하는데 물가는 계속 오르는 것일까? 세계 최고의 금융전문가들의 조언을 따랐던 베이비붐 세대들은 왜 은퇴자금의 부족에 대해 걱정해야 하는 것일까? 학자금대출의 빚을 안고 대학을 졸업한 많은 젊은이들이 왜 대출금을 갚을 수 있을 정도의 일자리를 구하지 못하는 것일까?

앞으로 다가오는 위기는 부동산에서 비롯하지 않을 것이다. 다음 위기는 학자금대출을 갚지 못해 발생하게 될 것이다. 문제가 무엇일까? 우리의 정치 지도자들이 받은 낮은 수준의 금융 교육과 대중들이 금융 교육을 받지 못한 것이 문제가 아닐까? 오늘날 수백만 명의 사람들이 "학교에서도 금융 교육을 실시해야 한다"고 말하고 있다. 그러나 세계에서 가장 똑똑한 사람들이 최고의 교육을 받았는데도, 왜 우리가 이렇게 엄청난 규모의 금융위기에 처하게 됐을까?

이제 우리는 "금융 교육이란 무엇인가?"라는 근본적인 질문을 던져야 한다. 학교 선생님들이 금융 교육이 무엇인지 모른다면 어떻게 학생들을 가르칠 수 있을까? 세계 최고의 대학을 졸업한 인재들이 어떻게 세계 최대의 금융위기를 불러왔을까? 캘리포니아 교원 연금이 재정적인 문제를 겪게 된 이유는 무엇일까? 우리 아이들은 학교에서 금융 교육을 받고 있을까? 학교는 학생들에게 현실적인 돈에 대한 교육을 하고 있는 것일까?

내가 생각하는 금융 교육이 어떤 것인지 설명하기에 앞서 교육과 훈련의 차이를 살펴보자.

사람들은 어린아이들에게 변기를 사용하는 '훈련train'을 시킨다. 사람들은 어린아이들에게 화장실 사용에 대해 '교육educate'시키지 않는다. '파블로프의 개Pavlov's dog'라는 용어는 교육과 훈련의 차이를 잘 보여준다. 간단하게 설명하면 벨이 울리면 파블로프의 개는 배가 고파져서 주변에 음식이 없어도 침을 흘린다는 것이다.

'파블로프의 개'라는 용어는 유명한 러시아 심리학자이자 노벨상 수상자인 이반 파블로프Ivan Pavlov의 이름에서 따온 것이다. 파블로프는 개의 소화기관에 대한 연구로 유명하다. 그는 '조건반사conditioned reflex'라는 용어로 잘 알려져 있다. 파블로프의 개는 비판적인 사고를 하지 않고 특정 상황에 대해 반응하는 사람을 설명하기 위해 자주 사용된다.

광고주들은 파블로프의 개로 우리를 훈련시키고 있다. 오늘날 일본 아메리칸 패밀리 생명보험Aflac은 오리를 사용해 우리를 세뇌시키고, 게이코Geico는 초록색 도마뱀을 광고에 활용하고 있다. 금융 서비스

산업도 마찬가지다. 사람들은 돈을 벌기 위해 열심히 일한다. 그리고 아무 생각 없이 자신들의 돈을 은행과 연금펀드에 맡긴다.

많은 학교들이 교과과정에 금융 교육을 포함시키고 있다며 자랑하고 있다. 하지만 실제로는 교육이 아니라 훈련을 시키고 있는 것이다. 파블로프가 음식이 없어도 침을 흘리도록 개를 훈련시켰던 것처럼, 수백만 명의 고등교육을 받은 사람들이 돈에 대한 교육이 아니라 훈련을 받고 있다.

잘 훈련받은 당신은 다음의 빈칸을 쉽게 채울 수 있을 것이다.

- 학교에 가서 좋은 성적을 받고 _____
- 신용카드를 잘라버려라. 그리고 ___에서 벗어나라.
- 당신의 집은 ____이다.
- 당신의 수입 _____에서 살아라.
- ____ , 채권, _____ 펀드처럼 잘 _____ 포트폴리오에 ____ 투자하라.

많은 사람들이 이런 조언을 금융 교육이라고 생각하고 있다. 이른바 금융전문가라는 사람들이 TV에 출연해 "학교에 가서 좋은 성적을 받고 돈을 저축하라. 그리고 신용카드를 잘라버리고 빚에서 벗어나라. 당신의 집은 자산이다. 수입의 범위 안에서 살아라. 주식, 채권, 뮤추얼펀드로 잘 분산된 포트폴리오에 장기적으로 투자하라"라고 말하는 것을 자주 듣게 된다. 이것은 금융 교육이 아니라 파블로프가 개에게 적용한 훈련과 같다. 그리고 실제로 많은 광고주들이 담배와 보험 상품을 팔기 위해 활용하고 있다.

2007년에 금융위기가 발발했을 때 금융전문가들의 조언을 따른 많은 사람들은 직장과 집, 퇴직연금, 저축 등 거의 모든 것을 잃어버렸다. 설상가상으로 금융 교육을 해야 한다는 분위기에 편승한 대학들은 저축의 지혜를 선전하는 은행 직원들을 교육 과정에 지속적으로 편입시켰다. 대학들은 또 금융 교육이라는 이름으로 젊은이들에게 주식, 채권, 뮤추얼펀드로 잘 분산된 포트폴리오에 장기적으로 투자하는 것이 훌륭한 투자라는 것을 믿도록 훈련시키는 재무설계사들을 받아들이고 있다. 아무런 생각 없이 모르는 사람에게 당신의 돈을 맡기는 것은 훌륭한 금융 교육의 결과가 아니다. 이것은 개를 훈련시키는 과정의 최종 결과다.

나는 이런 교육자들이 선의를 가진 사람들이라고 확신한다. 하지만 불행하게도 이들이 교육시킨 은행가와 재무설계사들이 전 세계적인 금융위기를 초래했고, 금융위기로부터 가장 많은 혜택을 받은 조직—뱅크 오브 아메리카, 메릴린치, 골드만삭스, 리먼 브라더스(리먼은 이미 파산했다)—을 위해 일하고 있다는 사실을 외면하게 만들고 있다. 이런 기업들은 세계 최고의 대학에서 최고의 금융 교육을 받은 학생들을 선발해 회사를 위해 일하도록 훈련시키고 회사의 금융상품을 판매하도록 만들고 있다. 정확히 말하자면 이것은 금융 교육이 아니라 영업 교육이다.

금융교육을 강조하는 이유

며칠 전에 나는 돈 문제로 다투고 있는 소년들 옆을 지나치게 되었다.

한 소년이 다른 소년에게 돈을 빌린 것처럼 보였다. 온갖 변명에 진저리가 난 듯 돈을 빌려준 아이가 손을 앞으로 내밀면서 "돈이 있으면 나에게 보여줘 봐"라고 소리쳤다. 대부분의 사람들이 금융 교육이라고 생각하는 것들은 실제로는 "나에게 당신의 돈을 맡겨라Send me your money"이지 "나에게 당신의 돈을 보여달라"는 것이 아니다.

"지금 1만 달러가 있는데 이 돈으로 무엇을 할까?"라고 말하면 금융 교육을 거의 받지 못했지만 영업 교육을 잘 받은 재무설계사들은 주식과 채권 그리고 뮤추얼펀드에 잘 분산해 장기적으로 투자하라고 조언한다. 다른 말로 하면 장기간 당신의 돈을 나에게 맡기라는 뜻이다.

이런 충고를 따랐던 사람들은 현재 가장 큰 손실을 보고 있다. 이것이 버나드 매도프Bernard Madoff가 부자들이 수십억 달러의 돈을 자신에게 맡기도록 한 방법이다. 매도프는 미국 역사상 두 번째로 큰 규모의 금융 피라미드 사기 행각을 벌였다(사상 최대의 금융사기는 미국의 사회보장제도다).

'폰지 스킴Ponzi scheme(폰지 사기 또는 금융 피라미드 사기)'이라는 용어는 미국 역사상 최대의 사기꾼으로 알려진 찰스 폰지Charles Ponzi의 이름에서 따온 것이다. 폰지 사기는 고수익을 돌려주겠다는 말에 속아 나중에 투자한 사람들의 돈으로 먼저 투자한 사람들에게 수익금을 지급하는 사기다. 곰곰이 생각해보면 대부분의 주식시장, 부동산, 다단계 사업 그리고 뮤추얼펀드도 이와 비슷한 금융사기다. 높은 수익을 바라는 새로운 투자자들이 더 이상 투자하지 않게 되면 금융사기는 끝난다.

2007년, 서브프라임 위기에 대한 뉴스가 언론에 보도되면서 먼저 투자한 사람들과 나중에 새로 투자한 사람들 모두가 공포에 질렸다. 그들은 돈을 돌려받고 싶어했다. 저축을 한 사람들도 돈을 찾아가려고 하자, 거대한 금융사기와 같은 세계 경제는 거의 붕괴될 뻔했다. 사람들이 더 이상 돈을 맡기지 않고 찾아가기 시작하자 세계 금융시장이 마침내 무너졌다.

세계 경제를 구하기 위해 각국의 중앙은행들과 정부들은 시장에 개입할 수밖에 없었고, 투자자와 저축자들에게 그들의 돈이 안전하다고 약속했다. 문제는 수백만 명의 사람들이 재산을 잃었고, 또 다른 수백만 명의 사람들이 정부와 금융 시스템을 믿지 못하고 있다는 사실이다. 현재의 금융 시스템을 믿어서는 안 된다. 전 세계의 금융 시스템이 정부가 후원하는 폰지 사기이기 때문이다.

이 거대한 금융사기는 당신과 내가 금융 시스템을 믿고 계속 돈을 맡기는 동안 지속된다. 젊은 미국 근로자들이 "우리는 사회보장 프로그램에 돈을 더 이상 납부하지 않겠다"고 말한다면 어떤 일이 벌어질 것인지 상상해보라. 세계 경제가 큰 혼란에 빠지는 것을 넘어서 붕괴될 것이다. 세계적인 폰지 사기는 금융 교육을 받은 사람들에게는 득이 되지만 금융 교육을 받지 못한 사람들에게 비극이 될 것이다. 이것이 내가 금융 교육을 주장하면서 이 책을 쓴 이유다.

합법적으로 정부가 승인하는 폰지 사기는 나와 같은 사람에게는 유리하게 작용한다. 이것이 내가 취직을 하지 않고, 저축을 하지 않고, 주택을 자산이 아니라고 생각하고, 부채를 갚지 않고, 수입에 맞춰 살 필요가 없다고 주장하는 이유다. 또 주식과 채권, 뮤추얼펀드에 분산된 포트폴리오에 장기적으로 투자하지 않는 이유이기도 하다.

불행하게도 세계의 금융 시스템은 부패해 있고 금융전문가들의 조언을 따랐던 수백만 명의 사람들은 재정적으로 파산했다. 이 점을 명심하라.

금융 교육을 최대한 단순화시키면 다음의 5가지 구성 요소로 나눌 수 있다.

- 역사
- 정의
- 세금
- 부채
- 동전의 양면

이 책을 통해 나는 위에서 설명한 금융 교육의 5가지 기본 구성 요소에 대해 자주 언급할 것이다. 그리고 가능한 단순하게 설명하려고 최선을 다할 것이다.

부자 아빠의 교훈

나의 금융 교육은 아홉 살이 되던 해에 시작되었다. 나와 가장 친한 친구의 아버지인 나의 부자 아빠는 모노폴리Monopoly 게임을 이용해 돈에 대해 가르쳐주었다.

어느 날 부자 아빠는 우리와 게임을 하다가 세계에서 가장 훌륭한 돈 버는 전략이 모노폴리 게임에 담겨 있다고 말했다. 나와 내 친구는 호기심이 발동해 그 공식이 무엇이냐고 물었다. 부자 아빠는 웃으면서 말했다. "아직도 그 전략을 모르겠니? 지난 수 년 동안 모노폴리 게임을 해왔는데. 그 방법은 바로 너희들 앞에 있단다."

문제는 우리가 그것을 발견할 수 없었다는 것이다. 아무리 많이 게임을 하고 돈을 벌었어도 우리는 부자 아빠가 보는 것을 보지 못했다. 마침내 부자 아빠는 "부자들의 가장 위대한 공식 가운데 하나는 초록색 주택 4채가 붉은색 호텔 1채가 된다는 것이다"라고 말했다.

그날 저녁 부자 아빠는 친구와 나를 당신의 진짜 집으로 데리고 갔다. 부자 아빠의 집은 5에이커(약 6,000평)나 될 정도로 넓었다. 그는 언젠가 큰 호텔을 갖게 될 것이라고 말했다. 부자 아빠는 잠시 생각을 가다듬은 뒤에 다음과 같이 말했다. "부자가 되는 방법들은 많다. 하지만 모노폴리 게임 방식이 가장 좋은 방법이다. 나는 너희들처럼 학교에 다니면서 교육을 받지 못했다. 비록 공식적인 교육을 받지 못했지만, 나는 부자들의 공식을 나에게 적용시키는 방법을 배우는 데 내 인생을 투자할 것이다."

부자 아빠는 자신의 약속을 지켰다. 전통적인 학교를 다니는 대신 힐로Hilo라는 작은 도시에서 다른 섬에 있는 주도인 호놀룰루Honolulu까지 비행기로 이동하면서까지 비즈니스와 영업 그리고 투자 강좌에 참석했다. 그의 목표는 직업을 얻기 위해 대학을 다니는 것이 아니었다. 그는 취직을 원하지 않았다. 그의 목표는 부자가 되는 자신의 계획을 실현시켜주는 교육을 받는 것이었다.

10년 뒤에 나는 그가 가난한 사람에서 엄청난 부자가 돼 있는 것을 목격했다. 19세가 되었을 때 나는 크리스마스 휴가를 보내기 위해 학교가 있는 뉴욕에서 고향인 하와이로 돌아왔다. 나와 내 친구는 와이키키 해변에 있는 부자 아빠의 호텔인 펜트하우스에서 요란한 새해

파티를 열었다.

자정이 지나 파티가 끝났을 때 나는 펜트하우스의 발코니에 서서 와이키키 해변을 바라보고 있었다. 그리고 부자 아빠가 현실에서 꿈을 이루었다는 사실을 깨닫게 되었다. 그는 자신의 계획을 충실하게 실행했다. 부자 아빠는 돌아가셨지만 나는 하와이에서 그의 가족들이 소유하고 임대료를 받는 건물들을 자주 지나간다. 부자 아빠는 돌아가신 이후에도 여전히 부자로 남아 있었다.

당신도 알다시피 부를 지키는 것은 부를 성취하는 것만큼 어렵다. 이 때문에 부자 아빠는 세금과 자산 관리 그리고 공증에 대한 강의를 열심히 들었다. 어느 날, 부자 아빠에게 그 이유를 묻자 "열심히 일했는데 정부나 다른 누군가가 내 돈을 가져가는 것이 이해되지 않는다. 똑똑하지 못하면 정부가 내 돈의 대부분을 가져가게 될 것이다. 주식 시장이 폭락해 돈을 잃으면 주식 중개인이 손해를 물어주지 않는다. 똑똑하지 못하면 소송으로 재산의 대부분을 잃게 될 수도 있다. 돈을 벌기에 앞서 돈을 지키는 방법을 배워야 한다"라고 답했다.

나는 아내와 결혼하고 1년에 서너 차례 비즈니스 교육과 투자 교육에 함께 참가했다. 사업을 운영하고 직접 투자를 하면 우리가 배운 것을 즉시 실천할 수 있다는 장점이 있다. 우리 부부는 광고, 금, 옵션거래, 외환거래, 압류 자산보호 등에 관한 수업을 들었다. 나의 부자 아빠처럼 우리 부부는 이런 방법을 통해 금융 지식을 쌓아갔다.

부자 아빠는 구체적인 교육 주제에 대해서는 가르쳐주지 않았다. 대신 그는 어떻게 금융 지식을 배우고 무엇을 해야 하는지를 알려주었다.

현금흐름을 만들어내는 금융 교육

금융거래 기록을 보면 나는 아직도 약 100만 달러의 빚을 지고 있다. 이 돈은 나일론으로 만든 서퍼용 지갑을 만드는 첫 사업이 실패하면서 투자자들에게 진 빚이다.

1986년, 우리 부부는 여느 신혼부부들과 마찬가지로 풍족하지 않았다. 1987년 10월 19일 다우산업평균지수는 508포인트로, 전해에 비해 약 22퍼센트나 폭락했다. 1988년에 조지 부시가 미국의 대통령으로 당선됐다. 그해에 저축은행들이 잇따라 파산했고, 부동산시장도 폭락했다. 서브프라임 사태와 마찬가지로 부동산시장의 폭락 여파는 미국과 전 세계로 퍼져나갔다. 수백만 명의 사람들이 직장과 집을 잃었고, 미국 경제는 심각한 경기 침체에 빠졌다. 비관론이 팽배했던 1989년에 나는 아내에게 "지금이 투자를 시작할 때"라고 말했다.

번듯한 직업도 없고 사업을 시작하는 과정에서 빚을 지고 있는 신혼부부에게 투자자금을 대출해줄 사람을 찾는다는 것은 거의 불가능해 보였다. 설상가상으로 금리는 9퍼센트에서 14퍼센트 사이로 상당히 높은 편이었다. 우리는 수없이 은행 문앞에서 뒤돌아서야 했다. 은행들은 왜 최악의 시기에 우리가 투자하려고 하는지를 이해하지 못했다. 대부분의 은행들은 현실에서 모노폴리 게임을 하고 있다는 우리의 설명을 좋아하지 않았다.

이런 거절에도 불구하고 아내인 킴은 계속 금융 관련 수업을 듣고, 독서를 하고, 수백 채의 부동산을 살펴보았다. 그녀의 목표는 10년 안에 20채의 부동산을 소유하는 것이었다. 처음에는 느리게 진행되었지만, 노하우를 습득한 아내는 20채의 집을 사겠다는 목표를 18

개월 만에 달성했다. 무려 8년이나 앞당겨 목표를 이룩했지만 그녀는 투자를 멈추지 않았다.

그녀는 거래를 할 때마다 많은 것을 배웠고, 특히 뜻대로 일이 풀리지 않은 거래에서 더 많은 것을 배웠다. 그녀는 더 많은 것을 알수록 자신이 얼마나 아는 것이 없는지 깨닫게 되었다. 더 많은 것을 배우고 싶은 그녀의 욕망은 부의 원동력이 되었다.

1994년에 나와 아내는 재정적으로 자유롭게 되었다. 우리는 회사를 팔고 우리의 소득을 재투자했다. 그래서 우리는 매달 임대료를 받을 수 있는 60채의 부동산을 소유할 수 있었다. 당시 나는 47세였고, 아내는 37세였다. 우리는 한 달에 1만 달러를 벌었고 3,000달러를 지출했다. 비록 부자는 아니지만 우리는 재정적으로 자유로웠다. 우리는 평생 지속되는 현금흐름을 만들어낸 것이다.

나와 내 아내는 돈 없이 가난하게 생활한다는 것이 어떤 것인지 잘 알고 있다. 돈에 관심이 없다고 말하는 사람이 있다면 그는 바보다. 내 경험으로 볼 때 가난은 비참한 것이다.

1985년에 나와 아내는 잠시 동안이지만 집이 없어 친구의 지하실이나 빈 방에 거주해야 했다. 우리는 이사도 자주 다녔다. 당시 상황으로 보자면 아내는 나와 이혼했어야 했지만, 더 좋은 인생을 함께 성취하기로 한 약속을 끝까지 밀고 나갔다.

나의 부자 아빠가 가르쳐준 방법으로 성공하기 시작한 우리 부부는 절대 금융 교육을 멈추지 않았다. 비록 시작은 고통스러웠지만 금융 교육 과정에서 겪은 성공과 실패가 우리를 부자로 바꾸어놓았기 때문이다.

우리 부부는 돈이 우리를 부자로 만드는 것이 아니라 지식이 우리를 부자로 만든다는 것을 알고 있다. 이것이 현실적인 금융 교육의 힘이고, 지식이 불공정한 경쟁우위가 되는 이유다.

부자 되기 좋은 시점

1987년 주식시장이 붕괴한 이후, 세계 경제는 두 번의 대폭락과 회복을 경험했다. 이 두 번의 폭락과 회복은 나와 아내를 재정적으로 더욱 튼튼하게 만들어주었다. 1990년 당시 세계 경제는 2010년과 비슷한 상황이었다. 경기가 좋지 않을 때가 부자가 되기 좋은 시점이다. 1990년 경기 침체기에 우리 부부는 가난에서 벗어나 부자가 되는 과정을 시작했다.

부자가 되는 방법과 그 과정에는 변화가 없었다. 한 가지 변화는 숫자 뒤에 있는 0의 개수가 조금 더 늘었다는 것이다. 내 아내는 오리건주 포틀랜드Potland에서 45,000달러를 주고 첫 번째 투자 부동산을 매입했다. 다시 말하지만 우리의 신용은 0점이었고, 대부분의 은행들은 우리에게 대출을 해주지 않았다. 우리가 자영업자였고 안정된 일자리가 없었기 때문이다.

게다가 나에게는 약 100만 달러의 빚이 남아 있었다. 당시 금리는 9퍼센트에서 14퍼센트 사이였다. 모든 현금이 국제교육회사를 설립하는 데 들어가 있었기 때문에 우리에게는 여유자금이 전혀 없었다. 그렇기에 우리 부부에게 쉽사리 투자할 사람이 없었던 것도 당연할 것이다.

나는 아내에게 창의적인 자금조달creative financing에 대해 가르쳤고,

그녀는 집을 구입하는 데 5,000달러의 자금을 조달했다. 아내는 주택 담보대출의 이자를 포함해 모든 비용을 제외하고 주택 임대에서 매달 25달러의 소득을 얻었다.

20년이 지난 지금 우리 부부는 골프 코스가 있는 4,600만 달러짜리 리조트를 매입했다. 아내가 거의 모든 일을 주도했는데, 이번에도 매입 과정은 이전과 동일했다. 그녀는 돈을 가지고 있지 않았지만 돈을 끌어 모을 수 있는 방법을 알고 있었다. 변한 것은 45,000달러와 4,600만 달러, 즉 숫자 뒤에 붙은 0의 개수다.

그녀의 금융 교육 수준도 높아졌다. 아내의 현실적인 금융 교육은 수업, 세미나, 연구, 독서, 성공, 실패, 호황, 불황, 사기꾼, 거짓말쟁이, 스승, 악덕 동업자와 훌륭한 동업자 등이 포함된 길고긴 과정을 거쳤다. 금융 지식이 쌓이면서 그녀의 자신감이 늘었고, 투자 위험은 감소했으며, 투자 규모는 커졌다.

우리 부부가 경제적 자유를 얻을 수 있었던 이유

자주 묻는 질문 —— 수백만 명의 투자자들이 2007년 이후 모든 것을 잃었다. 당신들은 어떻게 손해를 보지 않고 이익을 보았는가?

간단한 답변 —— 금융 교육 덕분에 우리는 전통적인 금융 조언을 따르지 않았기 때문이다.

자주 묻는 질문 —— 다른 사람이 모르는 당신들만이 알고 있는 부의 법칙은 무엇인가? 경제가 침체되는 와중에도 당신들이 돈을 버는 이유는 무엇인가?

간단한 답변 —— 우리가 계속해서 모노폴리 게임을 했기 때문이다.

설명 —— 모노폴리 게임에는 다음과 같은 3가지 값진 교훈이 있다.

첫 번째 교훈. 투자 대상을 선택할 때는 신중하라

우리 부부는 주중에는 함께 금융 수업을 들었고 주말에는 투자를 했다. 우리는 한 가지 규칙을 정했다. 작은 부동산 하나를 사기 전에 반드시 100개를 둘러보자는 것이었다.

부동산을 볼 때마다—특히 나쁜 매물일수록—우리는 더욱 현명해졌다. 알다시피 시장에 나온 상품들은 대부분 나쁜 투자 상품들이다. 그래서 몇 안 되는 좋은 매물을 찾기 위해서는 시간을 투자해야 한다. 반드시 부동산에 투자할 필요는 없다. 투자 대상은 주식일 수도 있고 기업체일 수도 있다.

투자하는 사람들의 대부분, 특히 남성들이 시장에 뛰어들어 화려한 주목을 받고 큰돈을 벌려고 노력하지만 주로 실패한다는 점을 명심하라. 적어도 5년에서 10년 동안 천천히 시간을 갖고 경험을 쌓아라. 부동산을 좋아한다면 부동산으로 시작하라. 주식에 관심이 있다면 주식으로 시작해도 좋다. 당신은 실수를 하게 될 것이다. 작은 실수에서 배우고 큰 꿈을 꾸어라.

현금흐름이 중요하다. 소유하고 있는 집이 많으면 현금도 더 많아진다. 모노폴리 게임에서 붉은색 호텔은 현금흐름이 훨씬 많다. 돈과 금융 교육의 세계에서 가장 중요한 단어는 '현금흐름'이다.

현금은 항상 움직인다. 나에게 들어오거나 아니면 나에게서 다른 곳으로 흘러나간다. 대부분의 사람들은 열심히 일하지만 현금은 흘러나간다. 진정한 금융 교육은 현금이 나에게 들어오도록 만드는 것이다. 금융 교육을 받은 투자자들은 현금흐름cash flow과 자본이득capital gains의 차이를 알고 있다. 하지만 금융 교육을 받지 못한 사람들은 자본이득을 위해 투자한다. 이것이 아마추어 투자자들이 다음과 같이 말하는 이유다.

- 내 집의 가치가 올라갔다.
- 주식의 가격이 상승해서 매도했다.
- 이머징시장에 투자하는 것이 현명하다고 생각하는가?
- 금값이 계속 오르기 때문에 금에 투자하고 있다.
- 포트폴리오를 다시 조정해야 한다.
- 순자산 가치가 증가했다.
- 차량 가치가 오를 것 같아서 골동품 차에 투자했다.

간단히 말하면 최근 금융위기 동안에 손해를 본 사람들은 대부분 자본이득에 투자한 사람들이다. 상당수의 사람들이 투자 대상의 가격이 오를 것이라 예상하고 투자를 했다. 하지만 여러 가지 이유로 시장이 붕괴되면서 자산의 가치가 떨어졌다. 심지어 순자산 가치가 마이너스가 된 경우도 많았다.

더 간단하게 다음에 나오는 그림을 보면 현금흐름과 자본이득의 차이를 쉽게 알 수 있다.

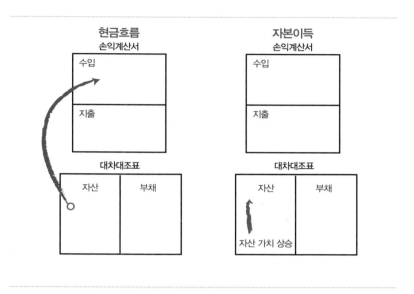

부동산 하나를 매입할 경우에도 우리 부부는 위 도표의 왼쪽 그림처럼 현금흐름을 위해 투자한다. 투자 대상이 45,000달러짜리 침실 2개인 집이든 아니면 골프코스가 있는 400개의 객실을 갖춘 4,600만 달러짜리 리조트든, 현금흐름을 위한 투자는 재무제표상에서 돈이 나에게로 들어와야 한다.

경기 침체 속에서도 우리가 투자한 3,000채 이상의 아파트와 상업용 부동산에서 현금흐름이 발생했다. 우리 부부는 부동산을 매입하기 전에 그 지역이 안정된 직장이 많은 곳인지 반드시 확인한다. 이것이 불황에도 불구하고 현금흐름이 유지되는 이유다.

부동산은 주변에 일자리가 있을 때만 가치가 있다는 사실을 항상 명심하라. 우리는 최고급 주거용 부동산에는 투자하지 않았다. 우리는 파트너인 켄 맥엘로이Ken McElroy와 함께 안정된 직장이 많은 지역에 직장인을 위한 주거용 부동산 위주로 투자했다. 원유가 생산되는 오클라호마와 텍사스의 부동산에 주로 투자하는 것도 이 때문이다. 경기가 좋지 않아도 사람들은 살 집이 필요하고 계속 석유를 소비해야 한다. 대학이 있는 도시도 꾸준히 고용이 유지되기 때문에 우리는 대학이 있는 지역에도 주택을 구입했다.

부동산시장에서 실패하는 사람들은 자본이득을 목적으로 투자하는 이른바 투기꾼들이다. 부동산 투기꾼들은 가격상승을 부채질하는 부동산의 거품에 의존해 투자한다. 그리고 자신들보다 더 어리석은 사람들에게 부동산을 팔아 큰 이익을 얻는다. 하지만 부동산의 거품이 터질 때 투기꾼들은 패가망신한다.

모노폴리 게임에서 우리는 '현금흐름'이라는 교훈을 얻을 수 있다. 그것이 초록색 집이든, 아니면 붉은색 호텔이든 현금이 들어와야 한다. 모노폴리 게임이든 현실이든 현금흐름을 유지하는 것이 투자에서 성공하는 방법이다.

금융 교육을 받지 못한 아마추어 투자자들의 90퍼센트는 주식이나 부동산 또는 금과 은의 가격이 오르기를 기대하면서 자본이득에 투자하고 있다. 이것은 도박과 다름없다. 그러나 대부분의 금융전문가들은 투자자들에게 이런 방법을 추천한다.

평균적으로 주식시장은 1년에 8퍼센트 정도 상승한다. 부동산 중개인들은 대개 주택 가격이 오를 것이라고 말한다. 이런 투자는 자본이득에 초점을 맞추고 있는 것이지 현금흐름에 중점을 둔 투자가 아니다. 현금흐름을 위해 투자하려면 스스로 공부를 많이 해야 한다.

| TIP | 금융 교육을 위한 조언

금융 교육에서는 현금흐름과 자본이득의 정의를 반드시 이해해야 한다.

나는 《부자 아빠 가난한 아빠》에서 자산과 부채라는 개념에 대해 설명했다. 간단하게 말하면 자산은 당신의 호주머니에 돈을 넣어주는 것이고(현금이 들어오는 것), 부채는 당신의 호주머니에서 돈을 꺼내가는 것이다(현금이 나가는 것). 대부분 사람들의 주머니에서는 주택에 대한 근저당이 없어도 부동산세, 주택 수리, 보험 등으로 돈이 흘러나간다. 자동차도 돈이 나가게 만드는 부채이고, 당신의 주머니에서 돈을 빼가는 다른 모든 것도 마찬가지다.

반면 우리 부부가 구입한 부동산은 비용과 부채를 제외하고도 수입이 발생한다. 현금흐름과 자본이득의 차이를 아는 것만으로도 불공정한 경쟁우위를 가지고 있다고 할 수 있다.

우리 부부가 수많은 부동산을 살펴본 이유는 현금흐름을 제공하는 부동산을 찾기가 상당히 힘들기 때문이다. 최근에 부동산 가격이 떨어지면서 현금흐름이 좋은 부동산을 찾는 일이 더 쉬워졌다는 것은 좋은 소식이다.

금융위기에서 가장 큰 손실을 본 사람들은 자본이득을 노리고 부채에 투자한 사람들이다. 시장이 붕괴하자 그들이 가진 현금도 모두 사라졌다. 평범한 투자자들은 자본이득을 위해 투자한다. 그러나 자본이득을 위해 투자하는 사람들은 진정한 투자가가 아니다. 이들은 나중에 높은 가격을 받고 다시 팔려고 투자하는 거래자일 뿐이다(공매도를 했을 경우 더 낮은 가격에 팔아 이득을 볼 수도 있다).

진정한 투자자는 자본이득과 현금흐름, 2가지 모두를 얻기 위해 투자한다. 또 가능한 다른 사람의 돈을 활용해 투자하거나 세금 감면을 위해 투자한다. 이런 투자방법을 아는 것이 불공정한 경쟁우위다.

아래 그림은 자산과 부채의 차이를 잘 보여주고 있다.

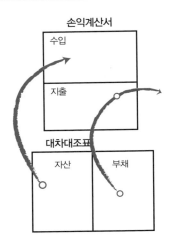

부동산 투자에서만 현금흐름이 목표가 되는 것은 아니다. 나는 원유에 투자할 때도 현금흐름 확보를 투자 목표로 삼았다. 현금이 내 주머니에 들어오는 동안은 유가가 오르거나 내리거나 전혀 신경 쓰지 않는다.

많은 사람들이 배당금을 노리고 주식에 투자를 한다. 배당금도 또다른 형태의 현금흐름이다. 채권을 사는 사람들과 저축을 하는 사람들도 이자라는 현금흐름을 가지고 있다. 나는 저서와 게임에서 인세와 사용료를 받고 있다. 이것도 일종의 현금흐름이다. 배당금, 이자, 사용료 등은 용어는 다르지만 현금흐름이라는 점은 모두 동일하다. 하지만 불행하게도 최근의 금융위기 이후 배당금과 채권이나 저축으로부터 나오는 이자는 감소했다. 이 때문에 배당금이나 이자라는 현금흐름에 의존하는 많은 사람들이 손해를 입었다.

나는 어렸을 때 모노폴리 게임을 통해 현금흐름이라는 값진 교훈을 배웠다. 앞서 설명한 그림으로 다시 돌아가보자. 모노폴리 게임에서 초록색 집 1채는 내 주머니로 돈이 들어오는 현금흐름이다. 이 교훈을 결코 잊지 않았기 때문에 우리 부부는 1987년과 2007년의 금융위기에도 손실을 입지 않았다.

수백만 명의 사람들이 수조 달러의 손해를 본 이유는 자본이득을 노리고 투자했기 때문이다. 자본이득을 얻기 위해 투자하는 것은 도박을 하는 것과 같다. 우리는 언제나 시장의 오르내림에 주의를 기울여야 한다. 이 때문에 많은 투자자들이 투자가 위험하다고 생각한다. 그러나 당신이 통제력을 가지고 있지 못하면 투자뿐 아니라 모든 것이 위험하다는 사실을 명심하라.

주일학교에서 나는 "내 백성들이 지식이 없어 망하는도다(호세아 4장 6절)"라고 배웠다. 현재 수백만 명의 사람들이 금융 교육을 받지 못해 경제적으로 힘겨워하고 있다. 모노폴리 게임에서 배운 값진 교훈인 현금흐름과 자본이득의 차이를 알았다면 사람들은 큰 손실을 입지 않았을 것이다.

세 번째 교훈. 다른 사람들이 나에게 돈을 내도록 하라

모노폴리 게임은 다른 사람들이 나에게 돈을 내도록 하는 방법을 알려주었다. 모노폴리 게임에서 당신은 초록색 집이 1채 있고, 그 임대료가 10달러라는 권리증서를 가진 다른 사람의 소유지에 도달하게 되면 10달러를 지불해야 한다. 가혹하게 들리지도 모르지만 다른 사람들이 당신에게 돈을 내도록 만드는 방법을 배우는 것이 진짜 금융 교육이다.

| **TIP** | 금융 교육을 위한 조언

학교의 금융 교육은 정부와 은행 그리고 투자은행에 당신의 돈을 맡기도록 하는 방법을 가르치고 있다. 진정한 금융 교육은 다른 사람들이 당신에게 돈을 내도록 하는 방법을 가르치는 것이다.

금융 교육을 받지 못한 사람들은 아무 생각 없이 자신들의 돈을 세금이라는 형태로 정부에 지불한다. 주택대출금 이자, 자동차할부금 이자, 신용카드 수수료, 그리고 학자금대출 이자 등의 형태가 그것이다. 그리고 인플레이션이라는 형태로 석유회사와 전력회사 그리고 식품회사에게 돈이 흘러 들어간다. 퇴직연금에 가입한 사람들은 은행에 돈을 맡긴다. 이것이 부자들은 더 부자가 되고, 가난한 사람은 가난하게 살고, 중산층은 더 열심히 일해야 하는 이유다.

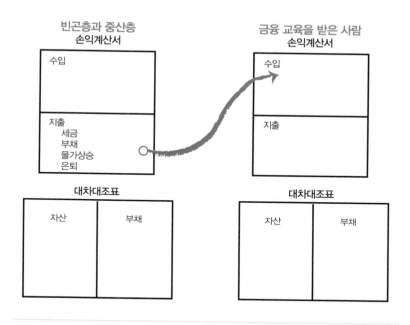

동전에는 양면이 있다. 모노폴리 게임을 통해 나는 돈을 받는 편에 속하는 방법을 배웠다. 대부분의 사람들은 돈을 지급하는 편에 있다. 금융 교육을 받지 못하면 대부분의 사람들은 금융 교육을 받은 사람들에게 자신의 돈을 매달 지불해야 한다. 돈을 받는 편에 속하고 싶다면 금융 교육을 받아야 한다.

모노폴리 게임을 통해 나는 아홉 살 때 10달러의 소득을 발생시키는 초록색 집의 중요성을 알게 되었다. 나는 부자들은 다른 사람들이 자신들에게 돈을 내도록 한다는 사실을 깨닫게 되었다. 이런 사실을 알았기 때문에 금융 교육을 더 받고 싶었다.

모노폴리 게임은 내가 다른 사람들로부터 돈을 받는 사람이 되는 방법을 알려주었다. 이것이 진정한 금융 교육이고, 시장이 붕괴됐을 때도 우리 부부가 손해를 입지 않은 이유다. 우리는 경기가 좋을 때나 나쁠 때나 다른 사람들이 우리에게 돈을 지불하도록 하는 상품에 투자했다.

시장이 폭락하고 부동산 가격이 하락했을 때 우리는 퇴직연금에서 자금을 빌려 리조트와 골프코스를 매입했다. 은행들은 우리 부부가 더 많은 아파트를 살 수 있도록 수백만 달러를 빌려주었다. 은행들은 우리가 세입자들이 낸 돈으로 대출금을 갚을 것이라는 사실을 잘 알고 있었다.

시장이 붕괴된 이후에도 소비자들은 유가의 상승과 하락에 관계없이 여전히 기름을 사용하고 있다. 인플레이션이 발생해 물가가 상승하면 우리 부부는 더 많은 돈을 벌게 될 것이다. 그리고 중앙은행들이 수조 달러의 돈을 찍어내기 시작하자, 금값과 은값이 상승했고 우리 부부는 더 많은 돈을 벌었다.

나의 주장이 대부분의 사람들에게, 특히 사회주의자들에게 탐욕스럽고 저속하고 잔인하게 들릴 것이라는 사실을 잘 알고 있다. 내가 금융 교육을 평생 수강하게 된 것은 다른 사람들이 나에게 돈을 지불하도록 하는 방법을 배우고 싶었기 때문이다. 사람들이 나에게 돈을 내도록 만드는 방법을 배우는 것이 열심히 일해 번 돈을 부자들과 정부에 지불하도록 훈련 받는 것보다 현명한 일이다.

다른 사람들이 나에게 돈을 내도록 만드는 방법을 배우는 것이 저속하게 들릴 수도 있다. 그러나 사람들은 고용주가 자신들에게 돈을 줄 때만 일을 한다. 가난한 사람들과 퇴직자들도 정부가 돈을 주기를 기다리고 있다. 세상은 사람들이 다른 사람들에게 돈을 지불해야 움직이도록 되어 있다. 우리는 이것을 현금흐름이라고 부른다. 중요한 것은 더 많은 돈이 들어오고 더 적은 돈이 나가도록 하는 방법을 정말로 배우고 싶어하는 당신의 의지다. 이런 방법을 배우고 싶다면 제대로 된 진짜 금융 교육을 받아야 한다.

다음은 나의 반쪽이자 금융 교육의 수혜자인 킴의 글이다. 아내는 현금흐름을 이해하고 실제로 활용하는 데는 그 누구에게도 뒤지지 않는다. 그녀는 또 자신의 한계에 도전하고 자신이 정한 목표와 우리 부부가 함께 정한 목표를 성취하기 위한 자신만의 규칙을 가지고 있다.

아내의 논평 —— 내가 지금까지 잘못된 금융 교육을 받아왔다는 사실을 깨달았을 때 인생에 큰 변화가 일어났다. 이 책을 읽고 있는 사람들처럼 나도 좋은 직장을 구하고 회사에서 승진하고 더 많은 급여를 받으라는 말을 항상 들어왔다. 시간당 급여를 받고 일할 때 나는 더 많은 돈을 벌기 위해 더 많은 시간을 일하거나 시간당 급여를 높여야 했다. 첫 직장에 입사한 이후 해마다 더 많은 연봉을 받기 위해 모든 전력을 다해야 한다는 생각이 머릿속을 떠나지 않았다.

재정적으로 자유롭게 되기 위해 소득이 아니라 자산을 획득하는 일에 모든 노력을 쏟아 부어야 한다는 사실을 깨달은 순간 나의 사고 방식이 바뀌었다. 이유가 무엇일까?

소득에 초점을 맞추는 것은 더 많은 돈을 벌기 위해서 내가 더 열심히 일해야 한다는 뜻이다. 어쩌면 언젠가 더 이상 일할 필요가 없을 정도로 충분히 많은 돈을 벌 수 있을지도 모른다.

우선순위를 자산 획득으로 바꾸는 일은 내가 돈을 벌기 위해 영원히 일해야 한다는 생각을 버리고, 나의 돈이 돈을 벌도록 만드는 방법에 집중하는 것이다. 이것이 소득을 위해 일하는 사람과 자산을 얻기 위해 일하는 사람의 가장 중요한 차이점이다.

나와 남편은 매년 우리의 목표를 함께 정한다. 우리는 기업의 목표, 건강과 관련된 목표 그리고 자산 목표를 세운다. 우리 부부는 자산 목록에 더 많은 자산이 추가되는 것을 확인하고 싶다. 추가된 자산은 기업이거나 부동산이거나 상품일 수도 있다.

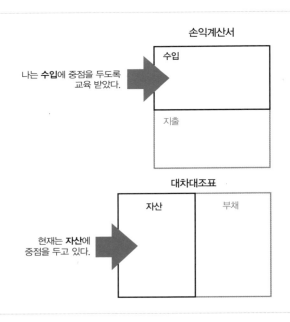

나는 1989년에 처음으로 투자를 시작했다. 당시 투자에 자신이 없던 나는 집 주변을 중심으로 투자처를 찾아보았고, 임대율이 높은 침실이 2개 있는 아담한 아파트를 발견했다. 나는 몇 번의 협상을 통해 아파트를 구매할 수 있게 되었다. 그러자 이번에는 더 큰 두려움이 몰려왔다. 나는 얻을 수 있는 것보다 잃을 것에 더 신경을 쓰게 되었고, 그 집을 사서는 안 되는 모든 핑계거리를 찾았다.

나는 두려움을 가라앉히고 아파트를 매입했고, 내 생애 첫 번째 임대 부동산과 세입자를 갖게 되었다. 월세를 받고 각종 비용과 주택담보대출 이자를 지불한 뒤 한 달에 25달러의 현금흐름이 생긴 것이다. 작지만 매력적인 임대 부동산을 매수한 1989년에 나의 자산 상태는 아래 그림과 같았다.

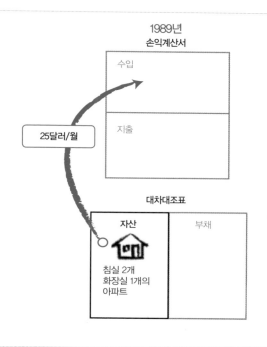

같은 해에 우리 부부는 첫 번째 자산 목표를 설정했다. 우리의 목표는 1년에 2채씩 10년 안에 20채의 임대 아파트를 마련하는 것이었다. 이것이 재정적으로 자유롭게 되겠다는 우리의 중요한 목표를 향한 첫 번째 작은 목표였다.

목표 설정은 우리가 원하는 것이 매우 분명해지고 목표를 달성하도록 노력하게 만든다는 장점을 가지고 있다. 우리가 목표를 향해 움직이기 시작한 이후 부동산 투자에 대한 나의 지식은 기하급수적으로 늘었다. 나는 부동산에서 나오는 현금흐름에 대해 더욱 관심을 갖게 되었다. 우리 부부는 10년이 아닌 18개월 만에 21채의 임대 아파트를 소유함으로써 목표를 달성했다. 1991년도의 우리 자산은 다음과 같았다.

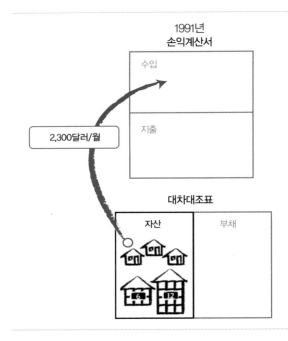

첫 번째 목표를 달성하자, 우리는 재정적으로 자유로워지겠다는 원래의 목표에 한층 더 가까워졌다. 우리 부부의 다음 목표는 생활비로 지출되는 돈보다 자산에서 발생하는 현금흐름이 더 많아지도록 하는 것이었다. 이 목표를 달성하는 데 3년이라는 시간이 더 걸렸다. 1994년 우리 자산의 현황은 다음 그림과 같았다.

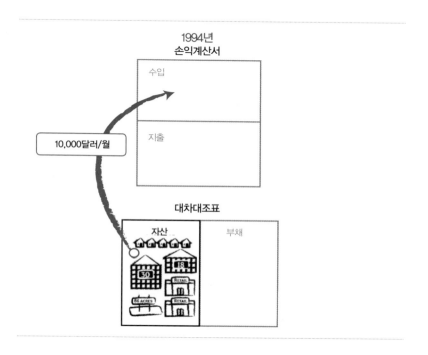

우리 부부에게 재정적인 자유는 생활비로 쓸 수 있는 100만 달러를 은행에 저축하는 것이 아니었다. 우리가 일을 하거나 하지 않거나 매달 투자상품에서 현금흐름이 발생하도록 하는 것이었다.

1994년에 우리 부부의 현금흐름은 한 달에 1만 달러였다. 비록 큰 돈은 아니었지만, 당시 우리 부부의 한 달 지출은 3,000달러에 불과해 우리는 재정적으로 자유롭게 되었다.

자산에서 발생하는 현금흐름이 우리의 한 달 생활비보다 많던 당시, 우리 부부는 인생에서 우리가 정말로 원하는 것이 무엇인지 스스로에게 물어보는 사치를 누렸다. 돈이 있다는 사실보다 이런 질문을 할 수 있다는 것이 진정한 자유가 아닐까.

그렇다면 우리 부부의 불공정한 경쟁우위는 무엇일까? 첫째, 우리는 함께 재정적인 목표를 세운다. 둘째, 우리는 목표를 달성하기 위해 함께 공부하고 연구한다. 우리는 세미나에 참석하고, 책을 읽고, 진정한 전문가를 만나고, 훌륭한 조언자와 함께 일해 인생에서 원하는 것을 얻고 있다. 데이트를 할 때 내가 남편으로부터 받은 첫 번째 선물은 보석이나 향수가 아니라 회계학 세미나였다. 남편은 내가 자산과 부채의 차이를 확실히 알기를 바랐다.

대학을 졸업할 때 나는 다시는 학교에 발을 들여놓지 않겠다고 공언했었다. 나는 교육에 진저리가 났다. 하지만 이틀 동안 회계 수업에서 게임을 하면서 내가 배우는 것을 좋아한다는 사실을 깨달았다. 나는 단지 기존 학교들이 가르치는 내용과 교육방법이 싫었던 것이다. 나의 열정을 다시 살아나게 해주었다는 점에서 남편의 첫 번째 선물은 회계학 수업 그 이상의 의미가 있었다.

세상에는 돈에 대한 수많은 정보가 존재한다. 그래서 우리는 가장 적합한 정보를 찾으려고 끊임없이 노력하고 있다. 나는 우리가 참석하는 모든 강의에서 누구나 새로운 아이디어 하나쯤은 얻을 것이라고 생각한다.

계속 발전하기 위해서는 때때로 자극이 필요하다. 그래서 우리는 조언자들과 함께 일한다. 나는 이것이 우리 부부의 불공정한 경쟁우위라고 생각한다. 훌륭한 조언자들과 함께 일하는 것은 로켓을 만드는 과학도 아니고, 특별한 비법도 아니기 때문에 누구나 할 수 있다. 나는 함께 일하는 것이 부부관계를 새롭게 하고 발전시키는 중요한 요소 가운데 하나라고 주장하고 싶다. 이를 통해 우리 부부는 인생에서 진정 원하는 것을 성취하고 있다.

매년 정월 초하루에 나와 내 남편은 다른 목표들과 함께 우리의 자산 목표를 정한다. 우리는 재무제표에 있는 자산 목록에 지속적으로 또 다른 자산을 추가하기 위해 목표를 정한다. 현재 우리의 자산 목록은 기업, 부동산, 금융자산 그리고 상품과 같은 4가지 자산으로 구성돼 있다.

우리는 현금흐름이 발생하는 기업체를 설립했고, 아파트에서 상업용 부동산 그리고 리조트와 골프코스까지 다양한 부동산을 가지고 있다. 우리는 금융자산도 소유하고 있고, 금, 은, 원유, 가스 같은 상품 (실물) 자산도 상당 부분 가지고 있다.

전통적인 재무전문가들은 일반적으로 한 종류의 자산, 즉 금융자산 분야에 분산투자하라고 조언한다. 나와 내 남편은 한 종류의 자산 분야에 분산투자하지 않고, 앞서 말한 4가지 분야에 골고루 분산투자한다. 해마다 자산 목표를 정하고 목표 달성에 전력을 다함으로써 자산이 증가했고 더불어 현금흐름도 늘어났다. 가장 중요한 것은 우리 부부가 재정적인 자유를 얻게 되었다는 것이다.

진정한 금융 교육이란

내 아내가 설명한 것처럼 교육의 진정한 목적은 정보를 얻고 이를 지식으로 바꿀 수 있는 능력을 길러주는 것이다. 금융 교육을 받지 못하면 정보를 지식으로 바꿀 수 없다. 많은 사람들이 자산과 부채, 자본소득과 현금흐름, 펀더멘털fundamental 투자와 기술적 투자의 차이를 알지 못한다. 그리고 왜 부자들이 세금을 덜 내고, 왜 부채가 몇몇 사람은 부자로 만들지만 대부분의 사람들을 가난하게 만드는지 그 차이점을 알지 못한다. 사람들은 좋은 투자와 나쁜 투자를 구별하지 못한다.

그들이 알고 있는 것은 학교에 가고, 열심히 일하고, 세금을 내고, 소득의 범위 안에서 살고, 집을 사고, 부채에서 벗어나고, 가난하게 살다가 생을 마감하는 것이다. "나의 백성들이 지식이 없어 망하는도다"라는 성경의 말처럼 수백만 명의 사람들이 자신들의 돈을 부자와 정부에게 맡기도록 훈련받았기 때문에 망해가고 있다. 이것은 교육이 아니다.

자주 물어보는 질문 _____ 그렇다면 내 돈을 어디에 투자해야 할까?

간단한 답변 _____ 3가지 중에서 하나를 선택하면 된다. 선택은 당신의 몫이다.

1. 아무것도 하지 않고 부자가 되기를 희망하는 것이다. 하지만 나의 부자 아빠가 말했던 것처럼 희망은 절망에 빠진 사람들을 위

한 것이다.

2. 당신의 돈을 전문가에게 장기적으로 맡긴 다음 주식을 사서 보유하고 기도하라.

3. 당신의 금융 교육에 투자하는 것이다. 돈을 투자하기 전에 먼저 시간을 투자하라. 이 책을 읽은 것도 시간에 투자한 것이다. 금융 교육에 대한 투자가 현명한 투자다.

세금
모르면 당한다

세금의 규칙은 동일한가 | 세금은 사분면에 따라 결정된다 | 세금에 대해 가르치지 않는 학교 교육 | 자신의 사분면을 바꾸는 법 | 소득에 따라 다른 세율이 적용된다 | 가장 많은 세금을 부담하는 근로 소득 | 자본이득을 추구하는 포트폴리오 소득 | 현금흐름을 만드는 수동적 소득 | 현금흐름과 세금 혜택을 모두 누려라

2 : 장 >>>

자주 묻는 질문 —— 더 많은 돈을 벌고 세금을 적게 내기 위해서는 어떻게 해야 하는가?

간단한 답변 —— 당신이 돈을 벌기 위해 열심히 일할수록 당신은 더 많은 세금을 내야 한다. 당신의 돈이 당신을 위해 더 열심히 일하면 그만큼 세금을 적게 낸다. 다른 사람들의 돈이 당신을 위해 열심히 일하면 세금을 가장 적게 낸다. 당신은 아예 세금을 내지 않을 수도 있다. 그러기 위해서는 최고 수준의 금융 교육이 필요하다.

설명 —— 사람들은 세금이 가혹하다고 생각한다. 그리고 대부분의 사람들에게 실제로 세금은 가혹하다. 하지만 이것은 그들이 돈을 위해 일하기 때문이다.

세금은 사람들이 정부가 바라는 것을 하도록 만들기 위한 장려방안이 되기도 한다. 당신이 정부가 원하는 것을 한다면, 많은 돈을 벌 뿐만 아니라 세금을 적게 내거나 아예 내지 않을 수도 있다. 문제는 대부분의 사람들이 파블로프의 개처럼 생각하지 않고 지시받은 대로만 하도록 훈련을 받았다는 것이다. 그래서 그들은 평생 돈을 위해 일하고 점점 더 많은 세금을 내면서 살아가고 있다.

간단하게 말하면 세금은 불공평하다. 최고 수준의 금융 교육을 받은 사람들의 경우 더 많은 돈을 벌수록 합법적으로 더 적은 세금을 낸다. 단 정부가 원하는 것을 할 때만 그렇다.

대부분의 경우 세금은 사람들을 가난하게 만든다. 다시 강조하지만, 대다수의 사람들은 자신들의 돈을 세금이라는 형태로 정부에 납부하도록 훈련받았다. 세금은 극소수의 사람들만을 부자로 만들어준다. 이들은 정부가 자신들에게 돈을 지불하도록 하는 방법을 알고 있는 사람들이다. 거듭 말하지만 돈의 세계에서 가장 중요한 것은 현금 흐름이다.

세금의 규칙은 동일한가

자주 묻는 질문 —— 세금은 세계 어느 곳에서나 동일할까?

간단한 답변 —— 모든 국가들이 자국에 적용되는 자신들만의 세법을 가지고 있다. 나는 세무전문가가 아니다. 그래서 항상 사람들에게 세금에 대한 결정을 내리기 전에 전문가의 조언을 받으라고 충고하고 있다. 세금에 대해 더 쉽게 설명하기 위해 나는 세금전문가인 공인회계사 톰 휠라이트Tom Wheelwright에게 복잡한 주제를 명확하게 설명해달라고 부탁했다.

회계전문가 톰 휠라이트의 자세한 답변 —— 내가 연구한 바에 따르면, 대부분의 국가들이 동일한 기본원칙을 가지고 있다. 세법은 정부의 수입을 늘리기 위해 존재한다. 하지만 정부가 육성하고 싶은 경제 분야에 대해서는 광범위하게 인센티브를 제공하기 위해 활용되기도 한다. 세계 각국 정부들도 사람들이 정부의 복지 정책과 에너지 정책을 따르도록 장려하기 위해 거의 동일하게 세법을 이용하고 있다.

자주 묻는 질문 —— 세금과 관련된 최악의 조언은 무엇일까?

간단한 답변 ___ 학교를 졸업한 후 취직하고 열심히 일하고 저축을 해서 집을 사라. 집은 자산이기 때문이다. 빚에서 벗어나 주식과 채권, 뮤추얼펀드로 구성된 포트폴리오에 장기적으로 분산투자하라.

설명 ___ 부자 아빠 시리즈의 두 번째 책인《부자 아빠 가난한 아빠 2 Rich Dad's Cashflow Quadrant》는 돈의 세계에서 활동하는 다양한 참가자들을 구분해놓았다. 아래 그림이 현금흐름 사분면이다.

E : 봉급생활자(Employee)
S : 중소기업 운영자나 자영업자(Small business or self-employed)
B : 대기업(Big business, 종업원 500명 이상)을 운영하는 사람
I : 투자자(Investor)

돈의 세계에는 4개의 사분면에 종사하는 사람들이 모두 필요하다. 현금흐름 사분면은 직업을 구분해놓은 것이 아니다. 예를 들어 종합병원이나 제약회사에 근무하는 의사, 즉 B사분면에서 일하는 의사들은 E사분면에 속할 수도 있다. 의사는 개업을 할 경우 S사분면에 속한다. 의사가 또 병원의 원장이나 제약사의 소유주가 되면 B사분면에 속할 수도 있다. 의사는 투자자가 될 수도 있다.

I사분면과 관련해 종종 혼란이 발생하기도 한다. 많은 사람들이 주식에 투자하거나 뮤추얼펀드에 가입하는 방법으로 은퇴에 대비한 투자를 한다.

하지만 이것은 내가 I사분면에서 주장하는 투자와 완전히 다르다. 진정한 투자자들은 다른 사람들이 자신에게 돈을 맡기도록 하는 사람들이다. 대부분의 투자자들은 진정한 투자자들에게 자신들의 돈을 맡기고 있다. 다시 말하지만 I사분면은 현금흐름의 방향에 의해 정의되는 것이다. 그리고 이것이 누가 가장 세금을 많이 내는지 그 차이를 결정한다.

만일 투자를 위해 당신의 돈을 다른 사람에게 맡겨놓았다면 당신은 당신의 돈을 맡아서 투자하는 사람보다 더 많은 세금을 내게 된다. 나의 가난한 아빠는 투자를 위해 돈을 자신이 믿는 사람들에게 맡겼다. 나의 부자 아빠는 가난한 아빠와 같은 사람들이 자신에게 돈을 맡기도록 했다. 세금의 관점에서 보면 차이는 밤과 낮처럼 분명하다.

자주 묻는 질문 ____ 어느 사분면에 속한 사람들이 세금을 가장 많이 부담하는가?

간단한 답변 ____ E와 S사분면에 속한 사람들이다.

1943년, 미국 의회는 태평양과 유럽에서 벌어지던 전쟁 비용이 절실하게 필요했기에 세금납부법current tax payment act을 만들었다. 1943년의 정책 변화는 고용주들이 종업원의 월급에 대해 세금을 공제받을 수 있도록 하는 권한을 정부에 부여했다.

다시 말해 정부는 봉급생활자들이 월급을 받기 전에 먼저 돈을 받았다. E사분면에 속한 사람들은 돈에 대한 통제력을 상실했다. 봉급생활자들은 자신의 월급을 받을 때 이미 상당 부분이 사라진 것을 알 수 있다. 이렇게 사라진 부분이 바로 세금을 내기 전의 총소득과 세금을 뺀 나머지 소득의 차이, 즉 세금으로 미리 납부한 돈이다.

최근 금융위기로 인해 정부는 더 많은 돈을 거둬들여야 하기 때문에 E사분면에 속한 봉급생활자들의 세전 소득과 세후 소득의 차이는 점점 더 커지고 있다. 근로자들은 더 열심히 일하고 월급도 많이 받지만, 정작 집으로 가져가는 소득은 줄고 있다.

1986년, 미국 의회는 조세개혁법tax reform act을 통과시켰다. 이 법의 목적은 S사분면에 속한 사람들이 이용하고 있는 세법의 허점을 고치는 데 있었다. 1986년까지 대부분의 자영업자와 전문직 종사자들은 B사분면에 속한 사람들과 마찬가지로 세법의 허점을 이용했었다. 더 많은 돈이 필요한 정부는 의사, 변호사, 중소 기업가는 물론 컨설턴트, 부동산 중개인, 주식 중개인 등 전문직과 다른 자영업자들의 소득을 추적했다.

1987년의 주식시장 붕괴를 촉발한 것은 1986년의 세법 개혁이었다. 1988년의 저축은행업계의 파산은 부동산 가격의 폭락으로 이어졌고, 부동산 가격 폭락은 경기 침체를 불러왔다. B와 I사분면에 속한 사람들에게는 더 많은 돈을 벌 수 있는 절호의 기회였다. 그리고 S사분면에 속한 의사들과 변호사들 그리고 회계사들은 가장 높은 세율을 적용받았다.

세금은 사분면에 따라 결정된다

세금이 직업이 아니라 사분면에 따라 결정된다는 것은 중요한 사실이다. 다시 말하지만 의사는 모든 사분면에 속할 수 있으며, 각 사분면은 다른 세법을 적용받는다.

학교에 다닐 때 나는 같은 반 친구에게 아버지의 직업이 무엇이냐고 물어본 적이 있다. 그 친구는 아버지의 직업이 청소부라고 말했다. 나는 추수감사절 저녁에 초대받기 전까지 친구 아버지의 직업에 대해 깊이 생각해보지 않았다. 그 친구의 아버지는 자동차 대신 개인용 비행기로 뉴욕에서 2시간 거리에 있는 집으로 우리들을 데리고 갔다. 친구의 집은 커다란 저택이었다.

내가 친구에게 아버지의 직업에 대해 자세히 물어보자, 그는 "우리 아빠는 뉴욕 주에서 가장 큰 쓰레기 처리업체를 소유하고 있다"고 말했다. 그 친구의 아버지는 200대가 넘는 트럭과 1,000명의 종업원을 거느리고 있었다. 또 쓰레기를 매립하는 땅도 소유하고 있었다. 친구 아버지의 가장 큰 고객은 주 정부와 시 당국이었다.

친구의 아버지는 B와 I사분면에 속하는 청소부였다. 그는 E사분면에 속하는 청소부를 고용했고, 자문을 받기 위해 S사분면에 속하는 회계사와 변호사들을 고용하고 있었다. 그가 세법에 관한 자문을 받는다면 자신의 종업원들보다 훨씬 낮은 세율로 세금을 낼 것이다.

자주 묻는 질문 —— 한 사람이 1개 이상의 사분면에 속할 수 있을까?

간단한 답변 —— 물론이다. 기술적으로 나는 4개 사분면에 모두 속한다. 나는 내 회사의 종업원으로 E사분면에 속한다. 나는 책을 쓰고 게임을 개발한다는 점에 S사분면에 속한다. 또한 나는 전 세계에 걸쳐 사무실을 가지고 있고 500명 이상의 직원들을 고용하고 있어 B사분면에 속한다. 그리고 내 사업을 위한 자금을 끌어오기 때문에 I사분면에도 속한 투자자이기도 하다.

자주 묻는 질문 —— 어떻게 한 사분면에서 다른 사분면으로 이동할 수 있는가?

간단한 답변 —— 핵심가치들을 바꾸기로 결심하면 된다.

설명 —— 의사는 현금흐름 사분면 어디든 속할 수 있다. 당신도 마찬가지다. 사람들은 핵심가치 때문에 다른 사분면에 속한다. 나는 사람들이 사용하는 단어를 가지고 개인의 핵심가치들이 무엇인지 알 수 있다. 다음을 읽어보면 이 말의 의미를 알 수 있을 것이다.

현금흐름 사분면의 1. E사분면
* "나는 보너스가 많은 안정적인 직업을 원한다." : 이 말은 E사분면에 속한 사람들이 하는 말이다. 수위나 기업의 회장이거나 상관없이 모두 같은 말을 하고 있다. 이 말은 '안정성'이라는 핵심가치를 반영하고 있다. 실패의 두려움, 지속적인 월급 그리고 변화에 대한 두려움이 그들의 근본적인 두려움에 영향을 미치고 있다.

　이런 사람들은 군대, 경찰 그리고 대기업에서 평생 일하는 것을 추구한다. 야심이 있는 사람들이라면 더 좋은 기회가 주어질 경우 직장을 바꾼다. 하지만 이런 변화를 추구하기 전에 이들은 직장의 월급이 안정적인지 확인한다.

MBA 과정에 등록한 대부분의 학생들은 E사분면에 속한 기업의 승진 사다리에서 가장 높은 곳까지 올라가겠다는 꿈을 가지고 있다. 이 가운데 몇몇 사람들은 최고경영자 지위에 오를 것이고 많은 돈을 벌 것이다. 하지만 문제는 월급의 상당 부분이 세금으로 빠져나간다는 것이다. 미국에서 E사분면에 속한 가장 뛰어난 인물은 제너럴 일렉트릭의 잭 웰치Jack Welch와 이베이EBAY의 맥 휘트먼Meg Whitman일 것이다.

자주 묻는 질문 —— 나는 현재 E사분면에 속해 있다. 더 많은 돈을 벌면서도 합법적으로 세금을 적게 내기 위해 어떻게 해야 하나?

회계전문가 톰 휠라이트의 자세한 답변 —— E사분면에 속해 있는 당신이 할 수 있는 것은 많지 않다. 세법의 상당 부분은 B와 I사분면에 속한 사람들의 세금을 줄이기 위해 만들어졌다. 당신이 할 수 있는 최선의 방법은 개인퇴직계좌IRA, Individual Retirement Account나 401(k)를 통해 세금 납부를 유예하는 것이 전부다. 세금을 줄이려면 B와 I사분면으로 진출해야 한다.

현금흐름 사분면의 2. S사분면

- "제대로 하기를 바라면 직접 하라." : 이것은 의사든 변호사든 허드렛일을 하는 사람이든 직업에 상관없이 S사분면에 속한 사람들이 하는 말이다. 이 말은 '독립'이라는 핵심가치와 다른 어떤 누구도 자신보다

더 일을 잘할 수 없다는 불신을 반영하고 있다.

S사분면 사람들은 일반적으로 일을 하기 위한 올바른 방법과 잘못된 방법에 대한 확고한 견해를 가지고 있다. 그들이 자주 하는 말은 "어느 누구도 나보다 더 잘하지 못한다"거나 "내 방식으로 했다"이다. S사분면 사람들의 고민은 일을 하지 않으면 소득도 생기지 않는다는 것이다. 이들은 기업체를 가지고 있지 않지만 직업을 가지고 있다.

많은 전문직업인들이 S사분면에 속한다. 회계사, 웹마스터, 컨설턴트 등이 여기에 해당한다. S사분면의 S자는 전문적이고specialized, 똑똑하다smart는 의미도 포함하고 있다. 이들은 독립성과 전문성의 가치를 높게 평가한다. 이들 대부분은 성장보다는 전문성을 추구하는 데 집중하기 때문에 일의 규모가 작은 것이 특징이다.

S사분면에 속한 사람들 가운데 가장 뛰어난 사람들은 유명 인사들이다. 예를 들면 할리우드의 영화배우들, 록가수, 프로 운동선수들이 여기에 속한다. 내 친구는 한 도시에서 5개의 식당을 운영하고 있다. 그의 식당은 이탈리아 요리로 유명하다. 그의 아이들은 식당에서 일하고 있는데, 식당의 규모도 상당히 크다. 또 다른 친구는 유명한 암 수술 전문의인데 환자들이 진료를 받으려고 줄을 선다. 하루에 볼 수 있는 환자의 수가 정해져 있기 때문에 그는 진료비를 인상하고 있다. 친구에게 병원을 확장하고 싶지 않느냐고 물어보면 "나는 지금도 충분히 많은 돈을 벌고 있고 너무 바쁘다"라고 답한다.

자주 묻는 질문 ___ 나는 현재 S사분면에 속해 있다. 더 많은 돈을 벌면서 합법적으로 세금을 적게 내기 위해 어떻게 해야 하나?

회계전문가 톰 휠라이트의 자세한 답변 ___ S사분면에 속한 사람들이 해야 할 가장 중요한 일은 B사분면에 속한 기업들처럼 생각하고 행동하는 것이다. 여기에는 종업원을 고용하고, 장비와 부동산에 대한 투자를 늘리고 B사분면에 속한 당신의 기업체를 만드는 일이 포함된다(B 사분면에 속한 기업체는 간단히 말하면 소유권을 법적인 형태로 만드는 것이다. 대부분의 S사분면 사람들은 개인이 독점 소유권을 가지고 있거나 동업의 형태로 소유하고 있다. 이런 사업체들은 가장 세금을 많이 내고 있다. 유한회사와 합자회사 같은 B사분면에 속한 기업들을 살펴보라).

현금흐름 사분면의 3. B사분면

• "나는 최고의 인재를 찾고 있다.": 이는 B사분면에 속한 사람들이 하는 말이다. B사분면의 B는 직원 500명 이상의 대기업big을 의미한다. B 사분면에 속한 사람은 자신이 혼자 할 수 있는 것보다 더 큰 일을 하고 있다. B사분면에서 성공하려면 단지 전문적인 기술뿐만 아니라 리더십과 사람을 다루는 기술이 필요하다는 뜻이다. 이것이 마이크로소프트의 창업자인 빌 게이츠와 디즈니의 창업자인 월트 디즈니 그리고 제너럴 일렉트릭의 창업자인 토머스 에디슨과 같은 많은 기업가들이 대학을 졸업하지 않고도 성공한 이유이기도 하다.

기업가들은 아이디어를 찾아내고 이를 대량 생산해 제품화하는 능력과 사람을 움직이는 리더십을 가지고 있다. 기업은 일자리를 만들고 부를 창출한다. 예를 들어 캘리포니아의 실리콘밸리는 첨단 기술의 메카로 부가 넘쳐난다.

B사분면에서의 성공은 500명 이상의 사람들을 혼자 힘으로 관리할 수 없기 때문에 조직의 노력이 필수적이다. 애플의 스티브 잡스,

버진의 리처드 브랜슨, 그리고 구글Google의 세르게이 브린Sergey Brin 이 B사분면에서 성공한 대표적인 인물들이다.

자주 묻는 질문 —— 나는 현재 B사분면에 속해 있다. 돈을 더 많이 벌면서 합법적으로 세금을 적게 내기 위해 어떻게 해야 하나?

회계전문가 톰 휠라이트의 자세한 답변 —— B사분면에서는 세금을 줄일수 있는 기회가 무궁무진하다. 거의 모든 비용에 대해 세금 공제가 가능하다. B사분면의 기업들은 직원 고용, 연구 개발비 증액, 녹색성장 산업 투자와 같은 분야에서 세금 혜택을 받을 수 있다. 또 S사분면에 속하는 기업체보다 더 낮은 세율을 적용받는다. 특히 기업주가 거의 세금을 내지 않거나 자영업세를 내지 않기 때문에 세금을 줄일 여지가 많다.

현금흐름 사분면의 4. I사분면

• "내 프로젝트에 투자할 돈을 어떻게 조달할 수 있을까? 다른 사람들의 자금을 활용해 돈을 더 벌고 세금을 적게 내는 방법은 무엇인가?" : 나는 앞서 I사분면과 다른 사분면의 중요한 차이점은 가능한 다른 사람의 돈을 많이 활용하는 것이라고 말했다. I사분면에 속하면서 가장 잘 알려진 사람들은 뱅가드펀드Vangard Funds의 설립자인 존 보글John Bogle 그리고 퀀텀펀드Quantum Funds의 조지 소로스 George Soros다.

자주 묻는 질문 —— 나는 현재 I사분면에 속해 있다. 더 많은 돈을 벌면서 합법적으로 세금을 적게 내기 위해 어떻게 해야 하나?

회계전문가 톰 휠라이트의 자세한 답변 —— 다른 사람들의 돈을 활용하는 것은 I사분면에서 세금을 줄이는 가장 좋은 방법이다. 다른 사람의 돈으로 구매한 것에 대해 세금을 감면받을 수 있기 때문이다. 부동산에 대한 감가상각은 다른 사람의 돈으로 세금 혜택을 받을 수 있는 훌륭한 방법이다. 당신의 돈으로 지불한 부동산 구입 비용의 일부에 대해서 세금 공제를 받는 것은 물론, 은행대출금으로 지급한 부동산 구입 비용의 일부에 대해서도 감가상각 세금 공제 혜택을 받을 수 있다.

| TIP | 알기 쉬운 사분면 설명

- 봉급생활자(E)는 다른 누군가를 위해 일한다.
- 자영업자/전문직(S)은 자기 자신을 위해 일한다.
- 기업가(B)는 다른 사람들이 자신을 위해 일하도록 한다.
- 투자자(I)는 자신의 돈이나 타인의 돈이 자신을 위해 일하도록 한다.

E와 S사분면에 속한 사람들은 돈을 위해 일한다. 이 때문에 더 많은 세금을 낸다. 봉급생활자와 자영업자들은 다음 그림처럼 소득에 중점을 두고 있다.

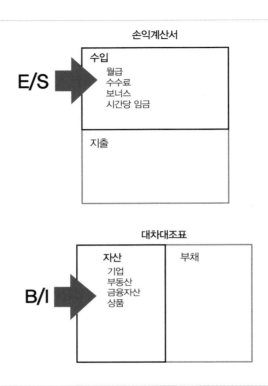

B와 I사분면에 속한 사람들은 자산을 획득하기 위해 일한다. 이것이 기업가와 투자자들이 세금을 적게 내는 이유다. 이들이 중점을 두는 분야는 자산이다.

세금에 대해 가르치지 않는 학교 교육

B와 I사분면에 속한 유명 인사들은 자본가들이다. 이들은 자신들의

아이디어에 다른 사람들의 자금을 활용해 기업을 만들고 성장시킨다. 더불어 폭넓은 사고방식을 기르고 자산을 증대시키는 일에 시간을 투자한다. 이것이 자본 조달을 더욱 쉽게 만든다.

S사분면에 속한 사람들이 경험하는 어려운 문제는 성장을 위해 사용할 수 있는 다른 사람들의 돈이 매우 적다는 것이다. 이들은 성장 잠재력이 거의 없고 위험성이 높아 자본을 끌어올 수도 없다. 이것이 S사분면에 속한 대부분의 사람들이 정부가 지원하는 중소기업 운영 자금을 대출받는 이유다. 진정한 자본가는 사람이 아니라 자산에 투자한다.

대부분의 학교들은 학생들을 E와 S사분면에 속한 사람이 되도록 훈련시키고 있다. 예를 들어 거의 모든 대학들이 MBA 프로그램을 운영하고 있는데, MBA 수업을 받은 학생들은 이미 설립된 대기업의 CEO가 되기를 바라는 사람들이다. MBA 과정을 들은 대부분의 학생들은 B사분면의 특성을 이해하지 못하기 때문에 기업가가 아니라 봉급생활자가 된다. 가장 최근에 MBA 과정을 졸업한 학생들조차도 자본을 조달하는 방법이나 자산을 증식하는 방법을 모른다. 자본 조달 능력은 기업가의 가장 중요한 자질 가운데 하나다. 대부분의 작은 기업들은 자본을 조달하는 능력이 부족해 더 이상 성장하지 못한다.

전통적인 교육은 변호사가 되고 싶은 사람들은 법대에, 의사가 되고 싶은 사람들은 의대에 가도록 만든다. 학생들을 주방장이나 기계공, 배관공, 자동차 수리공 등이 되도록 훈련시키는 훌륭한 직업학교들도 많다.

이런 직업학교의 문제점은 학생들이 B와 I사분면에 대해 아무것도 모른 채 졸업한다는 것이다. 학생들은 돈, 세금, 부채, 투자, 자금 조달,

그리고 E와 S사분면에서 B와 I사분면으로 진출하는 방법을 배우지 못하고 졸업한다. 실업 문제를 해결하고 싶다면 우리는 더 많은 사람들이 B와 I사분면에 속한 사람들, 즉 진정한 자본가들이 되도록 훈련시키고 교육시켜야 한다.

안정적인 급여를 추구하는 대부분의 사람들은 정부로부터 세금 혜택을 받는 B와 I사분면에 어울리지 않는다. 톰 휠라이트가 설명한 것처럼 정부는 주택 건설처럼 자신들에게 이득이 되는 프로젝트에 투자될 수 있는 잉여 자본을 창출하고 일자리를 만들어내는 방법을 알고 있는 사람들을 더 많이 원하기 때문에 기업에게 각종 세금 혜택을 준다.

현재 실업 문제는 우리의 학교 제도가 만든 것이다. 학교가 학생들에게 기업가가 아니라 봉급생활자가 되도록 훈련시키고 있고, 자본가보다 근로자가 되도록 만들고 있기 때문이다.

자신의 사분면을 바꾸는 법

현금흐름 사분면을 바꾸는 방법에 대해 알아보기 전에 사분면의 핵심가치에 대해 알아야 한다. 각각의 핵심가치들이 어떤 사람이 특정 사분면에 속하는지를 결정하기 때문이다. 단순히 세금 문제 때문에 현금흐름 사분면을 바꾸는 것이 아니다. 현금흐름 사분면을 바꾸고 싶다면 그에 앞서 당신이 중점을 두고 있는 핵심가치에 대해 생각해보는 시간을 가져보는 것이 좋다. 예를 들면 다음과 같다.

- 안정된 급여가 얼마나 중요한가?
- 당신은 훌륭한 리더인가?
- 스트레스에 어떻게 대처하는가?
- B와 I사분면이 요구하는 기술을 가지고 있는가?
- 어느 사분면에서 성공할 가능성이 가장 높은가?
- 은퇴가 얼마나 중요한가?
- 실패에 어떻게 대응하는가?
- 단체에서 일을 잘하는가?
- 당신의 일을 좋아하는가?
- 당신의 일이 인생의 목표에 부합하는가?

위의 질문은 당신만이 대답할 수 있는 것들이다. 이 질문들이 세금 보다 훨씬 더 중요하다.

| TIP | 핵심가치의 단순화

E와 S는 안정을 추구한다.

B와 I는 자유를 추구한다.

자주 묻는 질문 ____ 현금흐름 사분면을 바꾸는 가장 쉬운 방법은 무엇인가?

간단한 답변 ____ 친구를 바꾼다.

설명 ____ 유유상종類類相從이라는 사자성어에는 많은 진실이 포함돼 있다. 봉급생활자들은 봉급생활자들끼리 어울린다. 의사들은 다른 의사들과 어울린다. 기업가나 투자가들도 마찬가지다.

　내 경험으로 볼 때 같은 현금흐름 사분면에 속한 사람들은 다른 사분면에 속한 사람들을 좋아하지 않는다. 그래서 노동조합이 B와 I사분면에 속한 사람들을 비난하고, B와 I사분면에 속한 사람들이 노동조합을 좋아하지 않는다.

　사회주의자들은 또 B와 I사분면에 속한 사람들을 믿지 않는 경향이 있고, B와 I사분면의 사람들도 사회주의자들을 신뢰하지 않는다. 이 책에서 세금관련 내용을 읽은 독자들 가운데 일부는 나를 비난할 것이라고 생각한다. 내가 종업원을 두고 있고 부자가 되기 위해 세법을 이용하고 있기 때문이다.

　나의 가난한 아빠는 나의 부자 아빠가 종업원들을 착취하고 탈세를 하는 사기꾼이라고 생각했다. 나의 부자 아빠는 교사노조에 가입한 나의 가난한 아빠를 공산주의자라고 생각했다. 나의 가난한 아빠는 하와이 주 교사노조의 위원장이 되었다. 이 일은 나의 부자 아빠를 매우 혼란스럽게 만들었다.

　모든 사분면에서 탈세를 저지르는 사기꾼들이 존재한다. 당신은 이들 가운데 한 사람이 되어서는 안 된다. 훌륭한 조언자를 얻고 B와 I사분면의 규칙대로 일하는 것은 어렵지 않다.

　각각의 현금흐름 사분면에는 비슷한 가치와 태도를 가진 사람들이 모인다. 다른 사분면에 속한 사람들은 서로 다른 자신들만의 언어를 사용하고 있다. 예를 들어 봉급생활자들은 흔히 "급여를 인상해달라"거나 "근무시간을 조정해달라"라고 말한다. 자영업자는 "좋은 사람을 찾기 힘들다"거나 "내가 가장 잘한다"라는 말을 한다. 기업가는 "새로운 사장이 필요하다"거나 "새로운 프로젝트에 필요한 자금을 어떻게 조달해야 할까?"와 같은 말을 자주 한다.

비슷한 생각을 가진 사람들을 만나는 방법 가운데 하나는 수업이나 세미나에 참석하고, 모임에 가입하거나 아니면 새로운 표현들을 배우는 것이다. 이렇게 하면 조만간 새로운 친구들을 만나게 될 것이다.

가족과 직장을 제외하고 가장 많은 시간을 보내는 사람 6명의 이름을 나열해보라. 그리고 그들이 어떤 사분면에 속해 있는지 알아보라. 그렇다고 당신의 오랜 친구들과 결별하라는 뜻은 아니다. 당신의 인생을 변화시키고 싶다면 새로운 사람들을 만나고 당신의 세계를 넓혀야 한다는 의미다.

소득에 따라 다른 세율이 적용된다 _____

자주 묻는 질문 ___ 좋은 직장에 취직해서 열심히 일하면서 저축하고, 집을 사고, 부채에서 벗어나고, 주식과 채권, 뮤추얼펀드에 장기적으로 분산투자하는 것이 왜 문제인가?

간단한 답변 ___ 세금이 문제다.

자세한 답변 ___ 열심히 일할수록 더 많은 돈을 번다. 하지만 그만큼 세금을 더 많이 내야 한다. 열심히 일하는 봉급생활자들을 위한 세금 감면 조치는 없다. 봉급생활자들이 세금을 적게 내고 싶다면 소득을 줄이는 것이 최선이다. 더 많은 돈을 벌고 세금을 적게 내고 싶다면 소득의 종류를 바꾸어야 한다.

설명 ___ 다음과 같은 3가지 종류의 소득에 대해서 각각 다른 세율이 적용된다.

- 근로 소득 : 가장 세금을 많이 내는 소득
- 포트폴리오 소득 : 두 번째로 세금을 많이 내는 소득
- 수동적 소득 : 가장 세금을 적게 내거나 거의 세금을 내지 않는 소득

가장 많은 세금을 부담하는 근로 소득

봉급생활자나 자영업자들은 근로 소득을 얻기 위해 일한다. 돈을 저축하는 사람들은 저축으로 근로 소득을 만들어낸다. 부채에서 벗어나고 싶은 사람들은 근로 소득으로 빚을 갚는다. 집을 사는 사람들은 근로 소득으로 부동산 구입비용을 지불한다. 전통적인 은퇴계획을 가지고 있는 사람들은 근로 소득으로 은퇴자금을 마련한다.

나의 설명이 이해가 되는가? 파블로프의 개처럼 금융 훈련을 받은 사람들—일자리를 얻고, 저축을 하고, 집을 사고, 빚을 갚고, 은퇴자금을 위해 투자하고—가장 많은 세금을 부담한다.

지금까지 설명한 내용을 다시 정리해보면 다음과 같다.

- 당신이 돈을 위해 열심히 일할수록 그만큼 더 많은 세금을 내야 한다.
- 당신의 돈이 당신을 위해 열심히 일하면 세금을 더 적게 낸다.
- 다른 사람들의 돈이 당신을 위해 열심히 일하면 그만큼 세금을

적게 낸다. 사실 세금을 거의 내지 않거나 아예 한 푼도 내지 않을 수도 있다.

금융 교육을 받지 못한 대부분의 사람들은 근로 소득을 위해 일한다. 은행에 저축한 돈이나 은퇴자금도 마찬가지다. 봉급생활자들은 자신들의 근로에 대한 대가와 이로 인해 얻은 소득에 대해 가장 많은 세금을 내고 있다. 금융 교육을 받게 되면 적어도 은행에 저축한 돈과 은퇴자금을 포트폴리오 소득이나 수동적 소득을 위해 굴릴 수 있고, 세금을 더 적게 낼 수 있다.

회계전문가 톰 휠라이트의 자세한 답변 ___ 세법이 자신의 돈과 다른 사람들의 돈이 일을 하도록 만드는 사람들에게 혜택을 주는 것에는 나름대로 이유가 있다. 이들이 경제에 직접적으로 투자하는 사람들이기 때문이다.

정부는 우리가 일자리를 만들고, 주택을 건설하고, 다른 사람들에게 돈 벌 기회를 제공하기 위해 경제에 투자하기를 바라고 있다. 금융 교육을 통해 누구나 세법을 자신에게 유리하도록 만드는 방법을 배울 수 있다. 결국 세법의 이런 부분은 부주의로 발생한 허점이 아니다. 기업체를 소유한 사람들과 투자가들을 위한 의도적인 혜택이다.

자본이득을 추구하는 포트폴리오 소득 ___

포트폴리오 소득은 투자 세계에서 자본이득으로 알려져 있다. 일반적으로 자본이득은 싸게 사서 비싸게 팔 때 발생한다. 하지만 주식시장에서는 주식을 비싸게 사서 싸게 파는 공매도를 통해 자본이득을 얻을 수 있다.

투자를 하는 사람들은 자본이득에 관심이 있다. 그러나 자본이득만을 노리는 투자는 진정한 투자가 아니다. 이 때문에 다른 세법을 적용받는 것이다. 거래는 다시 팔기 위해 무엇인가를 사는 것이다. 상인들은 자신들이 원한다고 해서 물건을 구입하지 않는다. 이들은 도매시장에서 옷을 사서 소매시장에서 사람들에게 판매하는 옷가게 주인과 같다. 대부분의 상인들이 S사분면에 속하며 세금을 많이 내는 이유가 바로 이 때문이다.

부동산 거품이 있던 시기에 부동산 투기꾼들은 자신들이 투자자라고 생각했다. 하지만 이들은 부동산을 사고파는 상인이었다. 싸게 사서 가끔씩 수리해 집값을 높이고 더 어리석은 바보에게 판매하는 것이다. 이런 투기꾼들은 진짜 부동산 투자자들에게 오명을 남겼다. 자신들보다 더 어리석은 바보를 시장에 끌어들이는 과정에서 이들이 한 일은 가격을 올려 부동산시장을 진흙탕으로 만들고, 얼마나 많이 돈을 벌었는지 떠들어대는 것뿐이었다.

이들은 자본이득을 추구하고 있었다. 앞서 설명한 것처럼 자본이득을 추구하는 것은 도박과 다름없다. 2006년과 2007년, 시장이 최고점에 달했을 때 슈퍼마켓에서 일하는 온순한 계산대 점원들이 일자리를 그만두고 부동산시장을 기웃거리기 시작했다. 쉽게 말하면 사람들이 위기를 겪고 있는 것은 자본이득과 현금흐름 사이의 차이점을 모르거나(투자 세계에서 알려진 것처럼) 투자소득과 수동적 소득(회계 분야에서 알려진 것처럼)의 차이를 모르기 때문이다.

| **TIP** | 자본이득과 현금흐름

투자 세계　　회계 세계

자본이득　=　포트폴리오 소득

현금흐름　=　수동적 소득

　나와 아내는 90퍼센트의 시간을 현금흐름, 즉 수동적 소득을 위해 투자하고 있다. 우리는 자본이득, 즉 포트폴리오 소득을 위해 투자할 때는 매우 신중을 기한다. 그것이 도박이라는 사실을 잘 알고 있기 때문이다. 당신이 캐시플로 게임을 해봤다면, 자본이득과 현금흐름을 위한 투자 사이에는 매우 다양한 투자 기회들이 존재한다는 사실을 발견했을 것이다. 현명한 투자자는 투자 위험뿐만이 아니라 세금문제 때문에 자본이득과 현금흐름을 위한 투자의 차이를 알고 있다.

매우 중요한 교훈

금융IQ가 높은 사람은 다양한 소득에서 세금 혜택을 최대한 받을 수 있도록 만드는 방법을 알고 있다. 예를 들면 근로 소득을 포트폴리오 소득이나 수동적 소득으로 바꾸는 것이다. 불행하게도 근로 소득을 위해 일하는 봉급생활자들은 더 많은 근로 소득을 저축한다. 이들은 교육 수준이 높을지는 모르지만 소득의 종류에도 차이가 있음을 알지 못할뿐더러 소득의 종류를 변화시키는 방법 역시 모른다.

　주식이나 부동산을 사고파는 사람들은 포트폴리오 소득을 더 많은 포트폴리오 소득(자본이득)으로 전환시키는 경향이 있다. 그래서는 절대로 세법을 피해갈 수가 없다.

　소득의 전환은 부자 아빠가 자신의 아들과 나에게 가르쳐준 중요한 교훈이었다. 부자 아빠의 진짜 초록색 집과 진짜 붉은색 호텔이 중요한 것도 이 때문이다. 부자 아빠는 부동산 투자를 통해 자신의 근로소득을 포트폴리오 소득이나 수동적 소득으로 전환시켰다. 또 사업과 투자를 통해 과세 소득을 비과세 소득으로 전환하고 있었다.

교육학 박사학위를 가지고 있지만 금융 교육을 받지 못한 나의 가난한 아빠는 과세 소득을 위해 더 열심히 일했고, 더 많은 과세 소득을 위해 저축하고 투자했다. 가난한 아빠는 모노폴리 게임을 하는 것이 시간 낭비라고 생각했다. 그는 또 내가 월급을 많이 받는 직업을 갖고, 더 많은 근로 소득을 얻기 위해 열심히 일하고 저축해야 한다고 생각했다.

캐시플로 게임에는 미묘하지만 중요한 교훈, 즉 근로 소득을 포트폴리오 소득으로 변환하는 방법이 담겨 있다. 만일 당신이 캐시플로 게임을 하게 된다면 소득의 전환 방법에 주목하라. 많은 사람들이 이런 중요한 교훈을 알아채지 못하고 부자의 길에서 점점 멀어지고 있다.

현실 세계의 투자

부동산 거품이 한창일 때 우리 부부는 한 부동산 프로젝트에 현금흐름과 자본이득, 2가지를 모두 고려해 많은 돈을 투자했다. 이 프로젝트는 애리조나 주 피닉스 인근의 부촌인 스코츠데일Scottsdale에 위치한 아파트 400채에 대한 투자였다.

당시 이 아파트들은 콘도로 개조되고 있는 중이었다. 우리는 부동산시장의 과열을 주시했고 출구 전략을 수립했다. 그것은 콘도 400채를 분양하는 것이었다(우리는 콘도를 투자 대상으로 탐탁지 않게 생각했다. 그래서 모두 처분하기로 결정했다).

우리는 은행으로부터 대출을 받아 6명의 다른 투자자들처럼 10만 달러씩을 투자했다. 그리고 아파트 건물 외벽을 다시 칠하고 조경을 다시 꾸미며, 콘도로 용도를 변경하고 1년 만에 분양을 완료했다. 당시 부동산시장은 너무 과열돼 있어 사람들은 좋은 곳에 위치한 비싼 부동산을 사기 위해 줄을 설 정도였다.

우리가 투자금 10만 달러를 회수하고 약 100만 달러를 벌어들이는 데는 채 1년이 걸리지 않았다. 콘도 분양이 완료됐을 때 우리는 회계사의 도움을 받아 수익금 100만 달러를 1031 교환1031 exchange(납세자가 투자 목적으로 구입했던 건물을 팔고 다른 건물을 투자를 목적으로 살 경우, 처음 샀던 건물에서의 판매 차액에 대한 세금을 유보시킬 수 있는 세법 조항 - 옮긴이)으로 전환했다.

이것은 우리 부부가 부동산 거래차익인 100만 달러에 대해 세금을 내지 않고 애리조나 주 투손Tucson에 있는 400채의 아파트에 다시 100만 달러를 투자할 수 있다는 뜻이다. 100만 달러는 세금을 내지 않은 돈이었고, 이를 투자한 400채의 아파트에서 다시 현금흐름이 창출됐다. 이 현금흐름 가운데 대부분은 부동산에서 발생하는 수동적 소득이기 때문에 세금을 내지 않았다.

기술적으로 말하면 나와 아내는 우리 돈을 이용하지 않고 400채의 아파트를 구입했고, 이 아파트들은 현재까지 매달 수동적 소득을 만들어주고 있다. 부동산시장이 붕괴했을 때 우리는 집세를 인상했다. 많은 사람들이 집을 사지 않고 임대 주택에서 살고 있었기 때문에 가능한 일이었다. 다시 강조하지만 부동산은 그 지역의 일자리가 있을 때만 가치가 있다. 킴과 나는 부동산을 살 때 늘 주변에 안정된 일자리가 있는지를 확인했다.

다음 장에서 나는 우리가 어떻게 세금을 내지 않고 100만 달러를 돌려받았는지를 설명할 것이다. 100만 달러는 우리에게 돌아왔다가 다시 다른 프로젝트에 투입됐다. 우리 부부는 돈을 돌려받기 위해 부채를 활용했고, 결국 400채의 아파트 투자 프로젝트에는 우리 돈이 한 푼도 들지 않았다.

우리는 400채의 공짜 아파트를 이용해 한 달에 약 8,000달러의 비과세 소득을 올리고 있다. 세금이 없는 점을 감안하면 한 달에 12,000달러의 급여를 받는 직업과 똑같다고 볼 수 있다.

다시 강조하지만 나는 소유한 부동산이나 주식을 자랑하기 위해 이 책을 쓴 것이 아니다. 나는 독자들이 금융 교육의 수준을 높이기를 바라는 마음에서 이 책을 썼다. 우리 부부 역시 처음에는 이 책에서 제시한 것처럼 금융 교육을 받고 출발한 것이 아니다. 우리 부부와 파트너인 켄Ken은 작게 시작하고 큰 꿈을 품었다. 나의 부자 아빠처럼 우리도 항상 돈에 관해 연구하고 열심히 투자했다. 실수도 하고 손실을 본 적도 있지만 결국 우리는 많은 것을 함께 이루었다. 투자에서 가장 중요한 것은 금융 교육과 현실 경험이다.

주식, 채권, 뮤추얼펀드 투자가 위험한 이유

우리 부부가 주식투자를 꺼리는 이유 가운데 하나는 부동산 투자가 너무 쉽기 때문이다. 또 세법과 부채를 활용하는 방법도 서로 다르다. 나중에 자세히 설명하겠지만 주식보다는 부동산에 대해 더 많은 통제권을 가질 수 있다는 것도 주식투자를 꺼리는 이유다. 하지만 이것이 주식이나 채권, 뮤추얼펀드, ETF와 같은 금융자산에 투자해서는 안 된다는 뜻일까? 그렇지는 않다. 당신이 금융자산을 좋아한다면 최고의 금융자산 투자자가 되어야 한다.

금융자산에서 중요한 것은 위험에 대한 통제다. 위험을 통제하는 방법을 알게 되면 금융자산에 대한 투자는 평생 안정적인 소득을 얻을 수 있는 훌륭한 방안이 될 수 있다. 개인적으로는 나도 금융자산에 대한 수업을 받고 있다. 내가 금융자산 수업을 듣는 이유는 투자의 원칙이 동일하기 때문이다. 내가 더 좋은 기업가가 되고 훌륭한 부동산 투자자가 되고 미래를 예측하는 방법을 알게 된 것은 금융자산에 대한 수업, 특히 기술적 분석과 옵션거래에 대한 수업을 들었기 때문이다.

미국에서 금융자산에 대한 투자가 부동산 투자보다 불리한 것은 자본이득에 대한 과세 유예 때문이다. 몇년 전에는 미국 세법 1031 조항에 의해 주식의 거래차익도 세금을 유예하는 것이 가능했다. 그런데 지금은 금융자산에 대해 이 조항이 폐지됐다. 따라서 부동산 투자자들만 세금 혜택을 받을 수 있게 되었다.

회계전문가 톰 휠라이트의 자세한 답변 —— 1986년, 워싱턴에 있는 대형 회계법인에서 일하고 있을 때 의회가 이 세법 규정을 바꾸기로 결정했다. 그리고 부동산 투자자들과 기업가들에게만 1031조항을 통해 세금을 유예해주기로 했다. 세법이 바뀐 이후부터 금융자산 투자자들은 부동산 투자자나 기업가와 달리 세법의 이점을 누리지 못했다. 뮤추얼펀드 투자자들은 실제로 뮤추얼펀드 가격이 하락한 해에도 세금을 내야 할 수도 있다. 금융 교육을 받지 못한 사람들에게는 커다란 손해가 아닐 수 없다.

현금흐름을 만드는 수동적 소득

나와 내 아내의 인생 목표는 현금흐름의 지속적인 창출이다. 그래서 우리가 개발한 게임의 이름도 '캐시플로Cash flow(현금흐름)'라고 지었다. 우리 부부에게 평생 지속되는 현금흐름은 재정적인 자유를 뜻한다. 수동적 소득은 조기에 은퇴해서 인생을 즐길 수 있도록 해주며, 3가지 소득의 종류 가운데 가장 세금을 적게 내는 소득이다.

《부자 아빠 가난한 아빠》는 자산과 부채의 차이에 대한 책이다. 안타깝게도 대부분의 사람들이 집, 자동차와 같은 부채를 자산으로 생각하기 때문에 재정적으로 어려움을 겪고 있다. 더 비극적인 것은 사람들이 투자를 자본이득의 관점에서 생각하기 때문에 순자산 가치가 중요하다고 생각한다는 것이다. 문제는 사람들이 집이나 자동차, 가전제품 그리고 퇴직연금 등과 같은 부채를 근거로 순자산 가치를 측정하고 있다는 사실이다. 나와 아내는 우리들의 순자산 가치가 얼마인지 모른다. 하지만 매달 발생하는 현금흐름이 얼마인지는 정확하게 알고 있다.

이런 정의들을 단순하게 설명하기 위해 나의 부자 아빠는 "자산은 돈을 당신의 주머니에 넣어주는 것이고, 부채는 당신의 주머니에서 돈을 빼앗아가는 것"이라고 말했다. 나는 이런 과도한 단순화 때문에 교육 수준이 높은 사람들로부터 수많은 공격을 받았다.

하지만 당신이 이 세상을 투자자와 국세청의 관점에서 본다면, 이러한 단순함에서 큰 지혜를 발견하게 될 것이다. 당신이 은행에 저축을 하고 퇴직연금에 투자를 한다면, 당신의 현금 가운데 상당 부분은 국세청으로 흘러 들어가게 될 것이다. 당신이 낸 세금은 정부의 입장에서 보면 수동적 소득이다. 왜 정부가 투자하기를 바라는 곳에 그리고 정부가 당신에게 돈을 주는 곳에 투자하지 않는가? 나는 이런 곳에 투자하는 것이 가장 현명한 투자라고 생각한다.

우리 부부는 이런 정부의 정책을 최대한 활용하고 있다. 우리는 현금흐름을 충분히 확보하고 있기 때문에 언제나 투자를 하고 있다. 하지만 주식, 채권, 뮤추얼펀드 또는 퇴직연금에는 투자하지 않는다. 정부로부터 돈을 받고 이를 다시 정부에게 되돌려준다는 것은 이해할 수 없는 일이다.

나와 내 아내는 저축을 하지 않는다. 세계 각국의 정부들이 수조 달러의 가짜 종이돈을 찍어내고 있는 상황에서 저축할 이유가 없기 때문이다. 저축을 하는 대신 우리는 투자자가 직접 관리하는 개인퇴직연금계좌self-directed Roth IRA(1997년 세법 개정을 주도한 윌리엄 로스 William Roth 연방 상원의원의 이름을 따서 만든 개인연금계좌로, 증권회사를 통해 계좌를 개설하고 특정 주식이나 상품에 대한 매매와 투자를 투자자가 직접 결정하는 방식으로 운영되는 개인퇴직연금계좌. 기존 일반 개인퇴직계좌와 달리 인출 시 원금과 수익금에 대해 세금이 없는 것이 특징 – 옮긴이)를 통해 금과 은에 투자한다. 금과 은의 가격이 상승하면 세금을 내지 않고 나의 재산도 증가하기 때문이다.

다음 장에서는 우리 부부가 투자할 돈을 어떻게 벌었는지에 대해 설명할 것이다. 지금 당장은 다음과 같은 2가지 이유로 우리 부부가 저축을 하지 않는다는 사실만 기억하면 된다. 첫째, 정부가 돈을 찍어내고 있는 상황에서 세월이 지나면 돈의 가치가 떨어질 것이기 때문이다. 이런 현상은 인플레이션이라고 알려져 있다. 둘째, 저축에 대한 이자에도 근로 소득과 같은 높은 세율이 적용되기 때문에 우리는 저축을 하지 않는다.

회계전문가 톰 휠라이트의 자세한 답변 ── 선진국의 세법은 수천 페이지에 달한다. 이 가운데 단지 몇 페이지만이 세수를 확보하는 것에 할당돼 있다. 사실 미국에서는 세금을 거두는 것에 관련된 조항은 조금 과장되게 말하면 단지 한 문장에 불과하다. 세법이 예외로 하지 않는 한 모든 소득은 과세 대상이라고 규정하고 있다. 그리고 몇백 페이지는 세금을 절약하기 위해 퇴직연금을 어떻게 사용하는지에 대해 이야기하고 있다. 나머지 수천 페이지에 이르는 세법은 기업, 투자, 세금 공제, 특별세율 등을 통해 세금을 줄이는 방법을 다루고 있다.

자주 묻는 질문 ── 세금이라는 관점에서 미국의 401(k)와 같은 전통적인 퇴직연금들은 구체적으로 어떤 문제점이 있는가?

간단한 답변 ── 미국에서 401(k) 퇴직연금은 은퇴해서 가난하게 사는 사람들을 위해 설계된 것이다. 이 때문에 재무설계사들은 "당신이 은퇴하게 되면 소득이 줄어들 것"이라고 말한다. 그럼으로써 개인이 은퇴할 때 소득세율을 정당화시킨다. 재무설계사들이 말하는 개인퇴직연금은 당신이 은퇴할 때 소득이 줄어드는 것을 전제로 한 것이다. 소득이 적기 때문에 낮은 세율이 적용되는 구간에 속하고 세금도 적게 낼 것이다. 재무설계사들이 제안하는 은퇴 계획은 부자로 은퇴하는 사람들을 위한 것이 아니다.

회계전문가 톰 휠라이트의 자세한 답변 ── 전통적인 개인퇴직계좌들은 현재의 저축에 대해서는 세금을 공제해주고, 은퇴한 이후에 돈을 인출할 때 세금을 부과한다. 그럴듯하게 들리지만 전혀 그렇지 않다. 그 이유는 다음 3가지다.

첫째, 당신이 은퇴한 이후에도 일할 때처럼 잘살고 싶다면 지금처럼 높은 소득이 있어야 한다는 뜻이고, 그렇게 되면 은퇴할 때 높은 세율을 적용받는 구간에 속하게 된다. 왜냐하면 당신은 기업공제, 주택공제 그리고 부양가족공제를 받지 못하기 때문이다.

둘째, 당신은 실제로 낮은 세율이 적용되는 수동적 소득을 더 높은 세율을 적용받는 일반 근로 소득으로 전환시킬 수도 있다. 퇴직연금과 별도로 주식에 투자한다면 당신은 더 낮은 자본이득 세율로 세금을 지불하게 될 것이다. 하지만 개인퇴직계좌 내에서 투자한다면 당신은 가장 높은 세율인 일반 근로 소득 세율에 따라 세금을 내야 할 것이다.

셋째, 당신은 퇴직연금계좌에 들어 있는 돈에 대해 통제권을 가질 수 없다. 당신은 특정 상품―대부분 뮤추얼펀드―에 대한 투자를 할 수 있을 뿐이고, 언제 그 돈을 인출해 사용할 수 있는지는 당신의 고용주와 정부가 결정한다.

B사분면과 I사분면에는 정부에 돈을 돌려주지 않고도 세금을 영원히 줄일 수 있는 방법이 수천 개가 있다. 가장 높은 세율이 적용될 때까지 세금을 연기하는 것이 얼마나 말도 안 되는 짓인지 깨닫게 되기 전까지 나도 다른 회계사들처럼 퇴직연금에 최대한 많이 돈을 불입하라고 충고했었다.

자주 묻는 질문 ___ 부동산만이 세금 혜택을 볼 수 있는가?

간단한 답변 ⎯⎯ 정부는 많은 세금 혜택 정책을 가지고 있다. 우리 부부는 우리가 이해할 수 있는 프로젝트에만 참여하고 있다.

회계전문가 톰 휠라이트의 자세한 답변 ⎯⎯ 대부분의 적극적 투자active investment(은행에 돈을 맡기는 것과 달리 용역이나 상품을 창출하는 사업을 운영하는 투자-옮긴이)에는 세법이 제공하는 몇 가지 혜택이 주어진다. 여기에는 원유, 가스전 개발, 목재, 농업, 청정에너지에 대한 투자 등이 포함돼 있다. 의회가 당신의 돈을 어디에 투자하기를 원하는지 알고 싶다면 세법을 살펴보라. 당신이 투자하고 싶은 분야에 대한 세금 혜택이 있을 가능성이 높다.

자주 묻는 질문 ⎯⎯ 세금 혜택을 받을 수 있는 다른 투자 분야는 무엇인가?

간단한 답변 ⎯⎯ 원유와 가스다.

설명 ⎯⎯ 1966년, 19세 때 나는 캘리포니아 해안을 운항하는 스탠더드 오일사의 유조선에 보조 항해사로 일하고 있었다. 내가 원유에 관심을 갖게 된 것도 바로 그때였다. 1970년대 나는 부자들에게 원유와 가스 투자를 통해 세금을 피할 수 있는 상품을 판매하는 한 독립 투자은행에서 일했다. 나와 내 아내는 지금도 원유와 가스 개발 프로젝트에 투자하고 있다.

우리는 엑손Exxon이나 영국석유BP, British Petroleum 같은 석유회사의 주식이나 뮤추얼펀드에 투자하지 않는다. 우리는 원유탐사와 개발에 동업자로 투자한다. 이 말은 우리가 주로 텍사스와 오클라호마 그리고 루이지애나에서 석유회사와 함께 특정 프로젝트에 대해 동업을 한다는 뜻이다. 이 지역에는 우리가 소유한 아파트들이 있다. 투자가 성공하면 우리는 석유와 천연가스 판매에서 얻어지는 수익의 일부를 받게 된다. 이것은 낮은 세율을 적용받는 현금흐름이다.

원유와 천연가스는 운송, 난방, 플라스틱 그리고 비료 생산에 필수적인 원자재다. 당신의 주방을 둘러보면 원유는 거의 모든 곳에서 사용되는 것을 알 수 있다. 정부가 원유 개발에 세금 혜택을 주는 이유는 위험하지만, 국가 경제와 일상생활 그리고 생활수준을 높이는 데 반드시 필요한 원자재이기 때문이다.

현금흐름과 세금 혜택을 모두 누려라

자주 묻는 질문 —— 당신은 애리조나 주 스코츠데일에 위치한 콘도미니엄 전환 프로젝트에서 돌려받은 10만 달러를 가지고 무엇을 했는가?

간단한 답변 —— 텍사스에 있는 원유와 가스 프로젝트에 투자했다.

설명 —— 강조하지만 우리 부부의 목표는 현금흐름과 세금 혜택이다. 일부 석유회사와 가스회사에 대한 투자의 이점은 투자수익률ROI, Return On Investment이다. 나와 아내가 텍사스의 석유회사에 10만 달러를 투자했을 때 우리는 70퍼센트의 세금 감면을 받았다. 나의 근로소득 세율인 40퍼센트로 계산하면 28,000달러에 해당하는 현금을 돌려받은 셈이다. 이것은 투자 첫해에 28퍼센트의 투자수익을 보장

받은 것이다.

28,000달러는 내가 원유에 투자하는 것을 정부가 원하기 때문에 실질적으로 나에게 되돌려준 돈이다. 내가 10만 달러를 투자해 28,000달러를 돌려받은 사례를 거론하는 것은 10퍼센트의 투자수익을 내주겠다고 말하는 증권사의 전화를 수도 없이 받고 있기 때문이다. 수많은 위험을 감수하면서까지 내가 10퍼센트의 자본이득을 추구할 이유가 있을까? 허구의 자본이득에 베팅하는 것보다 정부로부터 실제 현금흐름으로 28퍼센트의 보장된 수익을 얻는 것이 더 낫다.

이 과정을 재무제표에서 그림으로 나타내면 다음과 같다.

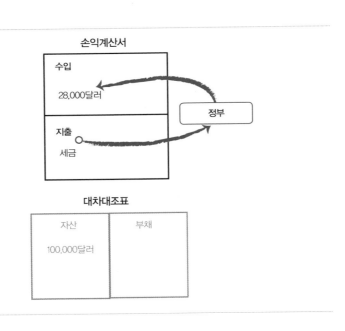

우리가 유전을 찾아내면 우리의 재무제표는 다음과 같이 된다.

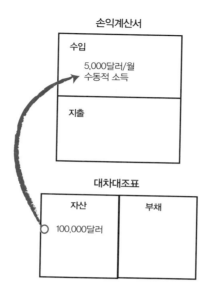

조금 더 단순화시켜 설명하기 위해 유전으로부터 발생하는 소득이 한 달에 5,000달러라고 가정하자(이 소득은 생산량과 원유와 가스의 가격에 따라 변할 것이다). 5,000달러의 소득에는 20퍼센트의 세금공제가 주어진다. 한마디로 5,000달러가 아닌 4,000달러에 대해서만 세금을 낸다는 뜻이다. 내가 E와 S사분면에서 5,000달러를 벌었다면 5,000달러 전체에 대해 세금을 내야 했을 것이다.

나에게 이런 세금 혜택을 받는 투자는, 40년 동안 401(k)과 같은 퇴직연금에 투자하고 은퇴 후에 연금을 받을 수 있도록 충분한 자금이 남아 있기를 기도하는 것보다 훨씬 중요하다.

나와 아내는 다음 5가지 목표를 가지고 있다.

- 우리는 우리의 돈을 돌려받기를 바란다. 한 달에 5,000달러씩 연간 6만 달러, 여기에 세금 환급으로 28,000달러를 돌려받은 것을 합치면 1년이 조금 더 지나면 10만 달러의 투자자금을 회수할 수 있다. 한때 원유가격이 1배럴에 140달러까지 올랐을 때처럼 기름값이 상승하면 우리는 투자한 돈을 더 빨리 회수할 수 있다.
- 우리는 돌려받은 돈을 또 다른 분야에 투자하기를 원한다.
- 우리는 평생 지속되는 현금흐름을 원한다. 유전은 1년에서 60년까지 지속될 수 있다. 따라서 투자에 앞서 유전과 유전 개발업체를 잘 선택하는 것도 매우 중요하다.
- 우리는 유전을 더 많이 개발하고 싶다. 유전 개발에 성공하면 인근 지역에서 다른 유전을 찾을 기회가 더 많아진다. 어디를 시추해야 하는지 알고 있으면 실패의 위험 부담은 줄어든다. 원유가 나오지 않는 유전을 시추하면 손해를 보지만, 그럼에도 여전히 28퍼센트의 세금을 환급받을 수 있다.
- 우리는 해마다 소득이 증가하기를 바란다. 일을 하든 하지 않든 낮은 세율이 적용되는 우리의 현금흐름은 매년 증가하고 있다.

유전 개발은 위험부담이 높은 사업이다. 그래서 법적으로 유전 개발 프로젝트에는 공인받은 투자자, 즉 돈과 지식이 있는 투자자들만 투자를 할 수 있다. 높은 위험성은 원유 자체에 있는 것이 아니라 유전을 개발하는 기업가의 위험을 말한다. 성공적인 유전 개발업체도 원유가 나오지 않는 빈 유정을 굴착하는 경우가 있다.

교육을 받지 못했거나 돈이 없다면 유전 개발 사업에 투자하지 않는 것이 최선이다. 오히려 영국 석유나 엑손처럼 석유기업의 주식에 투자하는 것이 더 안전하다. 주식은 주식 중개인을 통해 살 수 있다. 석유회사의 주식에 투자하면 자본이득과 배당금에서 나오는 현금흐름 2가지를 얻을 수 있다. 하지만 세금 혜택은 받지 못한다.

자주 묻는 질문 —— 환경 산업은 어떤가? 지구온난화에 투자하는 것은 어떨까?

설명 —— 나는 항상 이런 질문을 받는다. 나도 환경에 대해 상당히 걱정하고 있다. 나의 투자수익 중 일부도 대체 연료와 에너지 기업의 투자에서 얻고 있다. 나는 작은 태양광 회사에 상당히 많은 돈을 투자하고 있다. 나는 어렸을 때 원자폭탄이 터지는 것을 직접 목격했기 때문에 핵발전소 건립에 반대한다. 핵폐기물의 유해성은 수천 년 동안 지속된다.

나는 앞으로 5년 안에 누군가가 화석과 핵에너지를 대신할 대체 에너지를 발견할 것으로 확신한다. 이런 일이 현실화되면 인터넷이 세상을 바꾸어놓았듯이 세계는 급격하게 변할 것이다. 원유와 환경에 대한 사람들의 생각과 관계없이 문명은 에너지를 필요로 한다는 사실을 명심하라. 인류 문명이 계속 진보하기 위해 우리는 더 싸고 더 깨끗한 대체 에너지가 필요하다. 대체 에너지원을 개발하지 못하면 인류 문명은 퇴보할 것이다. 이것이 내가 원유와 대체 에너지에 투자하는 이유다.

자주 묻는 질문 —— 모두가 B와 I에 속한 사람들이 된다면 어떻게 될까? 누가 세금을 부담해야 하는가?

간단한 답 —— 모두가 B와 I사분면에 속한 사람들이 되는 것은 현실적으로 불가능한 일이다.

설명 —— 열심히 일하고 저축하고 투자하고, 3가지 소득 가운데 가장 높은 세율로 세금을 내는 봉급생활자나 자영업자가 되는 것이 훨씬 더 쉽다.

세금은 거대한 주제다. 세금은 또 단일 항목으로 가장 큰 지출을 차지한다. 최근의 전 세계적인 금융위기 때문에 세금은 점점 더 인상될 것이다. 따라서 개인의 금융 교육에서 세금에 대한 지식은 필수적인 것으로 되어야 한다.

세법은 특정 사분면에 속한 사람들을 위해 만들어진 것이지 직업에 맞춰 만들어진 것이 아니라는 사실을 명심해야 한다. 학교를 졸업하고 좋은 곳에 취직하거나 의사가 되라고 말하는 것이 세금의 관점에서 보면 어리석은 조언이 될 수밖에 없다. 세금을 줄이고 싶다면 자신이 속한 사분면을 바꾸거나 다른 사분면을 추가해야 한다.

세금보다 더 중요한 것은 당신이 속한 사분면에서 행복을 느끼고 있느냐다. 다시 말해 세금 때문에 사분면을 바꾸는 것은 좋은 생각이 아니다. 당신이 E나 S사분면에서 행복하고 성공적인 삶을 살고 있다면, 사분면을 바꾸지 말고 세금을 더 내더라도 더 많은 돈을 벌 수 있는 방법을 찾아보라.

다음 장에서 나는 E와 S사분면에 머물지만 I사분면에 속하는 투자가가 될 수 있는 방법을 설명할 것이다. 세금과 관련된 어떤 일을 하기 전에 반드시 유능한 전문가의 조언을 구하라.

마지막으로 모든 세무사들의 능력이 동일하지 않다는 사실을 명심하라. 대부분은 E와 S사분면에 속한 사람들이어서 E와 S사분면의 사고방식을 가지고 있다. 다시 말해 회계사나 변호사라고 하더라도 누구에게 조언을 구할지 신중하게 선택하는 것이 중요하다.

회계전문가 톰 휠라이트의 자세한 답변 —— 세금은 생활의 일부다. 당신은 세법을 생활의 일부분으로 만들어 이용할 것인지 아니면 아무것도 하지 않고 엄청난 세금을 부담할 것인지를 선택해야 한다. 세법에 대한 깊은 지식과 능력 있는 세무사로부터 훌륭한 세무 상담을 받는 대부분의 기업가와 투자가들은 10퍼센트에서 40퍼센트까지 세금을 줄일 수 있다. 세금에서 절약한 돈은 부를 증식하거나 또 다른 투자에 활용될 수 있다. 기다리지 말고 당장 행동에 나서라. 그리고 당신의 세금을 얼마나 줄일 수 있는지 알아보라.

부채

좋은 빚을 활용하라

미국 달러화가 넘쳐나고 있다 | 은행이 저축하는 사람들을 싫어하는 이유 | 부채를 활용해 투자하는 법 | 자산을 사려면 부채를 이용하라 | 좋은 빚과 나쁜 빚 | 진정한 투자자의 비밀

3 : 장 >>>

자주 묻는 질문 ___ 왜 저축을 하는 사람들이 경제적 패자가 되는가?

간단한 답변 ___ 1971년에 미국 달러화는 진짜 돈이 되는 것을 포기했다. 정부가 쓸모없는 종이돈을 찍어낼 때 저축한 돈은 가치를 잃게 된다.

자주 묻는 질문 ___ 미국은 얼마나 많은 돈을 찍어내고 있는가?

간단한 답변 ___ 엄청나게 찍어낸다.

자세한 답변 ___ 2010년에 미국의 국가 부채는 13조 달러였다. 단기 부채도 107조 달러에 달했으며, 지금도 이 부채는 계속 증가하고 있다. 2010년에 미국 정부는 하루에 10억 달러를 찍어냈고, 그 금액은 계속 증가하고 있다.

미국 달러화가 넘쳐나고 있다 _____

한 사람이 시간당 10달러를 받고 일한다고 가정해보자. 하루 8시간 이면 하루 임금이 80달러가 된다. 봉급생활자인 당신은 80달러가 어느 정도 금액인지 알고 있지만 10억 달러가 얼마나 큰 액수인지 감이 안 올 것이다. 다음의 계산을 보면 10억 달러가 얼마나 큰 숫자인지 알 수 있을 것이다.

- 10억 초 = 31.7년
- 10억 분 = 1902.5년
- 10억 시간 = 114,155년
- 10억 일 = 2,739,726년
- 10억 초 전은 1979년이고(2011년 기준)
- 10억 분 전은 108년이고
- 10억 시간 전은 석기 시대이고
- 10억 일 전에는 인간이 존재하지도 않았다.

1조 초 = 32,000년

1조는 내 두뇌의 평범한 능력을 넘어서는 어마어마한 수치다. 10억에 1,000을 곱하면 1조가 된다. 나는 32,000년 혹은 1조 초를 상상할 수조차 없다.

자주 묻는 질문 ___ 앞으로 미래는 어떻게 될 것 같은가?

간단한 답변 ___ 훨씬 더 많은 돈이 인쇄될 것이다.

설명 ___ 다음 그림을 보면 미국 정부가 가까운 미래에 얼마나 많은 돈을 찍어낼 것인지를 알 수 있다. 오바마 행정부의 적자는 이전 정부의 적자를 넘어설 것이다.

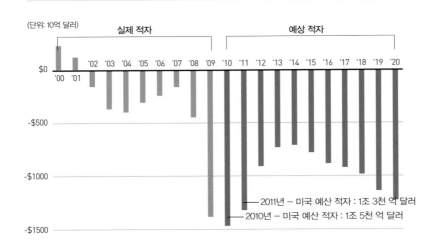

(단위: 10억 달러) 실제 적자 예상 적자

2011년 - 미국 예산 적자 : 1조 3천 억 달러
2010년 - 미국 예산 적자 : 1조 5천 억 달러

자주 묻는 질문 ── 이 수치가 의미하는 것은 무엇인가?

간단한 답변 ── 미국 정부가 앞으로 더 많은 돈을 찍어낸다는 뜻이다.

자주 묻는 질문 ── 이것이 앞으로 나에게 어떠한 영향을 미칠 것인가?

간단한 답변 ── 당신은 더 많은 세금을 내고 인플레이션을 겪게 될 것이다.

자주 묻는 질문 ── 미국 달러가 붕괴할 것인가?

간단한 답변 ── 그렇다. 통화의 붕괴는 미국 역사에도 여러 차례 발생했다. 조지 워싱턴George Washington은 독립전쟁의 전비를 마련하기 위해 종이돈인 대륙화폐Continental currency를 발행했다. 남부군은 남 북전쟁 전비를 충당하기 위해 남부연합통화Confederate dollar를 발행 했다. 이 2가지는 미국의 실패한 화폐들 가운데 대표적 사례일 뿐이 다. 미국은 이라크와 아프가니스탄에서 전쟁을 치렀고, 중국의 상품 을 사기 위해 돈을 찍어내고 있다.

자주 묻는 질문 —— 그렇다면 개인은 무엇을 할 수 있는가?

간단한 답변 —— 2가지 답이 있다.

첫째, 올바른 금융 교육을 받지 못해서 저축을 할 생각이라면 그 돈 으로 차라리 금과 은을 사라. 매달 월급을 받으면 일정액으로 소량의 금과 은을 사고 계속 보유하라. 나는 금이 1온스(약 8돈)에 300달러 이하일 때부터 그리고 은이 3달러 이하일 때부터 지속적으로 사 모았 다. 나는 저축하지 않는다.

둘째, 당신의 금융지식 수준이 높으면 자신의 인쇄기를 만들고 당 신 자신의 돈을 찍어내라.

자주 묻는 질문 —— 어떻게 해야 내 돈을 찍어낼 수 있을까?

간단한 답변 —— 부채를 이용해 자산을 사들여라.

자주 묻는 질문 —— 위험하지 않을까? 그리고 그것이 합법적인가?

간단한 답변 ___ 위험할 수 있다. 하지만 이것이 정부가 원하는 것이다. 따라서 법에 저촉되지 않는다.

대부분의 사람들에게 이 말은 매우 생소하게 들릴 것이다. 정부는 우리가 빚을 지기를 원할 뿐만 아니라 빚을 지라고 세금 혜택까지 주고 있다. 돈과 빚의 관계를 더 잘 이해하기 위해 금융의 역사를 알아보는 것이 중요하다.

| TIP | 금융 교육의 역사

1971년 이후 미국 정부가 지출을 감당하기 위해 지폐를 사용하기 시작하면서 미국의 조폐기造幣機가 가동되기 시작했다.

미국 달러화는 유가가 상승하기 시작하면서 사우디아라비아로 흘러 들어갔다. 미국이 석유를 엄청나게 사용했기 때문이다. 유가 상승이 지속되자 더욱더 많은 달러가 아랍권으로 유입됐다. 투자할 곳을 찾고 있었던 오일 달러들은 거대한 유동성을 감당할 수 있는 은행들이 있는 런던으로 이동했다.

런던 시장으로 흘러 들어간 오일 달러는 또다시 투자처를 찾기 시작했다. 오일 달러를 빌려간 남미 국가들은 1970년대와 1980년대 초에 경제 거품이 꺼지면서 부채 위기를 맞았다. 남미의 핫머니hot money(투기적 이익을 찾아 국제금융시장을 이동하는 단기 부동자금浮動資金 - 옮긴이)는 일본시장으로 유입돼 거품을 조성했고, 1989년에 일본의 거품이 붕괴됐다. 그 다음에는 멕시코로 흘러가 1994년에 페소화의 위기를 초래했고, 1997년에는 아시아 외환위기의 원인이 되었으며,

1998년에는 러시아 루블화의 위기를 불러왔다.

미국 은행과 월스트리트는 이런 달러의 거품 형성과 붕괴가 미국에는 영향을 끼치지 않을 것이라며 나머지 국가들을 비웃었다. 1993년부터 2001년까지 미국은 클린턴 행정부의 균형 예산 집행에 힘입어 돈을 빌릴 필요가 없었다.

수조 달러를 빌려갈 수 있는 대출자를 구해야 하는 은행들에게 이런 소식은 반갑지 않았다. 은행들은 돈을 빌려가고 싶어하는 유사 정부기관인 페니메이와 프레디맥과 같은 정부 출자기관을 대출고객으로 만들었다. 이들 기관들은 3조 달러에서 5조 달러에 이르는 핫머니를 빌려가서 새로 집을 사는 사람들이나 주택담보대출을 다시 조정해야 하는 사람들에게 대출해주었다. 미국의 진짜 부동산 거품은 이렇게 시작되었다.

패니메이와 프레디맥은 경영진들이 조사를 받게 되자 대출을 중단했다. 또다시 수조 달러의 돈이 갈 곳을 찾게 되었고, 1990년대 말에 클린턴과 앨런 그린스펀Alan Greenspan 같은 정부 관료들은 넘쳐나는 돈을 빌려가는 골드만삭스, 뱅크 오브 아메리카, 시티그룹Citigroup과 같은 거대은행들을 위해 법을 개정했다. 돈은 계속 움직여야 하기 때문에 거대은행들은 돈을 빌려갈 누군가를 찾아야 했다.

컨트리와이드Countrywide와 같은 주택담보대출 회사에서 일하는 중개인들은 은행과 월스트리트의 투기성 자금을 운용하는 것을 돕기 위해 돈을 빌리고 싶은 사람들을 찾기 시작했다. 중개인들은 미국에서 가장 가난한 지역까지 파고들었다. 직업도 없고 신용도 없는 사람들NINJA: No Income, No Job or Asset에게도 돈을 빌려주어 이들에게 아메리칸 드림을 꿈꾸게 해주었다. 불행하게도 이 꿈은 그들이 감당할 수 없었고, 비우량 주택담보대출의 거품은 거대한 풍선이 되었다.

거대 은행과 월스트리트는 이런 악성 부채를 잘 포장해 자산으로 팔았다. 부채를 모아 새롭게 분할 발행한 상품들은 주택저당증권 MBS, Mortgage Backed Securities과 부채담보부증권CDO, Collateralized Debt Obligations이라고 불렸다. 거대 은행들과 월스트리트는 악성 부채를 다른 은행과 연금펀드 그리고 전 세계 투자자들에게 자산으로 판매했다. 이것은 말의 배설물을 모아서 냄새를 없애고 비닐 백에 담아 비료라고 파는 것과 다를 것이 없었다. 비우량 주택담보대출과 말 배설물의 유일한 차이는 말의 배설물은 제대로 활용되면 진짜 가치가 있다는 것이다.

앞서 나는 최고의 금융 교육을 받은 사람들이 최근 금융위기에서 가장 많은 이득을 봤다고 주장했다. 이들은 금융위기를 직접 초래하지 않았을 수도 있지만 적어도 금융위기에 암묵적으로 동조했다. 많은 사람들이 수백만 달러를 벌었고, 몇몇 사람들은 수십억 달러를 벌었다. 이들은 여전히 말의 배설물을 치우는 곳에서 일하고 있다. 이들이 과연 썩는 냄새를 맡을 수 없었을까? 어떻게 워런 버핏의 신용평가회사인 무디스가 배설물의 신용등급을 AAA로 평가할 수 있었을까?

세계에서 가장 현명한 사람들이 말의 배설물과 같은 금융상품을 세계 각국에 전파하기 시작했고, 전 세계적으로 주택 가격이 상승하자 수백만 명이 자산효과를 누리게 되었다. 자산효과는 주택 가격이 상승하면서 마치 자신들이 진짜로 부자가 된 것처럼 착각하는 것이다. 자산효과는 자본이득에 초점을 맞춘 개념이다.

집값이 오르면서 순자산 가치가 상승했다고 착각한 수백만 명의 사람들이 기쁨에 들떠 돈을 쓰기 시작했다. 이들은 신용카드를 마구 긁었고, 주택을 담보로 더 유리한 조건으로 대출을 받아 카드대금을 결제하는 등 거품을 거대한 열기구 속으로 불어 넣었다. 전 연방준비제도이사회 의장인 앨런 그린스펀과 현 의장인 벤 버냉키Ben Bernanke 와 같은 전문가들이 역사상 오늘날처럼 가장 거대한 거품을 보지 못했다는 주장은 정말 나를 화나게 한다.

다음은 거대한 풍선이 터지기 시작했을 때 버냉키 의장이 발언한 내용의 일부다.

- 2005년 10월 20일 : 지난 2년 동안 주택 가격이 25퍼센트 정도 상승했다. 일부 지역에서 부동산 투기가 늘었지만 미국 전체로 볼 때 이런 가격 상승은 경제의 기초체력이 강하다는 것을 반증하는 것이다.

- 2005년 11월 15일 : 파생상품은 대부분 매우 전문적인 기관들과 파생상품을 제대로 이해하고 올바르게 활용하는 상당한 능력이 있는 개인들 사이에서만 거래되고 있기 때문에 안전하다. 연방준비제도이사회의 책임은 연준(연방준비제도이사회의 약칭)의 감독 아래에 있는 금융기관들이 파생상품 포트폴리오를 잘 관리하고 금융기관에 위험을 촉발하지 않도록 보장하는 올바른 절차와 제도를 갖추고 있는지를 확인하는 것이다.

- 2007년 3월 28일 : 비우량 담보시장과 경제에 대한 충격은 더 이상 확대되지 않을 것으로 보인다. 특히 우량 채무자들의 주택저당과 모든 채무자들에 대한 고정금리 주택담보대출은 연체율이 낮아 문제 없이 잘 돌아가고 있다.

- 2008년 1월 10일 : 현 시점에서 연방준비제도이사회는 경기 침체를

예상하지 않고 있다.

- 2009년 3월 16일 : 우리는 올해 말쯤에 경기 침체가 끝날 것으로 기대한다.

버냉키는 MIT를 졸업했고 스탠퍼드 대학과 프린스턴 대학에서 경제학을 가르치는 뛰어난 학자일지는 모르지만, 우리와 전혀 다른 세계에서 살고 있는 것처럼 보인다.

2007년에 비우량 담보대출자들이 대출금을 갚지 못하면서 부동산시장이 흔들리기 시작했다. 세계적인 은행위기가 뒤따랐고, 미국과 유럽연합의 은행도 부동산시장의 폭락과 함께 부실해졌다. 미국의 경제가 붕괴된 이후, 유럽연합의 피그스 국가PIIGS: Portugal, Ireland, Italy, Greece, Spain들은 막대한 부채로 국가 부도 위기를 맞았다. 독일이 없었다면 유럽과 유로화는 붕괴됐을지도 모른다. 국가 부도 사태는 더 많은 부채를 발행하는 방법으로 해결됐다.

세계 경제의 부침은 1971년 이후 오일 달러의 등장과 함께 계속 반복되고 있다. 투기성 자금은 더 많은 돈을 빌려가는 사람들과 금융 기관을 찾고 있다. 1971년 이후 지금까지 세계 경제는 사람들이 돈을 빌려가지 않으면 성장할 수 없었다. 현재 수조 달러의 돈이 갈 곳을 찾고 있다. 이로 인해 저축 금리와 대출 금리가 낮게 유지되고 있는 것이다. 요약하자면 금융세계는 채무자를 좋아하고 저축하는 사람들을 싫어한다.

은행이 저축하는 사람들을 싫어하는 이유

지금 세계 곳곳에서 벌어지고 있는 금융위기를 올바르게 이해하기 위해서는 은행 영업에 대한 이해가 필요하다. 아래 그림들은 은행가와 저축하는 사람의 재무제표다.

은행가 손익계산서	저축하는 사람 손익계산서
수입	수입
지출	지출

은행가 대차대조표		저축하는 사람 대차대조표	
자산	**부채** 100달러	**자산** 100달러	부채

설명 ___ 저축하는 사람에게 100달러는 자산이다. 은행가에는 저축한 고객의 100달러는 부채다.

자주 묻는 질문 ___ 저축이 왜 은행가에게 부채가 되는가?

간단한 답변 ___ 자산의 정의는 당신의 주머니에 돈이 들어오게 만드는 것이다. 부채는 당신의 주머니에서 돈을 빼가는 것이다. 은행가는 저축을 한 고객에게 이자를 지급해야 하기 때문에 은행에 맡긴 100달러는 고객의 입장에서는 자산이지만 은행의 입장에서는 부채다.

다음 그림에서 화살표와 현금흐름의 방향을 잘 살펴보라.

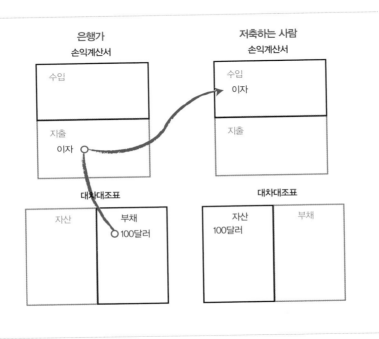

자주 묻는 질문 ___ 그렇다면 은행은 어떻게 돈을 버는가?

간단한 답변 ___ 채무자들이 돈을 벌게 해준다.

설명 ___ 세계의 은행 시스템은 부분지급준비금제도Fractional Reserve

System에 의해 운영된다. 간단하게 설명하면, 은행은 당신이 저축하는 1달러를 가지고 정해진 배수만큼 돈을 빌려줄 수 있다.

예를 들어 당신이 지급준비율 10퍼센트로 1달러를 저축했다고 가정해보자. 은행은 이 돈으로 10달러를 대출해줄 수 있다. 마치 마술처럼 당신의 1달러가 10달러가 되고, 은행은 이 10달러에 높은 이자를 붙여 대출을 한다. 은행이 채무자들로부터 돈을 벌고, 은행에 저축한 사람들이 손해를 보는 이유가 바로 이것이다.

정부가 돈의 공급을 늘리고 싶다면 지급준비율을 2.5퍼센트로 낮추면 된다. 2004년에 미국 증권거래위원회는 경제를 살리기 위해 미국 5대 은행의 지급준비율을 2.5퍼센트로 낮췄다. 1대 40의 지급준비율이 만들어낸 엄청난 거품으로 인해 우리는 지금 세계적인 부채위기를 겪고 있다. 채무자들이 부채를 상환할 수 없을 때 채권자들은 자신들의 돈을 찾으려고 은행에 줄을 선다. 이것이 뱅크 런bank run(대규모 예금 인출사태 – 옮긴이)이다. 뱅크 런의 주요 원인이 바로 보유하고 있는 돈보다 더 많은 돈을 대출해주는 것을 허용하는 부분지급준비금제도다.

정부가 경제를 둔화시키고 싶으면 미국 재무부와 연방준비제도이사회는 지급준비율을 높인다. 지급준비율이 20퍼센트로 오르면 은행들은 우리가 저축한 1달러로 5달러만 대출해줄 수 있다. 대출되는 금액이 줄어들면 금리가 올라가고 경제의 성장 속도가 둔화된다. 이미 알고 있는 것처럼 부분지급준비금제도는 당신이 저축할 때마다 마술처럼 돈을 찍어냄으로써 구매력을 떨어뜨린다. 부분지급준비금제도는 세계은행World Bank과 국제통화기금IMF이 의무적으로 시행하도록 하기 때문에 세계적으로 동일하다.

지급준비율이 10퍼센트일 경우 돈의 흐름은 다음과 같다.

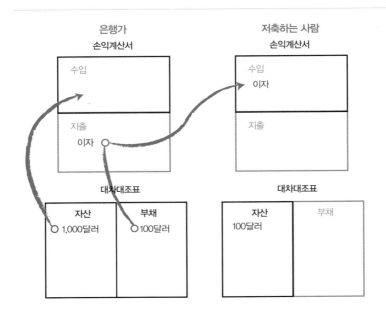

진짜 마술은 5퍼센트에서 25퍼센트에 이르는 지급준비율로 돈을
빌려주면서 저축을 한 고객에게 2퍼센트의 이자를 지급하는 과정에
서 발생한다.

- 저축고객 : 100달러×2퍼센트 = 2달러/1년
- 대출고객 : 1,000달러×10퍼센트 = 100달러/1년

위의 사례를 보면 은행은 고객이 저축한 100달러를 가지고 대출을
통해 이자로 100달러를 벌어들였지만 단지 2퍼센트의 비용을 이자

로 지급했을 뿐이다. 이것이 은행이 대출고객을 좋아하는 이유다.

설명이 헷갈린다면 은행은 돈을 저축하는 사람보다 돈을 빌려가는 사람을 원한다는 사실만 기억하면 된다. 당신과 내가 대출을 받지 않으면 경제가 멈춘다. 모든 돈이 부채이기 때문이다. 다시 말해 세계 경제를 움직이는 것은 부채다.

이제 당신은 왜 세무 당국이 저축에 대해서 가장 높은 세율을 적용해 저축한 사람들을 불리하게 만들고 채무자에게 세금 혜택을 주는지 이유를 알게 되었다.

부채를 활용해 투자하는 법

다음은 1973년에 나의 부자 아빠가 알려준 '부자가 되기 위한 3가지 조건'이다.

- 영업 능력 : 영업력은 기업가에게 가장 중요한 기술이다. 기업가는 자금을 조달해야 하기 때문이다.
- 시장 추세에 따라 투자하는 방법 : 이 방법은 기술적 분석이라고 불린다. 기술적 분석은 과거의 기록과 실적을 바탕으로 시장의 미래를 예측하는 것이다.
- 부동산에 투자하는 방법 : 자산을 늘리기 위해 부채를 관리하는 방법을 배워야 한다.

부자 아빠는 1971년 닉슨 대통령의 금본위제도 폐지로 바뀐 돈의 새로운 규칙을 잘 알고 있었다.

내가 왜 부동산 수업을 들어야 하는지 궁금해하자, 나의 부자 아빠는 달러는 더 이상 돈이 아니라 부채라고 말했다. 부자가 되고 싶다면 자산을 증식시키기 위해 부채를 활용하는 방법을 배워야 했기 때문에 나는 부자 아빠에게 가르침을 구했다. 그는 "나는 너를 가르쳐줄 수 없다. 너 자신을 위한 교육에 먼저 투자해라"고 대답했다.

그의 말에 의기소침해진 나는 곧바로 그의 사무실을 나왔다. 하지만 부동산 교육을 어디에서 받아야 할지 몰랐다. 부동산 중개인이 되는 강좌가 있다는 것은 알고 있었지만 부동산 중개인이 부동산 투자자는 아니었다. 부자 아빠는 대부분의 부동산 중개인들은 부동산에 투자하는 것이 아니라 부동산을 팔기 위한 자격을 취득하는 수업을 듣는다고 가르쳐주었다.

부동산 중개인 자격증은 중개인들이 S사분면에서 집을 팔고 돈을 벌 수 있도록 해준다. 대부분의 부동산 중개인들은 I사분면에 속한 부동산에 대해서는 거의 모르고 있다. 부자 아빠의 사무실을 나서면서 나는 I사분면에 속한 부동산 교육과정을 찾아야 한다고 생각했다. 나는 남들처럼 S사분면에 속한 부동산 중개인이 되고 싶지는 않았다.

항공기지에서 비행을 준비하고 있던 어느 날 밤, 부동산 투자강좌에 등록하라는 TV 광고를 보게 되었다. 나는 화면에 나온 번호로 전화를 걸어 며칠 뒤에 개최되는 무료 공개강의를 신청했다. 강의에서 원하는 것을 얻은 나는 몇주 후에 시작되는 3일짜리 강의에 385달러를 주고 등록했다.

한 달에 900달러를 받는 해병대 조종사에게 385달러는 상당히 큰 금액이었다. 다른 사람들처럼 나도 주택담보대출, 자동차 할부금, 그리고 다른 지출이 많았기 때문이다. 이 강의를 듣고 내가 더 똑똑해질 것인지 아니면 바보가 될 것인지 궁금해졌다. 또 내가 사기를 당해 아무것도 얻지 못하게 될까 봐 불안했다.

그러나 385달러의 수강료는 내 인생에서 최고의 투자 가운데 하나로 판명됐다. 이 강의를 통해 나는 세금을 거의 내지 않고 수백만 달러를 벌 수 있는 방법을 알게 되었다. 부동산 강의는 내 인생에 돈보다 더 큰 영향을 미쳤다. 이 강의 이후로 나는 끊임없이 배웠고, 교육에 대한 투자는 우리 부부가 재정적으로 자유롭게 될 수 있었던 이유 중 하나가 되었다.

1973년에 나는 부동산 강의에서 배운 것을 실천에 옮겼다. 나는 몇 주 동안 다양한 투자 대상을 살펴보았다. 그러나 모든 부동산 중개인들은 입을 모아 "하와이에서 그 가격에 맞는 물건을 찾지 못할 것이다. 하와이는 너무 비싸다"라고 말했다. 몇주 동안에 걸쳐 "그 금액으로는 거래가 안 된다. 당신이 원하는 물건은 없다"라는 말을 여러 번 들은 끝에 나는 와이키키의 한 뒷골목에 있는 작은 부동산 중개소에서 내가 찾고 있던 부동산을 발견했다. 저렴한 투자용 부동산을 찾고 있다고 말하자, 중개인은 미소를 지으면서 "당신이 찾고 있는 물건이 있습니다. 그것도 무려 35채나 됩니다"라고 말했다.

3일 후에 나는 비행기를 타고 마우이 섬으로 가 45분을 운전해 중개인이 말한 부동산에 도착했다. 나는 내 눈을 믿을 수 없었다. 아파트 단지는 하와이 우편엽서에 나오는 아름다운 해변과 길 사이에 위치하고 있었다.

그러나 아파트 전체가 압류된 상태였기 때문에 믿을 수 없을 정도로 저렴한 가격으로 전체 아파트 단지가 매물로 나와 있었다. 나는 사탕가게에 간 어린아이처럼 모든 아파트를 하나하나 살펴본 후에 1채를 선택했다. 아파트의 가격은 18,000달러였다. 계약금 10퍼센트에 나머지 잔금은 판매자가 대출해주는 조건이었다. 내가 은행의 대출심사를 받지 않아도 된다는 뜻이었다. 다른 모든 부동산 중개인들이 존재하지 않는다는 물건이 하와이의 여러 섬들 가운데 가장 좋은 곳인 마우이 섬에 있었다.

이 부동산이 현금흐름을 창출할 것이라는 사실을 알고 있었던 나는 신용카드를 활용했다. 1,800달러의 계약금은 카드로 지불했다. 나는 내 돈 한 푼 들이지 않고 투자를 했지만 여전히 돈을 벌어들이고 있었다. 실제로는 35채 가운데 3채를 샀다. 더 많은 아파트를 살 수 있었지만 신용카드의 대출 한계 때문에 3채 이상을 살 수 없었다.

6개월 동안은 모든 일이 계획대로 잘 진행되었다. 하지만 얼마 지나지 않아 모든 것이 엉망진창이 되고 말았다. 아파트의 하수처리 시스템이 망가져 아파트 1채에서 하수가 역류했다. 나는 이때 과다한 부채의 위험성과 마이너스 현금흐름에 대해 배우게 되었다.

하수 시스템이 고장 나자 세입자는 이사를 갔고, 나의 자산은 부채로 변했다. 나는 한 달에 20달러를 버는 대신 300달러의 손실을 봤다. 대부분의 부동산 투자자들이 직면하고 있는 문제인 마이너스 현금흐름과 부동산 관리라는 악몽에 직면하게 된 것이다. 실제 현실 세계의 교육이 시작된 것이다. 그나마 다른 아파트 2채는 문제가 없었던 것이 다행이었다. 이 사건을 통해 나는 부자가 되기 위해 부채를 활용하는 방법과 부채가 어떻게 사람들을 가난하게 만드는지를 배웠다. 이것은 부채의 힘에 대한 값진 교훈의 시작이었다.

지금 부동산 중개인들은 나와 아내에게 "그렇게 해서는 안 된다"고 말한다. 우리 부부가 부채를 이용해 300~500채의 아파트를 매입하고 세금을 내지 않고도 수백만 달러를 버는 것을 보았지만, 중개인들은 여전히 안 된다고 말한다. 대부분의 중개인들은 I사분면이 아니라 S사분면의 교육을 받았기 때문이다. 그렇다. 금융지식이 없는 부채는 치명적일 수 있다. 그렇기 때문에 우리는 당신이 작은 규모로 투자를 시작하기 바란다. 내 아내가 처음으로 아파트 20채를 매입할 때처럼 작은 규모로 시작하라. 그리고 부동산과 부채를 관리하는 방법을 배워라.

자산을 사려면 부채를 이용하라 _____

자주 묻는 질문 ____ 왜 많은 사람들이 부채 때문에 어려움을 겪는가?

간단한 답변 ____ 부채를 사기 위해 빚을 지기 때문이다. 부자들은 자산을 사기 위해 부채를 활용한다.

설명 ____ 나는 《부자 아빠 가난한 아빠》를 통해서 집이 자산이 아니라고 주장했다. 집이 자산이 아닌 이유는 대출금, 세금, 보험료, 관리비 등을 지출하기 때문이다. 그러나 그렇지 않은 경우도 있다. 소유하고 있는 부동산을 통해 우리는 임대료를 얻고 세입자는 지출을 부담한다.

우리 부부는 주머니에 돈이 들어오는 자산을 사기 위해 부채를 이용한다. 자산은 부동산이 아니어도 된다. 예를 들어 나와 아내는 요트 58척을 가지고 있다. 대부분의 사람들에게 요트는 돈이 빠져나가는 커다란 부채다. 그러나 요트 임대사업을 하는 우리에게 요트는 자산이다. 관광객들이 부채와 보험료, 관리비용 그리고 임대료를 부담한다. 우리는 매달 돈을 벌고 우리가 사용하고 싶을 때 요트를 사용할 수 있다.

자산과 부채를 결정하는 것은 자산의 종류가 아니라는 점을 기억하라. 자산을 결정하는 것은 현금흐름의 방향이다. 현금이 당신의 주머니로 들어오면 자산이 되고, 반대로 현금이 빠져나가면 부채가 된다. 이론적으로 매우 단순하지만 실제로는 많은 위험들이 놓여 있다.

자주 묻는 질문 —— 100퍼센트 대출로 부동산을 사고 지금도 플러스 현금흐름이 나오는 실제 부동산 사례를 소개해줄 수 있는가?

간단한 답변 —— 물론이다.

실제 투자 사례

우리의 부동산 파트너인 켄 멕엘로이와 우리 부부가 함께 추진한 프로젝트의 사례를 들어보자. 켄과 그의 파트너인 로스 맥칼리스터Ross McAllister는 프로젝트를 같이 추진했고, 우리 부부는 이 부동산 프로젝트에 재정적인 동업자로 참가했다.

- 프로젝트 : 144채의 아파트와 10에이커(약 1만 2,000평)의 나대지
- 위치 : 애리조나 주 투손

투손은 애리조나 대학, 군부대, 미국 국경수비대와 같은 정부기관이 위치하고 있어 일자리가 많은 지역이다. 일자리가 풍부하기 때문에 주택임대수요도 탄탄하다. 이 프로젝트는 부동산 중개인의 목록에 올라 있지 않았다. 켄과 로스가 부동산 프로젝트의 관리자였다. 원래 소유자가 프로젝트를 매물로 내놓자, 로스, 우리 부부 그리고 다른 두 사람의 투자자들이 매입했다. 진짜 좋은 매물은 중개인의 리스트에 오르지 않는다.

- 가격 : 760만 달러(아파트 144채 가격이 710만 달러+나대지 가격이 50만 달러)
- 자금조달 : 투자자들로부터 260만 달러 투자 유치, 500만 달러의 신규 대출
- 계획 : 10에이커의 나대지에 추가로 108채의 아파트 신규 건축
- 추가 자금조달 : 아파트 108채를 짓는 데 필요한 500만 달러. 기존 부동산과 10에이커의 나대지는 건설비 500만 달러 조달을 위한 담보로 활용했다.
- 전체 주택 수 : 완공 시 252채
- 전체 투자액 : 자기자본 260만 달러+대출금 1,000만 달러
- 새로운 사업규모 : 1,260만 달러
- 새로운 평가액 : 1,800만 달러
  새로운 임대료 증가로 평가액 상승
- 새로운 자금조달 : 75퍼센트 차입 = 1,350만 달러
  (1,800만 달러×75퍼센트 = 1,350만 달러)
- 수익 발생 대출금 : 1,350만 달러 – 1,000만 달러 = 350만 달러
- 투자자 수익 : 350만 달러

- 순 거래액 : 나와 아내는 100만 달러를 투자했다. 투자자들에 대한 350만 달러 수익에서 우리는 140만 달러를 받았다. 140만 달러는 오클라호마에 있는 350채의 아파트에 다시 투자됐다.
- 140만 달러에 대한 세금 : 0

현재 우리 부부와 켄 그리고 로스는 투손에 252채의 아파트를 소유하고 있다. 투자한 부동산에서 우리는 매달 임대료 수입을 받고 있다. 부동산에 투자한 금액이 없기 때문에 우리의 투자수익률은 무한대다.

지난 7년에 걸쳐 우리 부부는 켄과 로스와 함께 동일한 투자 전략을 이용해 2,500채의 주택에 투자했다. 지금의 경제 상황은 우리에게 더 많은 주택을 살 수 있는 기회를 제공해주고 있다. 주택 가격이 하락한데다 금리도 매우 낮기 때문이다. 금리가 낮고 임대료가 올라가면 수입은 증가한다. 주택을 살 수 있는 능력이 있는 사람들이 줄어들면 임대수요가 늘기 때문에 우리의 임대료 수입도 증가한다.

2005년과 2007년 사이에 부동산 거품이 한창일 때 우리 부부와 켄, 로스는 임차인이 줄어 손해를 봤다. 많은 사람들이 자신들이 살 수 없었던 주택을 비우량 담보대출을 이용해 구입했기 때문이다. 부동산 거품기에 우리의 수입은 줄었다. 하지만 부동산 거품이 꺼지자 세입자들이 다시 몰려들었고, 주거용 주택의 가격이 하락하자 우리 부부가 소유한 임대용 아파트의 가격은 상승했다.

은행들은 수백만 달러의 거대한 프로젝트를 검토할 때 채무자의 금융거래 기록과 담보가 될 부동산을 본다. 은행들은 채무자가 아니라 현금흐름을 보고 대출 결정을 내린다. 주택 소유자들이 집을 살 때

은행은 대출자와 주택 소유자의 소득에 중점을 두고 심사한다. 개인의 주거용 주택에서는 소득이 발생하지 않기 때문이다.

이 같은 전략이 소규모 부동산 투자에도 적용된다는 사실은 좋은 소식이다. 나는 마우이 섬에 있는 첫 번째 아파트를 사기 위해 100퍼센트 대출을 받았다. 모든 투자가 이런 방식으로 진행되지 않지만, 우리는 계약금을 돌려받고 내 돈 없이 자산을 구입하고 세금까지 면제받는 것을 목표로 하고 있다. 우리 부부와 로스, 그리고 켄은 무한수익을 "돈을 찍어낸다"라고 말한다.

좋은 빚과 나쁜 빚

자주 묻는 질문 ___ 무한수익이란 무엇인가?

간단한 답변 ___ 당신이 아무것도 투자하지 않고 돈을 버는 것이다.

설명 ___ 자산을 구입할 때 0원을 투자하고 1달러를 번다면 0에 대한 수익률은 무한대다. 이것이 아무것도 투자하지 않고 공짜로 돈을 버는 것이다. 우리가 투자한 돈을 돌려받으면 자산은 공짜로 구입한 것이 된다.

이것을 다음과 같이 설명할 수 있을 것이다. 한 부동산의 가격이 10만 달러인데, 계약금으로 2만 달러를 지급했다고 가정해보자. 모든 비용을 제외하고 한 달에 순수하게 200달러의 현금흐름이 생긴다면, 내가 투자한 2만 달러의 한 달 투자수익률은 1퍼센트가 된다. 1년 수입인 2,400달러로 계산하면 연간 수익률은 12퍼센트다.

투자수익률은 순수입을 계약금으로 나눈 것이다.

$$\frac{\$200}{\$20,000} = 한\ 달에\ 1퍼센트\ 또는\ 일\ 년에\ 12퍼센트$$

우리의 투자 전략은 2만 달러를 돌려받고 한 달에 200달러씩 수입을 계속 챙기는 것이다. 2만 달러를 돌려받은 후에는 투자수익률이 무한대가 된다.

1973년에 부동산 강의를 끝까지 다 수강하고 나서 나는 이것이 내가 찾는 투자 전략이라고 생각했다. 대부분의 부동산 중개인들이 이런 투자 계획은 불가능하다고 말했다. 지금도 우리는 불가능한 것을 위해 계속 노력하고 있다.

대부분의 사람들에게 한 달에 200달러, 1퍼센트의 수익률은 얼마 안 되는 것처럼 보일 것이다. 그러나 이런 작은 부동산 100채를 가지고 있다면 한 달에 2만 달러의 현금흐름이 발생한다. 그리고 1,000채면 20만 달러가 된다. 20만 달러는 대부분의 의사들이나 변호사들의 한 달 소득보다 많다.

아내는 처음 목표를 아파트 20채로 정했다. 그녀는 경제 불황 덕분에 18개월 만에 목표를 달성했다. 지금도 그때와 크게 다르지 않다. 아내는 20채의 아파트를 갖게 되자 세금 유예를 받고 아파트를 팔았다. 세금 유예로 발생한 자본이득을 가지고 두 개의 더 큰 아파트 단지를 매입했다. 하나는 29세대 규모의 아파트 단지였고, 다른 하나는 18세대 규모의 아파트 단지였다. 무한수익률 공식을 따른 아내는 지금 3,000채의 아파트와 상업용 빌딩, 고급 리조트와 5개의 골프장을 가지고 있다.

그녀는 동일한 공식을 활용해 해마다 500채씩 아파트를 늘려나가는 것을 목표로 삼고 있다. 부동산 중개인들은 그런 공식이 존재하지 않는다고 말할 것이다. 그들은 S사분면의 사고방식을 가지고 있기 때문이다. 그리고 바로 이 사고방식의 차이가 S사분면과 I사분면에서 부동산 교육의 차이를 발생시킨다.

부동산 중개인들은 소득에 대해 세금을 내는데, 투자자들이 소득에 대해 세금 면제를 받는 것은 정말 아이러니가 아닐 수 없다. 우리 부부는 대부분의 투자에 우리의 돈을 거의 사용하지 않고 있다.

우리는 투자한 돈을 돌려받기 위해 부동산에 돈을 투자한다. 돈을 돌려받는 데는 통상 5개월에서 1년 정도가 걸린다. 그리고 우리가 투자한 돈을 돌려받으면 그 돈으로 다른 자산을 구입한다. 이것이 '돈의 속도velocity of money'라고 알려진 공식이다. 우리의 공식은 변하지 않았고, 오히려 경제가 나빠지자 속도가 빨라졌다. 경제가 붕괴되기 전에 우리의 공식을 이용했다면 지금쯤 당신의 돈을 돌려받았을지도 모른다.

켄 맥엘로이의 부채 활용법 ___ 당신은 은행의 당좌예금계좌가 왜 무료인지 생각해본 적이 있는가? 은행들은 돈을 빌려주기 위해 당신이 저축한 돈이 필요하다. 은행은 당신이 맡긴 돈을 대출하기 전에는 돈을 벌 수가 없다. 이제 당신은 2가지 선택을 할 수 있다. 은행에서 돈을 빌려 당신이 부자가 되거나 아니면 은행에서 당신의 돈을 빌린 다른 사람이 부자가 되는 것을 지켜보는 것이다.

당신이 돈을 빌려 가치가 상승하는 상품에 투자한다면 이것은 좋은 빚이다. 빌린 돈으로 가치가 떨어지는 상품에 투자하면 나쁜 빚이다. 경제 상황을 개선하고 순자산 가치를 높이기 위해서는 좋은 빚을 활용하고 나쁜 빚은 피해야 한다.

빚은 지렛대의 원리와 비슷하다. 좋은 빚이든 나쁜 빚이든 투자된 모든 빚은 확대 재생산된다. 자동차처럼 가치가 사라지는 부채를 사기 위해 빚을 지면 비용이 점점 더 커질 것이다. 나쁜 빚은 당신 주머니에서 돈을 빼가는 부채를 증대시킨다.

자산을 구매할 때, 빚을 지렛대로 활용하면 매우 훌륭한 경험이 될 수 있다. 내가 운영하는 회사는 빚을 활용해 다가구 주택과 같은 부동산 자산을 구입해서 투자자들의 재산을 늘려주고 있다. 이런 부동산 투자는 월세라는 현금흐름을 창출할 뿐만 아니라, 관리원칙을 잘 활용하면 시간이 지나면서 가치가 증가한다.

우리 부부를 포함한 몇 명의 투자자들은 오클라호마 주 브로큰 애로우Broken Arrow에 위치한 288세대의 아파트 단지를 매입했는데, 이는 좋은 빚을 활용한 투자 사례다. 이 아파트 단지는 위치가 좋은데다 수입을 늘리고 비용을 줄일 수 있는 요소들이 많았다. 매입 당시 이 아파트 단지는 1,400만 달러가 조금 넘는 것으로 평가받았다.

부동산의 가치는 언제나 현금흐름이 기준이다. 감정평가액을 기준으로 우리는 연 4.99퍼센트의 금리로 975만 달러의 첫 번째 주택담보대출을 받았다. 그리고 연 6.5퍼센트의 이자를 지급하는 조건으로 두 번째 주택담보대출에도 성공했다. 이것은 좋은 빚이다.

은행은 아파트 단지의 입주율이 높고 우리가 받는 월세가 주택담보대출금의 한 달 상환액보다 많다는 것을 알고 있기 때문에 대출을 해주었다. 우리는 다른 투자자들로부터 계약금과 시설 투자로 340만 달러를 조달했다.

우리의 전략은 모든 아파트에 세탁기와 건조기를 설치해 가구당 25달러씩 추가 수입을 얻는 것이었다. 연간으로 따지면 86,400달러의 수입이 더 증가하는 셈이다(288가구×25달러×12=86,400달러). 우리는 3년 반 만에 아파트 단지에서 발생하는 순수입을 30만 달러로 끌어올렸다. 반면 임대료 수입으로 대출금을 꾸준히 갚은 결과, 최초의 주택담보대출금은 3년 반 사이에 60만 달러 이상 크게 줄었다.

현재 오클라호마에 있는 이 부동산의 가치는 2,000만 달러 정도로 평가받고 있다. 현금흐름이 증가했기 때문에 부동산의 가치도 높아진 것이다. 좋은 빚과 340만 달러의 투자금을 이용함으로써 이 부동산의 가치는 대략 600만 달러 정도 상승했다. 연간 현금흐름도 30만 달러 이상 증가했고, 수익은 투자자들에게 배분되고 있다.

최초의 사업계획은 언제나 새로운 부채를 이용해 투자자들에게 투자금을 돌려주는 것이었다. 2011년 우리는 낮은 고정금리로 자금을 조달해 오클라호마 아파트 단지에 대한 투자계획을 다시 조정하고 있다. 기존의 1,000만 달러는 고정금리 대출로 바꾸고, 500만 달러는 투자자들에 대한 배당금으로 남겨두는 것이다. 투자자들에게 돈을 돌려주는 것보다 더 좋은 일은 없다.

사례에서 투자 수익이 500만 달러라면 우리는 340만 달러를 투자자들에게 돌려주는 것은 물론 추가로 160만 달러를 벌어들인 것이다. 투자금이 묶여 있는 동안에 매달 현금흐름이 발생했다는 사실도 잊어서는 안 된다. 투자자들이 투자금 전액을 돌려받은 후에는 이 부동산 프로젝트에 대한 투자금은 0이 될 것이다. 되돌려받은 최초의 투자금과 추가 수익에 대한 세금은 없다.

오클라호마의 아파트 단지는 모든 투자자들에게 현금흐름을 제공할 것이다. 투자금을 모두 회수했기 때문에 우리의 수익률은 무한대가 된다. 나는 처음부터 이런 투자계획을 수립했다는 점을 강조하고 싶다. 부채를 활용하는 투자자들은 대출금에서 발생하는 열매를 수확할 수 있다. 당신도 좋은 부채를 활용해 현금흐름을 창출하는 자산을 매입한다면 큰 부자가 될 수 있다.

회계전문가 톰 휠라이트의 투자법 ___ 세법은 기업주와 투자자들을 위한 일련의 장려책이다. 부동산 투자자들에게도 마찬가지다. 부동산 투자자는 부동산을 수리해서 단기간에 파는 사람들이 아니다. 부동산을 매입해서 보수를 하고 장기간 투자를 위해 보유하고 있는 사람들을 말한다.

부동산을 매입하고 보수하고 보유하는 투자자들을 위해 정부는 2가지 중요한 혜택을 제공하고 있다. 첫째는 가장 큰 혜택인 감가상각이다. 감가상각은 부동산 관련 비용에 대해 세금 공제를 받는 것이다. 자신의 돈으로 부동산을 구입했든 대출금을 이용했든 상관이 없다.

당신이 20만 달러를 주고 임대 부동산을 구입했다고 가정해보자. 이 가운데 2만 달러만 당신의 돈이고 18만 달러는 은행에서 대출을 받은 것이다. 당신이 20만 달러를 주고 산 것은 무엇일까? 예를 들면 4만 달러의 가치가 있는 땅과 건물, 조경, 고정자산 등을 포함해 16만 달러 상당의 재산을 샀다고 볼 수 있다.

정부는 건물이 오래되면서 가치가 떨어지는 것에 대한 세금을 공제해준다. 당신이 소유한 건물이 주거용이라면 일 년에 받는 세금 공제는 3.64퍼센트다(이는 국가에 따라 다르다). 이것은 감가상각으로만

일 년에 6,000달러의 세금을 돌려받는다는 의미다(16만 달러×3.64퍼센트).

당신의 초기 투자금인 2만 달러에 대한 한 달 현금흐름이 1퍼센트라고 가정해보자. 이것은 일 년에 2,400달러의 현금이 들어온다는 의미다. 6,000달러의 세금 공제를 받으면 소득신고서에는 3,600달러의 손실이 기록될 것이다(2,400달러-6,000달러). 이 3,600달러의 손실은 당신의 급여, 사업 또는 다른 투자와 관련된 세금을 줄이는 데 활용될 수 있다.

따라서 감가상각은 세금으로부터 당신의 현금흐름을 지켜주고, 다른 소득에서 세금을 낮춰줌으로써 추가적인 세금 혜택을 제공한다. 당신이 투자한 돈뿐만 아니라 은행이 대출해준 돈에 대해서도 감가상각을 받을 수 있다는 점을 기억하라.

융자 수수료 등 은행에서 대출 받는 과정에서 발생한 비용에 대해서도 비슷한 혜택을 받을 수 있다. 당신이 대출을 받기 위해 은행에게 빌린 돈에 대해서도 공제를 받을 수 있다.

부동산의 가격이 상승하더라도 세금 혜택을 받을 수 있다. 따라서 부동산은 감가상각, 할부금 그리고 가치 상승을 통해 투자자가 여러 가지 혜택을 받을 수 있게 해준다.

부동산 투자자들에 대한 추가적인 혜택도 있다. 부동산을 매도할 때 세금에 대한 선택권이 주어진다. 매매 차익을 현금화하고 싶다면 부동산 가격의 상승으로 발생한 자본이득에 대해 낮은 세율로 세금을 납부하면 된다. 만일 부동산 매매에서 얻은 수익을 다른 부동산에 투자하고 싶다면 세금을 내지 않아도 된다. 이것이 세법에 있는 1031 교환 조항이다.

당신이 부동산을 손해 보고 판다면 일반 경상손실로 처리할 수 있다. 부동산 거래에서 발생한 손실을 다른 곳에서 발생한 소득을 상쇄하기 위해 이용할 수 있다는 뜻이다. 주식이나 뮤추얼펀드에서 발생한 손실은 다른 자본이득을 상쇄하는 용도로만 제한되어 있는 것과 비교하면 상당히 다르다. 따라서 자산 가격이 상승한다면 세금을 거의 내지 않고, 부동산 가격이 하락하면 다른 경상 수익을 상쇄하는 데 활용하는 것이 가능하다. 많은 국가들이 기업 자산과 부동산의 매매에 대해 비슷한 규칙과 세율을 적용하고 있다.

이제 세법이 부동산 투자자들과 기업가들에게 어떻게 인센티브를 주고 있는지 알게 됐을 것이다(그런데 미국에서 부동산을 자주 사고파는 투기꾼들은 이런 혜택을 받을 수 없다. 오히려 투자자들은 내지 않는 자영업세라는 세금을 내야 한다). 세법은 경제를 움직이기 위해 정부가 국민들이 돈을 쓰도록 하는 방향을 정한 것이다. 대출을 받아 부동산이나 기업에 투자할 때 이 점에 유의해야 한다.

주식 중개인과 부동산 중개인들은 대체적으로 10퍼센트 정도면 좋은 투자수익률이라고 이야기한다. 하지만 대부분의 경우 10퍼센트의 수익률은 자본이득이지 현금흐름이 아니다.

자본이득은 진짜 돈이 아니다. 다시 말하지만 이것이 S사분면에 속한 금융 교육이 가지고 있는 문제점이다. 투자자로서 당신은 상품의 판매자가 어떤 종류의 투자수익률에 대해 이야기하는지 알고 있어야 한다. 10퍼센트의 수익률이 현금흐름에 대한 것인가? 아니면 자본이득에 대한 것인가? 또 세금은 어떻게 되는가? 많은 세금을 부담해야 하는 것은 아닌가? 아니면 세금 혜택이 주어지는 것인가? 가장 중요한 것은 어떻게 무한수익률(아무것도 투자하지 않고 돈을 벌거나 나만의 돈을 찍어내는 것)을 얻을 수 있는가다. 자신이 하는 일을 잘 알고 있으면 부채는 불공정한 경쟁우위가 될 수 있다.

진정한 투자자의 비밀

진정한 투자자의 비밀은 '남의 돈OPM, Other People's Money'를 활용하는 것이다. 대부분의 사람들은 자기 돈으로 투자를 한다. 진정한 투자자가 되려면 은행이나 연금펀드 또는 개인 투자자들로부터 돈을 빌려 투자하는 방법을 배워야 한다. 똑똑한 투자자는 주식이나 귀금속, 원유 등 투자 상품에 관계없이 타인의 돈을 활용하는 방법을 배워야 한다. 자산의 종류와 관계없이 다른 사람의 돈으로 투자하는 것이 I사분면의 비밀이다. 당신이 이 비밀을 터득하게 되면 모든 곳에 적용할 수 있다.

아내가 첫 번째 집에 투자했을 때, 5,000달러를 계약금으로 지급하고 나머지 4만 달러는 대출을 받았다. 다른 사람의 돈을 이용해 투자하는 순간, 아내는 진정한 투자자가 되었다. 마우이섬에서 아파트를 사기 위해 신용카드로 18,000달러를 대출 받았을 때, 나는 투자금의 100퍼센트를 빌린 돈으로 충당했다. 이런 방법을 통해 나는 I사분면에 속한 투자자가 되었다.

우리 부부는 동업자인 켄과 로스의 은행 자금을 활용해 투자금을 돌려주는 방식의 투자계획을 믿고 100만 달러를 투자했다. 그들이 100만 달러를 영원히 투자해야 한다고 말했다면 우리는 투자하지 않았을 것이다. 우리는 3년 반 만에 투자한 돈 100만 달러를 모두 회수했다. 우리는 투자금을 빨리 돌려받으면서 자산도 소유하고 현금흐름과 세금 혜택도 받고 싶기 때문에 가능한 다른 사람의 돈을 이용한다. 이것이 진정한 투자자들이 하는 일이다.

원유 프로젝트에 투자할 때 나는 정부의 돈과 정유회사의 돈을 활용한다. 주식에 투자할 때 나는 옵션과 시장의 추세를 이용해 자산을 사들인다. 나의 부자 아빠는 게으르고 어리석은 사람들이나 자기 돈을 이용한다고 자주 말했다. 다른 사람의 돈이 진정한 투자자의 비밀이다.

자주 묻는 질문 ___ 정부가 앞으로 이런 허점을 차단하지 않을까?

간단한 답변 ___ 충분히 가능하다. 하지만 그럴 가능성이 적다.

설명 ___ 나는 1971년 이후 돈이 부채가 됐다고 주장했다. 경제가 성장하기 위해서는 부채가 필요하다. 이것이 정부가 저축하는 사람들에게 더 무거운 세금을 매기고 채무자들, 특히 막대한 부채를 활용할 수 있는 사람들에게 혜택을 주는 이유다. 정부가 이런 부채와 관련된 허점들을 차단한다면 경제는 급격하게 위축되고 혼란이 발생해 대중들이 정치가들에게 불만을 터뜨릴 것이다. 정부가 정말 이런 세법의 구멍을 막아버린다면 정치가들의 선거 자금을 대주는 사람들과 그들의 친구들을 위해 다른 혜택을 만들어줄 것이다.

자주 묻는 질문 ___ 부채를 활용하는 방법을 모르는 사람들에게는 너무 잔인한 것이 아닌가?

간단한 답변 —— 매우 잔인하다. 나는 젊은 프로 스포츠 선수가 5,000만 달러 계약을 체결하거나 누군가가 복권에 당첨되는 것을 볼 때마다 웃고 운다. 그들이 그 돈을 가지고 첫 번째로 하는 일은 무엇일까? 자신과 가족을 위해 큰 집을 사고 좋은 차를 구입한다. 자산을 모으기 위해 돈을 활용하는 대신 부채를 쌓기 위해 돈을 이용한다. 오래가지 않아 그들의 돈은 정부와 부자들에게 다시 돌아갈 것이다. 결국 어리석은 사람에게는 빚만 남게 된다.

자주 묻는 질문 —— 연방 정부가 돈을 마구 찍어서 하이퍼인플레이션 hyper-inflation이 시작되면 어떻게 되나?

간단한 답변 —— 정말 좋은 일이다. 나는 가치가 떨어진 달러로 내 부채를 갚을 것이고, 인플레이션을 따라잡기 위해 부동산의 임대료를 올릴 것이다.

자주 묻는 질문 —— 당신의 예측이 틀리고 경제가 붕괴하면서 임차인이 집세를 내지 못하면 어떻게 되는가?

간단한 답변 —— 그래도 문제가 되지 않는다.

설명 —— 우리 대출금의 대부분은 비소구non-recourse융자다. 우리가 대출금을 갚지 못하면 부동산을 은행에 되돌려주면 된다. 비소구라는 의미는 은행이 우리가 소유하고 있는 다른 자산을 압류할 수 없다는 뜻이다.

나의 부자 아빠는 "만일 네가 은행에 2만 달러를 빚지고 있고 대출금을 상환할 수 없다면 너에게 문제가 발생한다. 은행에 2만 달러를 빚지고 대출금을 갚을 수 없다면 은행에도 문제가 발생한다"라고 나에게 자주 말했다.

은행들은 수백만 달러를 대출해줄 때 매우 신중하게 결정한다. 이 때문에 투자자가 되기 위해서는 반드시 부동산 투자 강의를 들어야 한다. 부동산 투자자들은 어떻게 부채와 부동산을 관리해야 하는지 알아야 한다. 돈이 아무리 많아도 작게 시작하라. 작은 프로젝트에 여러 번 투자하고 부채와 부동산 그리고 세입자들을 관리하는 경험을 얻기 위해 노력하라. 당신이 성공한 투자자라는 사실을 은행이 알게 되면, 당신의 능력이 감당할 수 있는 만큼의 자금을 대출해줄 것이다.

매일 수십억 달러의 돈이 인쇄되고 있다. 매일 수조 달러가 갈 곳을 찾고 있다. 가난한 지식인들의 수가 증가하는 이유는 이들이 수조 달러에 접근하는 방법을 모르기 때문이다. 대부분의 사람들은 엄청난 돈의 바다 앞에 서 있지만 수영하는 방법을 몰라 돈의 바다에 뛰어들지 못하고 있다.

2006년에 피닉스에 있는 한 부동산 중개업자가 앞으로 부동산 가격이 오를 테니 부동산을 사라는 광고를 TV에 내보냈다. 4년 뒤에 똑같은 부동산 중개업자는 자신을 통해 집을 산 사람들에게 값이 떨어진 주택을 자신이 처분해주겠다는 광고를 했다. 이것이 S사분면의 부동산 교육과 I사분면의 부동산 교육의 차이점이다.

2010년에 금리가 크게 낮아지자 은행들은 좋은 부동산들을 헐값에 처분하고 있다. 이는 매우 안타까운 일이다. 가난한 사람들은 더 가난해지는 반면, 부자들은 점점 더 부자가 되고 있다는 것은 아이러니가 아닐 수 없다.

"나의 백성이 무지해 망한다"라는 성경의 구절처럼 수백만 명이 자산과 부채를 구별하지 못해 망하고 있다. 정부가 수조 달러의 돈을 찍어내고 있는 상황에서 수백만 명이 돈을 위해 일하기 때문에 망하고 있는 것이다. 이들은 돈을 저축하고 부채를 획득하기 위해 나쁜 부채를 이용하려고 노력한다. 부채를 자산이라고 생각하는 것처럼 어리석은 것도 없다.

위험

투자, 결국 위험관리다

당신을 유혹하는 투자의 모순적 용어 | 직업 안정성이 노후를 보장할까 | 열심히 저축하면 부자가 될까 | 안전한 투자로 얻는 게 있을까 | 공평한 주식은 정말 존재할까 | 뮤추얼펀드의 수혜자는 누구 인가 | 분산된 포트폴리오는 정말 위험하지 않을까 | 빚지지 않는다는 게 가능한가 | 경제 붕괴가 다가오고 있다 | 경제위기에서 우리가 해야 할 일 | 4가지 자산의 종류 파악하기 | 자산에 대한 통제권을 가져라 | 금융 자산을 보호하기 위한 보험 | 금융자산으로 돈을 찍어내는 법

자주 묻는 질문 —— 부동산은 좋은 투자 대상인가?

간단한 답변 —— 잘 모르겠다. 당신은 훌륭한 부동산 투자자인가?

자주 묻는 질문 —— 주식은 좋은 투자 대상인가?

간단한 답변 —— 잘 모르겠다. 당신은 훌륭한 주식 투자자인가?

자주 묻는 질문 —— 기업체는 좋은 투자 대상인가?

간단한 답변 —— 잘 모르겠다. 당신은 훌륭한 기업가인가?

이제 당신은 내가 말하고자 하는 의도를 파악했을 것이다. 금융 교육을 받지 않으면 무엇에 투자하든 손해를 보게 된다.

당신을 유혹하는 투자의 모순적 용어

모순어법oxymoron은 서로 의미가 충돌하는 단어를 사용하는 것이다. 예를 들면 '거대한 새우', '정부의 서비스', '아프지 않게 하는 치과의사', '정직한 정치가' 그리고 '성스러운 전쟁' 같은 표현이 모순어법이다.

돈의 세계에서는 다음과 같은 말들이 의미가 상충하는 모순적인 용어나 표현에 해당한다.

- 직업 안정성
- 저축
- 안전한 투자
- 공평한 주식
- 뮤추얼펀드
- 분산된 포트폴리오
- 빚지지 않기

위험을 피하려고 하는 사람들이 이런 모순적 용어를 가장 많이 사용한다. 이런 모순된 표현들이 사람들을 가장 위험한 곳으로 유혹한다. 금융 교육을 받은 사람들은 앞에서 예로 든 용어들이 왜 모순적인 표현인지 알고 있다. 하지만 금융 교육을 받지 못한 사람들에게는 이런 상충적인 용어들이 지혜로운 성인의 말처럼 들린다. 왜 그럴까? 지금부터 그 이유를 설명하겠다.

직업 안정성이 노후를 보장할까

나의 고등학교 동창생 가운데 상당수는 대학에 진학하지 않았다. 고졸자들도 높은 임금을 받을 수 있는 직업들이 많았던 시절에 사람들은 군이 대학에 진학할 필요성을 느끼지 못했던 것이다. 파인애플 농장과 사탕수수 농장에서 일하는 사람이 중장비 기사, 통조림공장 직원, 일반 기업의 사무직원보다 더 많은 급여를 받았다. 대부분이 급여도 높고 보너스도 두둑한 노조에 가입된 일자리였다.

지금은 이런 일자리가 거의 사라졌다. 내 동창생들은 맥도널드 매장에 취직했거나 마리화나를 재배하는 '열대농업' 분야에서 일하고 있다. 불법적인 농업에 종사하지만 남부럽지 않게 생계를 유지하고 있다. 이들은 세금을 많이 내지 않는다. 외부에서 보기에 이들은 복지에 의지하는 가난한 사람들처럼 보이지만 현찰을 주고 산 최신 픽업 트럭을 몰고 다닌다.

지금의 경제위기와 기술 발전 때문에 대학에 진학했던 내 동창생 가운데 상당수는 재정적으로 어려움을 겪고 있다. 뉴잉글랜드에 있는 명문 대학을 졸업한 똑똑하고 예쁜 여자친구는 직장을 잃고 하와이의 농촌 지역에서 하루 빨리 사회보장과 의료보장 혜택을 받을 수 있는 나이가 되기를 기다리고 있다.

닉슨 대통령이 중국과 교역을 시작한 이후, 미국의 달러가 중국이 새로운 공장을 건설하는 데 도움을 주면서 미국의 일자리는 해외로 빠져나갔다. 중국이 저임금 노동자들을 위한 공장을 자국에 건설하자 더 높은 임금을 받는 미국의 근로자들은 일할 곳이 없어졌다. 대학 졸업자들을 위한 중간관리직도 사라지기 시작했다. 해외 시장만이 노동자들의 일자리를 빼앗아간 것이 아니었다. 기술 역시 일자리를 빼앗아갔다. 기술 발전이 직업 안정성이라는 용어를 모순된 표현으로 만들고 있다.

1920년대에는 200만 명을 넘었던 철도 근로자들이 현재 30만 명 수준으로 줄었지만, 철도는 효율적으로 잘 운영되고 있다. 근로자 수가 줄어드는 것은 워런 버핏과 같은 철도회사 기업주의 이익이 늘어난다는 뜻이다. 2009년 버핏은 벌링턴 노던 샌타페이 철도회사 Burlington Northern Santa Fe railroad를 340억 달러에 사들였다. 기술 발전은 일자리를 빼앗아가고, 줄어든 인건비는 기업주의 이익으로 돌아간다. 버핏이 최첨단 기술기업을 사지 않고 철도회사를 산 이유가 무엇일까? 답은 간단하다. 현금흐름이 꾸준하기 때문이다.

미국 근로자들은 세계에서 가장 임금이 낮은 국가의 근로자들보다 40배 높은 임금을 받고 있다. 따라서 미국의 일자리는 계속 사라질 것이다. 한때 저임금 국가였던 중국의 근로자들이 더 높은 임금을 요구하면서 중국도 어려움을 겪고 있다. 중국 근로자들의 임금이 상승하면서 필리핀, 북한, 키르기스스탄, 인도네시아와 같은 저임금 국가들로 일자리가 빠져나가고 있다. 한번 사라진 일자리는 다시 생겨나지 않는다.

기술 발전으로 기업가들은 승자가 되고 근로자들은 패자가 되고 있다. 대부분의 신기술이 탄생하는 실리콘밸리의 기업들조차 해외에서 제품을 생산한다. 이 책을 쓰기 위해 사용하는 컴퓨터는 미국에서 디자인됐지만 중국에서 제조된 것이다. 내가 쓰고 있는 이 책도 앞으로 몇 달이 지나면 다양한 언어로 번역돼 전자책과 종이책 형태로 전 세계에 판매될 것이라는 것을 알고 있다. 이 책이 완성되면 수입이 발생하기 때문에 비용은 떨어진다.

나는 과거보다 직원을 적게 고용하면서 회사를 전 세계로 확장해 나가고 있다. 기술 발전은 B사분면에 있는 사람들에게 불공정한 경쟁 우위인 동시에 S사분면에 속한 사람들에게는 불리함으로 작용한다.

앞으로 직업 안정성을 가지고 있는 사람들은 더 많은 세금을 낼 것이다. 국가 부채의 증가에 따라 정부가 정책적으로 더 많은 세금을 거둘 것이기 때문이다. 봉급생활자와 같은 E사분면 사람들과 의사와 같은 전문직인 S사분면에 속한 사람들은 세금을 줄일 수 있는 여지가 거의 없다. 2010년 미국 정부는 B와 I사분면에 속한 사람을 위한 세금 혜택을 늘렸지만, E와 S사분면에 속한 사람들에게는 세금 부담을 늘렸다는 사실이 이를 입증한다.

실업률 상승은 단지 미국만의 문제가 아니다. 중국도 피할 수 없을 것이다. 실업문제가 지속되면 사회가 불안해지고 정치적인 혁명이 발생해 정부가 전복될 수도 있다. 이것이 대부분의 국가들이 다른 국가들로부터 일자리를 빼앗아오는 일이면 무엇이든 다하는 이유다.

전 세계 국가들은 일자리를 유지하고 사람들을 고용하기 위해 돈으로 게임을 하고 있다. 자국 화폐의 가치를 떨어뜨리거나 돈을 많이 찍어냄으로써 수출을 늘리고 있는데, 자국의 화폐 가치가 올라가면 수출이 줄어들고, 수출이 감소하면 일자리가 사라진다.

1966년 학생이었던 내가 처음 일본을 방문했을 때, 달러에 대한 엔화의 환율은 360엔이었다. 당시 나는 달러로 많은 것을 살 수 있었다. 일본은 미국에 비해 물가가 쌌기 때문이다. 지금 미국 달러화의 가치는 90엔 정도다. 엔화의 가치가 높아졌고 달러화의 가치가 떨어졌다는 뜻이다.

현재 일본은 미국보다 물가가 비싸다. 일본이 자국의 경제를 살리고 싶다면 엔화 환율을 1달러에 150엔 정도로 올려야 한다. 이렇게 되면 미국 상품의 수출 가격은 상승하고, 수출이 줄어들면서 일자리도 감소할 것이다. 국가들이 머니게임을 하는 가장 큰 이유 가운데 하나는 바로 고용을 유지하고자 하는 것이다.

현재 미국과 중국은 화폐전쟁을 벌이고 있다. 미국은 중국이 위안화의 가치를 올리기를 바라고 있다. 그래서 미국 제품을 더 많이 수출하면서 중국 제품의 수입이 줄어들기를 바란다. 그러나 중국은 위안화의 가치가 오르면 실업률이 높아질 것이라는 사실을 잘 알고 있다.

미국과 중국은 경쟁하듯이 자국의 화폐가치를 계속 떨어뜨리고 있다. 자국 화폐의 가치가 떨어지면 국내적으로 인플레이션이 발생한다. 결국 돈을 저축하라는 것은 말도 안 되는 주장이다. 세계 각국이 통화의 가치를 떨어뜨리면서 쇼핑하는 데 돈이 점점 더 많이 들어가고 있는 상황이다. 과연 누가 저축을 하겠는가?

일자리를 보존하려면 미국 정부는 달러화의 가치를 낮추어야 한다. 달러 약세화가 진행되면 수출이 늘어난다. 이것은 미국 제품에 대한 수요가 증가하고 그래서 더 많은 일자리가 생겨난다는 의미다. 이제부터는 왜 직업 안정성이 모순된 말인지 그 이유를 구체적으로 설명하기로 한다.

세계 역사상 금융위기가 발생했을 때마다 최악의 독재자가 권력을 잡았다. 1929년, 미국에서 발생한 대공황은 전 세계로 퍼져나갔다. 1933년 경제위기가 닥쳐오자 독일에서는 히틀러가 정권을 잡았고, 중국에서는 모택동이 권좌에 올랐다. 그리고 러시아에서는 레닌이, 세르비아와 유고에서는 밀로세비치가 권력을 잡았다.

1933년, 독일의 히틀러와 미국의 프랭클린 루스벨트 대통령은 각국의 정권을 잡았다. 루스벨트 대통령은 오늘날 미국이 직면하고 있는 금융위기를 촉발시킨 금융기관들을 설립했다. 사회보장제도Social Security, 연방예금보험공사FDIC, Federal Deposit Insurance Corporation 그리고 연방주택관리국FHA, Federal Housing Administration이 루스벨트가 도입한 제도와 기관이다. 또한 루스벨트 대통령은 미국을 금본위제도에서 탈퇴시켰다.

많은 사람들이 제2차 세계대전 덕분에 미국이 대공황에서 벗어난 것으로 알고 있다. 제2차 세계대전이 미국의 생산성을 높이고 균형적인 재정을 달성하는 데 일조한 것은 사실이다. 그러나 미국 달러화의 힘을 강화시킨 것은 금본위제도로 복귀한 1944년의 브레턴우즈 협정Bretton Woods Agreement이었다. 그러나 1971년에 닉슨 대통령이 브레턴우즈 협정을 파기했기 때문에 지금 미국은 새로운 공황에 직면할 수도 있는 경제위기를 경험하고 있는 것이다.

금본위제도의 붕괴는 닉슨 쇼크Nixon shock로 알려졌다. 1971년 이후 미국의 번영은 세계가 원하는 공산품이 아니라 부채와 인플레이션을 통해 이뤄졌다. 금이라는 규제 기준이 사라졌기 때문에 연방준비은행은 체계적인 통화 팽창을 시작했다. 미국 경제는 엄청난 규모의 가짜 화폐(종이돈)를 근거로 호경기를 누렸다. 미국의 국가 부채는 갈수록 가치가 떨어지는 납세자들의 돈으로 부채를 갚아가는 불태환 화폐의 금융사기이다.

세계의 다른 국가들이 현금 강탈에 동의하는 동안 미국의 금융사기 시스템은 지속된다. 만일 세계 각국이 가짜 종이돈으로 상품을 살 수 있다는 환상에서 깨어나게 되면 금융사기는 막을 내린다. 달러 체제가 무너지면 미국도 함께 붕괴할 것이다. 이것이 내가 책을 쓴 2011년에 미국이 처한 상황이다. 미국인들은 미래 세대에 빚을 지고 있다.

열심히 저축하면 부자가 될까

미국이 달러화의 구매력을 떨어뜨리고 있는데 왜 우리는 저축을 해야 하는가? 거듭 말하지만, 1971년 금본위제도가 폐지된 이후 달러화는 돈의 역할을 포기했고 부채가 되었다. 1971년 이전에 미국은 달러의 가치를 담보하는 금을 확보해야 했다. 하지만 미국이 수출보다 수입을 많이 하면서 보유한 금이 국외로 빠져나갔다. 프랑스가 미국에게 달러가 아닌 금으로 지급을 요구하자 닉슨은 금본위제도를 폐지했다.

1971년 이후 미국은 돈이 필요하면 돈을 찍어냈다. 지금은 돈을 찍어내는 인쇄기가 필요 없다. 오늘날 돈은 컴퓨터 모니터에서 나타나는 전자 신호에 불과하다. 돈을 만들기 위해 미국 재무부는 미 재무부 장기채권T bond(만기 10년 이상의 장기 국채-옮긴이)과 미 재무부 단기채권T bill(만기 1년 미만으로 통산 4주, 13주, 26주의 국채-옮긴이) 그리고 미 재무부 중기채권T note(만기 1년 이상 10년 미만의 채권-옮긴이)을 발행한다. 이런 채권들은 미국 정부가 납세자들에게 빚을 지고 있다는 증서다.

미국 재무부가 1,000만 달러어치의 단기채권을 발행했다고 가정해보자. 개인 투자자, 은행 그리고 중국과 일본, 영국 같은 국가들이 채권을 매입한다. 미국은 빚을 갚기 위해 돈을 찍어낼 수 있어 미국 국채는 가장 안전한 것으로 평가받고 있다. 그리고 이 때문에 많은 사람들이 미국 국채를 좋아한다. 문제는 세계가 어느 날 갑자기 미국의 국채를 사주지 않게 되는 순간이다. 그러면 연방준비은행은 더 많은 가짜 종이돈을 찍어내야 한다. 이렇게 되면 인플레이션이나 하이퍼인플레이션이 발생하게 될 것이다.

만일 아무도 미국 국채를 사주지 않는다면 연방준비은행이 개입해—연방준비은행 계좌에는 잔고가 없다—수표를 발행해 채권을 매입한다. 연방준비은행이 발행하는 수표는 아무것도 없는 허공에서 돈을 만들어내는 것이다. 연방준비은행의 공수표 발행 행위가 바로 '양적완화QE, Quantitative Easing'다.

연방준비은행이 화폐발행에서 양적완화라고 용어를 바꾼 것은 이 용어가 훨씬 더 지적으로 들리기 때문이다. 만일 우리 같은 개인들이 은행에 잔고 없이 수표를 발행하면 감옥에 갈 것이다. 그러나 연방준비은행이 발행하는 것은 합법이다. 지금까지 설명한 것이 저축이라는 단어가 모순인 이유다.

| TIP | 채무증서

T-bills, T-notes, T-bonds는 미국 재무부가 발행한 채무증서다. 3가지 채권은 만기일을 기준으로 분류된다.

• T-bill은 만기 1년 미만으로 발행된다.
• T-note는 만기가 2, 3, 5년 그리고 10년이다.
• T-bond는 만기가 10년 이상이다.

| TIP | 인플레이션과 하이퍼인플레이션

인플레이션과 하이퍼인플레이션(inflation vs. hyperinflation): 인플레이션은 간단히 설명하면 상품과 용역보다 돈이 더 많다는 뜻이다. 하이퍼인플레이션은 사람들이 생각하는 것과 달리 돈의 공급과는 별로 관계가 없다. 하이퍼인플레이션은 돈이 초과 공급되는 경우에도 발생할 수 있고, 돈이 부족해도 발생할 수 있다. 하이퍼인플레이션의 핵심은 돈이 많거나 돈이 적거나 상관없이 어느 누구도 돈을 원하지 않는다는 것이다. 하이퍼인플레이션 상태에서 돈의 가치는 이미 사용한 화장지와 같다. 돈을 원하는 사람은 아무도 없다.

독립전쟁의 전쟁 비용을 충당하기 위해 대륙회의Continental Congress는 대륙화폐Continental Dollar를 만들었다. 전쟁이 오래 지속되면서 대륙회의는 군인들에게 월급을 주고 전쟁 물자를 사기 위해 대륙화폐를 계속 찍어냈고, 결국 대륙화폐의 가치가 없어지자 군인들과 전쟁 물자 공급업자들은 파산하고 말았다.

이 때문에 "1대륙화폐의 가치도 없다Not worth a Continental"라는 말이 생겨났다. 미국에서 남북전쟁이 발발했을 때 남부연합Confederate States도 남부연합 달러를 발행했지만 결과는 역시 마찬가지였다.

독일도 제1차 세계대전 이후 똑같은 일을 했고, 독일 국민들은 라이히스마르크Reichsmark(1925년에서 1948년까지 사용하던 마르크화 – 옮긴이)를 벽지로 사용하거나 불쏘시개 또는 화장지로 사용했다. 1933년 독일 경제가 붕괴하자 아돌프 히틀러가 정권을 잡았고, 같은 해에 프랭클린 루스벨트 미국 대통령은 금본위제도를 폐지했다.

나는 지갑 속에 100조짜리 짐바브웨 지폐를 넣고 다닌다. 한때 100조 짐바브웨 지폐로 계란 3개를 살 수 있었으나 지금은 가치가 더 떨어졌다. 현재 연방준비제도이사회 의장인 벤 버냉키는 수조 달러의 돈을 찍어내고 있고, 오바마 대통령은 수조 달러를 펑펑 사용하고 있다. 이런 가짜 돈은 국가 간의 전쟁뿐만 아니라 진짜 돈(금, 은, 식품, 원유 등 내재가치가 있는 상품)과 종이돈 사이의 전쟁을 유발시킨다.

안전한 투자로 얻는 게 있을까

안전한 투자라는 것은 없다. 단지 똑똑한 투자자들만 있을 뿐이다. 앞에서 설명한 것처럼 "부동산은 좋은 투자 대상인가?" 또는 "주식은 좋은 투자 대상인가?"라는 질문을 받으면, 나는 항상 질문자에게 "당신은 좋은 투자자인가?"라고 되물어본다. 당신이 어리석다면 어떤 투자도 안전하지 않다. 심지어 금도 마찬가지다. 당신이 어리석은 투자자라면 진짜 돈인 금과 은에 투자해도 큰 손실을 볼 수 있다.

2011년 현재 금 가격은 사상최고를 기록하고 있다. 바보들이 바보들의 금을 사들이고 있기 때문이다. 부동산과 주식의 거품이 그랬던 것처럼 금 투자 열풍은 바보들을 투자로 끌어들이고 있다. 앞서 설명한 것처럼 금은 1온스에 1,300달러를 넘어 사상 최고가를 기록했지만, 1온스 가격이 850달러였던 1980년의 가격으로 환산하면 최고가는 아니다. 금이 최고 가격에 도달하려면 1온스의 가격이 현재의 달러화 가치로 2,400달러가 되어야 한다.

요즘은 어디를 가든 "금 삽니다"라는 표지판을 볼 수 있다. 금을 매입하는 사람들은 현금이 절실하게 필요해 엄마의 귀금속까지 파는 사람들에게 1온스에 1,300달러가 아니라 300달러를 주고 살 것이다. 금화에 투자할 경우 많은 투자자들이 사기를 당해 희귀한 금화를 사게 된다. 내 지인 중 한 명은 지난 대공황 때 발행된 희귀한 금화를 샀다며 매우 기뻐했다. 그는 1,200달러짜리 금화를 3,000달러를 주고 샀다.

앞으로 수 년 안에 금 1온스의 가격이 3,000달러까지 오를 가능성이 있다고 생각한다. 그리고 7,000달러까지 오르는 것도 불가능하다고 생각하지 않는다. 이것이 당장 보석상에 가서 금을 사라는 의미일까? 그렇지는 않다. 특히 요즘처럼 금값이 높은 시기에는 금에 투자하기에 앞서 금에 대한 교육을 받아야 한다.

아주 쉽게 설명하면 금값은 돈의 공급과 같이 간다. 정부가 더 많은 돈을 찍어내 공급을 늘릴수록 금값은 더욱 올라간다. 금값이 상승하면 달러의 구매력은 떨어진다. 이것이 내가 "금 가격의 동향을 이해할 수 없다"는 지난 2010년 6월 9일 버냉키 의장의 발언이 어이없다고 생각하는 이유다.

버냉키 의장은 돈을 찍어내는 장본인이다. 그는 MIT를 졸업했고, 스탠퍼드 대학과 하버드 대학에서 교수를 지냈으며, 대공황에 대한 전문가다. 그리고 지금은 세계에서 가장 강력한 은행을 이끌고 있는 인물이다. 그런 그가 금 가격의 움직임을 이해할 수 없다는 것이 말이 되는가? 그의 이런 발언은 정말 충격적이다. 금값에 대한 무지 때문에 버냉키는 금에 투자하는 사람들의 가장 친한 친구가 되었다.

버냉키 의장이 혼란에 빠질수록 나는 금과 은 그리고 원유를 더 많이 사들일 것이다. 버냉키 의장을 보면 대학교수이자 박사이면서 E사분면의 사고방식으로 세계를 바라보는 나의 가난한 아빠가 떠오른다. 버냉키 의장이 I사분면 출신이라면, 그는 왜 달러를 찍어낼 때마다 금값이 오르는지를 이해할 수 있었을 것이다.

1997년에 내가 금광을 매입한 것은 전 연준 의장인 그린스펀과 현 의장인 버냉키와 같은 지도자들 때문이다. 나는 이들이 달러를 붕괴시키고 있다는 사실을 알고 있었다. 나와 아내는 금 1온스의 가격이 300달러도 안 됐고, 은 가격은 3달러 이하였던 2000년 이전에 가능한 많은 금을 사들였다.

저축 대신 귀금속을 투자 대상으로 고려하는 사람들을 위해 우선 은에 대해 설명하기로 하겠다. 2011년에는 은이 금보다 더 좋은 투자 대상이다. 지금 지구상에는 은보다 금이 더 많다. 금은 비축되고 있지만 은은 원유처럼 소요되고 있기 때문이다. 머지않은 미래에 은이 금보다 더 비싸질 가능성도 있다. 하지만 내 말을 100퍼센트 믿지 말고 당신이 직접 연구해볼 것을 권한다.

지난 수 년 동안 중앙은행들은 금을 버리고 달러를 사들였다. 현재 중앙은행들은 달러를 버리고 금을 사고 있다. 그래서 금값이 오르고 각국의 화폐가치가 떨어져 국민들의 생활이 어려워지고 있다. 이럴 때는 금을 사도 손해를 볼 수 있다. 1980년에 금을 샀다면 1온스의 가격이 1,300달러인 지금까지도 손해를 보고 있을 것이다. 1980년의 850달러 수준을 회복하려면 금 1온스의 가격이 현재 수준으로 2,400달러가 되어야 한다. 금을 사도 손해를 볼 수 있다면 어떤 것을 사도 손해를 볼 수 있다. 이런 이유로 안전한 투자는 모순된 말이다.

공평한 주식은 정말 존재할까

돈에 관한 한 어느 것도 공평하지 않다. 신은 공평하지 않다. 신이 공평하다면 나도 영화배우 조니 뎁처럼 잘생겨야 할 것이다.

주식시장도 공평하지 않다. 일부 사람들은 자신들이 가지고 있는 주식보다 더 많은 것을 가져간다. 보통 투자자들은 주식을 매수하는 방식으로 주식에 투자한다. 그러나 주식의 종류가 다양하다는 사실을 알고 있는 사람들은 많지 않다. 이것은 공평하지 않다.

예를 들어 일반인들은 보통주에 투자한다. 똑똑한 투자자들은 우선주를 더 좋아한다. 간단히 말하면 우선주를 소유한 투자자들은 보통주를 소유한 사람들에게는 주어지지 않는 특혜를 받는다. 대부분의 뮤추얼펀드는 보통주로 채워져 있다. 우선주보다 몇 단계 더 높은 또다른 종류의 주식이 있는데, 〈캐시플로 101〉 보드게임을 통해 이 차이를 배울 수 있다. (캐시플로 게임은 두 개의 트랙에서 진행된다. 가운데 원으로 된 부분이 쥐 경주 트랙이고 바깥쪽 부분이 패스트 트랙이다. 금융소득이 지출보다 많으면 쥐 경주 트랙에서 벗어나 패스트 트랙에서 게임을 할 수 있다. 패스트 트랙은 부자들이 돈놀이를 하는 곳이다. - 옮긴이)

쥐 경주

쥐 경주에 참가한 사람들, 즉 일반 투자자들은 대부분 우선주와 보통주에 투자한다.

패스트 트랙(Fast Track)

하지만 패스트 트랙에서 게임을 하는 금융 교육을 받은 투자자들은 일반 주식에 투자하지 않는다. 이들은 기업의 지분에 투자한다. 기업의 투자설명서를 꼼꼼하게 살펴보면 '주식을 파는 주주selling shareholders(기업 공개 과정에서 자신들이 소유하고 있는 주식을 파는 개인기업의 투자자들로, 기업 공개 전에 지분에 참여한 투자자나 벤처투자자 엔젤투자자 등을 말함 – 옮긴이)'로 알려진 항목을 발견하게 될 것이다. 이들은 약 100만 주에서 1,000만 주 정도의 대규모 주식을 소유하고 있는 주주들이다. 이들은 자신들이 소유하고 있는 기업의 일부 지분을 팔고 대규모 주식을 받았기 때문에 '주식을 파는 주주'라고 불린다.

기업을 설립하고 주식시장에서 기업 공개를 하는 것은 주식을 발행한다는 점에서 돈을 찍어내는 또 다른 방법이다. 내가 금광회사에 대한 주식을 공모할 때 우리 부부는 주식을 사는 주주가 아니라 주식을 파는 주주였다. 이것이 보통주 주주, 우선주 주주 그리고 주식을 파는 주주의 차이점이다. 모든 주식이 공평하지 않은 이유가 바로 이 때문이다.

뮤추얼펀드의 수혜자는 누구인가

뮤추얼펀드mutual fund는 이름처럼 공동이라거나 상호라는 개념이 전혀 없다. 차라리 일방펀드one-sided라고 하는 것이 더 좋을 것이다.

그렇다고 내가 뮤추얼펀드를 싫어한다는 말은 아니다. 오히려 뮤추얼펀드들이 내 사업의 투자자금을 제공해주기 때문에 개인적으로는 좋아한다. 내 금광회사의 주식 공모에서 주식을 사준 것도 뮤추얼펀드 회사들이었다. 뮤추얼펀드들은 투자에 대해서 잘 몰라 펀드매니저들이 대신 주식을 골라주는 것을 좋아하는 사람들을 위해 고안된 상품이다.

투자자들이 투자금의 100퍼센트를 부담하고 위험도 100퍼센트 부담하지만, 이익이 발생하면 20퍼센트만 투자자들에게 돌아가는 것이 뮤추얼펀드다. 뮤추얼펀드 회사는 운용비와 기타 비용으로 수익의 80퍼센트를 가져간다. 이런 이유로 나에게 뮤추얼펀드는 일방펀드일 뿐이다. 뮤추얼펀드의 또 다른 문제는 세금 혜택이 없다는 것이다. 뮤추얼펀드의 장단점에 대해서는 회계사인 톰 휠라이트와 리치대드컴퍼니의 자문위원인 앤디 태너Andy Tanner가 설명할 것이다.

회계전문가 톰 휠라이트의 자세한 설명 ___ 당신이 뮤추얼펀드에 가입하면 2가지 방식으로 세금을 낸다. 첫째는 펀드매니저가 주식을 사고팔 때 발생한 자본이득에 세금이 부과된다. 둘째는 뮤추얼펀드에 가입하거나 해지할 때 발생한다. 이런 세금 부과 방식 때문에 뮤추얼펀드의 가격이 하락한 해에도 펀드의 주식거래에 대해서 세금을 내야 한다. 손해를 보고 있는데 세금을 내야 한다고 상상해보라. 이것이 많은 뮤추얼펀드 가입자들이 겪고 있는 문제다.

앤디 태너가 말하는 뮤추얼펀드의 장단점 ___ 뮤추얼펀드에 대한 장단점과 관련해 대부분의 장점들은 펀드투자자들로부터 수수료를 받는 펀드매니저와 펀드판매사에게 유리하도록 돼 있다고 할 수 있다.

자금을 투입하고 위험을 감수하는 것은 투자자들이다. 하지만 운용사와 펀드매니저들은 펀드가 수익을 내든 손실을 내든 실적과 관계없이 보수를 받는다. 여기에 달러 평균 원가법dollar cost averaging(주기적으로 일정금액을 특정 종목 또는 포트폴리오에 투자하는 방법 - 옮긴이)을 통해 지속적으로 펀드에 편입된 주식의 매입 단가를 낮추면 펀드에 돈이 유입되도록 할 수 있다. 기요사키의 말처럼 모든 동전에는 양면이 있다. 그리고 뮤추얼펀드사가 더 많은 수익을 가져간다는 사실은 두말할 필요 없다.

표면적으로 볼 때 뮤추얼펀드, 단위신탁, 401(k) 그리고 은퇴저축 RRSP, Registered Retirement Savings Plan(은퇴 후에 찾겠다고 정부에 등록을 하는 저축 - 옮긴이)의 매력은 금융 교육을 받지 않고도 투자할 수 있다는 것이다. 또 여러 분야에 걸쳐 분산투자할 수 있기 때문에 투자자들에게 어느 정도 안정감을 준다는 것도 장점이다.

문제는 이처럼 겉으로 드러난 장점들이 실제보다 더 과장돼 있다는 것이다. 나는 거의 뮤추얼펀드로 채워진 401(k)와 같은 퇴직연금에 대한 투자가 절대로 금융 교육을 대신하는 대안이 될 수 없다고 생각한다.

뮤추얼펀드의 분산투자 형식은 투자자들에게 매우 위험하다. 실제로 뮤추얼펀드에 투자하는 것은 한 종목의 주식에 투자하는 것 이상의 통제력을 갖기 어렵다. 위험은 통제의 수준과 관련이 있다. 통제력이 적다는 것은 위험이 크다는 의미다. 희망이나 바람이 투자전략이될 수는 없다. 뮤추얼펀드와 401(k) 시스템에는 적어도 다음과 같은 4가지 문제가 있다.

첫째, 분산투자의 효력이 거의 없다는 문제다. 뮤추얼펀드의 분산투자는 주식시장의 폭락이나 장기적 조정 또는 장기 인플레이션을 따라잡지 못하는 상승장에서 투자자를 보호할 수 없다.

개인이 한 기업의 주식을 대규모로 살 경우, 그 기업의 주가가 하락할 가능성은 투자자의 주요 근심거리다. 마찬가지로 개인이 시장 전체에 분산투자할 경우, 투자 전체 시장이 하락할 가능성을 배제할 수 없다. 시장의 가격 역시 투자자의 통제력을 벗어나 있다. 대부분의 사람들이 현재 세계 시장이 과거 그 어느 때보다 충격에 취약하고 변동성이 높다는 사실에 동의할 것이다.

2000년부터 2010년까지 우리는 '잃어버린 10년'을 경험했다. 더구나 우리는 또 다른 잃어버린 10년이나 훨씬 더 거대한 시장의 하락을 맞이할 수도 있다(시장의 하락을 예고하는 데이터는 많다).

다음에 재무설계사를 만나게 되면 체계적 위험systemic risk(시장의 위험과 관련되어 분산에 의해 제거될 수 없는 투자에 내재된 위험 – 옮긴이)이 무엇인지 물어보라. 대부분의 뮤추얼펀드와 퇴직연금들은 장기적으로 시장이 상승하게 될 것이라는 위험한 가정을 기반으로 고객들을 모집하고 있다. 하지만 장기적으로 시장이 상승할 것이라는 보장은 어디에도 없다.

둘째, 일관성이 없다는 문제다. 스탠더드앤드푸어스Standard & Poor's는 개인이 특정 기간에 실적이 좋은 뮤추얼펀드에 가입할 경우, 그 펀드가 향후 5년에서 10년 사이에 이전에 기록했던 좋은 수익률을 달성할 확률이 거의 없다는 사실을 보여주는 데이터를 공개했다. 바꾸어 말하면 과거의 성과는 미래의 성과를 대변하는 것이 아니라는 것이다.

셋째, 사용처가 불분명한 수수료 문제다. 금융 시스템에 들어가는 대부분의 비용에 대한 설명은 잘 보이지 않는 작은 글자로 약관이나 계약서에 인쇄돼 있다. 내가 아는 대부분의 투자자들은 이런 비용이 무엇이며, 투자 성과에 어떤 영향을 미치는지에 대해 전혀 모르고 있었다.

리치대드컴퍼니가 출판할 《주식투자의 ABC ABCs of Investing in Stocks》에서 나는 이런 수수료가 개인연금저축인 401(k)에 미치는 심대한 결과에 대해 설명했다. 뮤추얼펀드에 집중적으로 투자하고 있는 401(k)의 현재 투자전략을 옹호하는 사람들은 현 시점에서 얼마의 수익을 내고 있는지 한번 살펴보라.

넷째, 시장수익률을 초과달성하는 문제다. 오늘날 개인 투자자들이 시장수익률을 따라가는 투자 상품을 찾는 것은 어렵지 않다. 상장지수펀드ETF 같은 상품들은 시장지수를 추종한다는 점에서 개인 투자자들도 대부분의 뮤추얼펀드가 할 수 있는 거의 모든 일을 할 수 있게 해준다.

시장이 어떻게 변하든 단지 그대로 따라하는 포트폴리오에 왜 높은 수수료를 내야 하는가? 내가 가입한 401(k)와 403(b) 연금저축이나 개인연금계좌가 시장을 따라가는 것이라면 투자전문가가 하는 일은 무엇인가? 만일 우리가 각자의 개인연금계좌나 401(k)의 과거 실적을 조사해보았다면 시장이 상승할 때 수익률이 좋았고, 시장이 하락할 때는 수익률이 나빴을 확률이 높다. 대부분의 사람들이 시장이 하락할 때 자신들도 손해를 보는 정도의 능력밖에 가지고 있지 못하다는 것은 슬픈 일이다.

이런 찬반의견 외에도 펀드와 관련해서는 논의할 것들이 많다. 사람들이 내리는 결정은 미래의 재정문제에 큰 영향을 미친다. 나는 우리가 지금까지 살펴본 문제들이 재무상담사와 솔직한 토론을 하게 해주고, 금융 교육에 대해 진지하게 생각할 수 있는 기회를 제공할 것이라고 확신한다.

앤디가 설명한 것처럼 뮤추얼펀드, 은행 그리고 연금회사들은 B와 I사분면에 속한 사람들이 투자에 사용하는 자금을 제공해주는 역할을 할 뿐이다. 금융 교육을 받지 않은 사람들에게 뮤추얼펀드는 모순적인 의미를 담고 있다. 일방적으로 유리한 펀드이지 말 그대로 서로에게 이득이 되는mutual 펀드가 아니기 때문이다.

분산된 포트폴리오는 정말 위험하지 않을까

대부분의 사람들은 분산된 투자를 하지 못하고 있다. 분산된 포트폴리오가 아니라 덜 악화된de-worsified 포트폴리오다. 투자세계의 4가지 기본적인 자산 종류는 아래 재무제표에 표시된 것과 같다.

손익계산서

수입
지출

대차대조표

자산 기업 부동산 금융자산 상품	부채

대부분의 사람들은 분산된 포트폴리오를 가지고 있다고 생각하지만, 사실은 금융자산이라는 한 종류에 집중하고 있기 때문에 포트폴리오가 다변화되어 있지 않다. 금융자산에는 주식, 채권, 뮤추얼펀드, 상장지수펀드, 보험, 저축 등이 포함된다. 다시 말하지만 이것은 분산된 것이 아니다. 다양한 종류의 주식, 채권, 기타 금융자산의 바스켓으로 구성된 뮤추얼펀드는 기본적으로 분산돼 있다. 따라서 개인이 여러 개의 뮤추얼펀드로 다변화된 포트폴리오를 가지고 있다고 해도 이것은 분산투자가 될 수 없다.

지난 2007년처럼 주식시장이 폭락하는 경우, 대부분의 금융자산도 모두 똑같이 폭락한다. 워런 버핏의 뮤추얼펀드도 폭락장을 피해갈 수 없었다. 버핏 자신도 "분산은 무지에 대한 보호책이다. 자신이 하는 일을 잘 알고 있는 사람들에게 분산투자는 의미가 없다"라고 말했다.

주식전문가이자 매우 영리한 투자가인 짐 크레이머Jim Cramer는 자신이 진행하는 CNBC TV 프로그램에서 "나는 분산투자를 하고 있는가?"라는 코너를 진행하고 있다. 방송 시간에 시청자들은 전화를 걸어 자신들이 보유하고 있는 종목에 대해 짐 크레이머와 상담을 한다.

예를 들어 한 시청자는 "나는 지금 엑손, IBM, 프록터 앤드 갬블Procter and Gamble 그리고 뱅크 오브 아메리카 주식을 가지고 있다. 또 이머징마켓펀드EMF, 머니마켓 펀드MMF, 금 상장지수 펀드, 채권펀드, 리츠REITs, S&P 500인덱스 펀드를 가지고 있는데 조금 전에 대기업 배당주를 샀습니다. 과연 내가 분산투자를 하고 있는 것인가요?"라고 물어보기도 한다. 짐 크레이머는 시청자의 분산된 포트폴리오를 분석해준다.

위에 언급한 시청자의 포트폴리오는 전혀 분산되지 않았다. 조금 덜 나빠진less worse 것이지 분산된 것은 아니다. 한 종류의 자산, 즉 금융자산에 집중돼 있기 때문이다.

주식시장이 붕괴하면 이런 종류의 분산투자는 투자자를 보호해주지 못한다. 1929년이나 2007년처럼 주식시장이 폭락하면 수 년 동안 시장이 회복하지 못할지도 모른다. 이렇게 되면 자본이득을 추구하는 투자자의 포트폴리오는 큰 손실을 보게 된다.

현재 뮤추얼펀드 회사는 상장기업보다 많다. 이것은 분산투자가 얼마나 말도 안 되는 것인지 잘 보여주고 있다. 2007년에 시장이 폭락하기 시작했을 때 모든 것이 폭락했다. 부동산도 마찬가지였다. 분산투자도 금융 교육을 받지 못한 수백만 명을 구하지 못했다. 대부분의 경우 분산된 포트폴리오는 모순된 용어다. 분산된 포트폴리오는 분산이 아니라 조금 덜 나쁜 포트폴리오일 뿐이다. 조금 덜 나쁘지만 less worse 덜 위험한less risky 포트폴리오는 아니다.

자주 묻는 질문 ── 금융 교육을 받지 못한 투자자들은 왜 큰 손실을 보는가?

간단한 답변 ── 보험을 들지 않고 투자하기 때문이다.

설명 ── 당신은 자동차 보험에 가입하지 않고 운전하지 않는다. 집을 사도 보험에 가입한다. 하지만 대부분의 투자자들은 보험 없이 투자를 한다. 따라서 주식시장이 폭락했을 때 투자자들은 큰 손실을 볼 수밖에 없다.

부동산에 투자할 때 나는 보험에 가입한다. 만일 건물이 화재로 소실되면 보험사가 손실을 보전해준다. 나는 수입에 대해서도 보험에 가입하고 있다. 최근 금융위기에서 가장 큰 손해를 본 사람들은 투자에 대한 보호 장치 없이 401(k)와 같은 퇴직연금에 투자한 사람들이었다. 이것은 무모한 것이 아니라 어리석은 것이다.

우리 모두는 시장이 또다시 하락하게 될 것이라는 사실을 알고 있다. 하지만 대부분의 투자자들은 보험 없이 투자를 하고 있다.

자주 묻는 질문 ⎯ 대공황은 얼마나 오래 지속됐는가?

간단한 답변 ⎯ 25년 동안 지속됐다.

설명 ⎯ 1929년에 다우지수는 사상 최고치인 381포인트를 기록했다. 다우지수가 다시 381포인트에 도달하는 데는 25년이 걸렸다.

이것이 자본이득에 투자하는 사람들의 문제점이다. 1980년에 1온스에 850달러를 주고 금을 사려고 몰려들었던 투자자들이 아직도 원금을 회복하지 못한 것도 같은 이유다. 또 분산된 금융자산 포트폴리오에 투자한 연금저축과 주택 가격의 상승(자본이득)에 노후를 의지하고 있는 베이비붐 세대들이 현재 어려움을 겪고 있는 것도 이런 이유 때문이다.

2007년 10월 9일 다우지수는 14,164포인트로 사상 최고치를 기록했다. 2009년 3월 9일에는 6,547포인트로 추락했다. 수백만 명의 투자자들이 수조 달러어치의 손실을 봤다. 자본이득에 투자한 투자자들이 손해를 복구하려면 얼마나 오랜 시간이 걸릴까? 현재 이들은 다우지수가 계속 오르기를 바라면서 기도하고 있을 것이다. 이것은 투자가 아니라 도박이다. 당신의 미래를 예측할 수 없는 시장의 오르내림에 맡긴다는 것은 매우 위험한 일이다.

나는 금융자산뿐만 아니라 다른 종류의 자산도 소유하고 있다. 예를 들어 나는 원유에 투자하지만 석유회사의 주식에는 투자하지 않는다. 대신 부동산에 투자하고 있다. 그러나 부동산 뮤추얼펀드인 부동산 투자신탁REITs, Real Estate Investment Trusts에는 투자하지 않는다. 나는 현금흐름, 무한수익률, 세금 혜택을 좋아한다. 그래서 나는 일반적으로 금융자산에 투자하지 않는다.

채권은 금융자산이다. 나는 채권에 투자하지 않는다. 대신 금리가 낮을 때 주택을 사기 위해 채권 발행으로 생긴 돈을 대출 받는다. 연방준비제도이사회와 중앙은행들이 돈을 찍어낼 때 나는 금과 은을 사들이고 저축은 하지 않는다. 은행들이 돈을 찍어내지 않으면 금과 은을 팔고 다시 돈을 저축할 것이다.

간단하게 정리하면 나는 주식, 채권, 뮤추얼펀드, 상장지수펀드와 같은 금융자산이 아니라 다른 종류의 자산을 소유함으로써 분산투자를 한다. 워런 버핏의 말처럼 분산은 무지로부터 보호하기 위한 것이다. 문제는 누구의 무지로부터 자신을 보호할 것인가다. 당신 자신이나 주식중개인 아니면 조금 덜 나쁜 포트폴리오를 판매하는 재무설계사들의 무지로부터 보호받아야 하는 것일까? 또는 집이 자산이고 부동산은 언제나 가치가 오른다고 말하는 당신의 부동산 중개인의 무지에 대한 보호책일까?

| TIP | 무추얼펀드에 대한 설명
뮤추얼펀드는 이미 분산돼 있다. 일반적으로 뮤추얼펀드는 주식, 채권 또는 다른 금융자산을 조합한 것이다.

개인이 다양한 뮤추얼펀드로 구성된 포트폴리오를 가지고 있을 경우, 이것은 서로 다른 뮤추얼펀드를 통해 같은 종류의 주식을 사는 것과 같다. 이것은 분산이 아니라 오히려 집중이다.

빚지지 않는다는 게 가능한가

어떤 사람이 "나는 부채가 없다. 내 집과 자동차 할부금을 모두 갚았고, 카드대금도 즉시 다 갚아버린다"라고 말하면 나는 빙그레 웃는다. 그들의 꿈을 방해하는 대신 축하한다고 말하면서 모순 속에서 살도록 그냥 내버려둔다. 사실 나는 "당신은 국가 부채가 얼마나 많은지 알고 있는가? 우리가 75조 달러 규모의 부채에 대한 이자와 원금을 지불하고 있는데 어떻게 당신이 부채 없이 살 수 있을까? 당신은 어떻게 그렇게 순진한가?"라고 말하고 싶다. 2010년에 미국 국민 1인당 부채규모는 17만 4,000달러였고, 1가구당 부채는 66만 5,000달러를 기록했다.

국민들의 몰락과 국가의 붕괴가 시작된다
2007년 서브프라임 사태는 비우량 채무자들이 소유한 과도한 부채 때문에 촉발됐다. 다음 경제위기는 비우량 국가들이 소유한 과도한 부채에 의해 발생할 것이다. 지금까지 세계는 포르투갈, 아일랜드, 이탈리아, 그리스, 스페인과 같은 경제 규모가 작은 국가들의 붕괴를 막기 위해 재정적으로 지원해왔다. 만일 독일이 그리스를 구제해주지 않았다면 연쇄적인 국가부도 사태가 발생했을 것이다.

세계 경제 대국 가운데 첫 번째로 부도가 날 국가는 일본이 될 확률이 높다. 왜 일본이 어려움을 겪고 있는 것일까? 부채 때문이다. 일본은 GDP 대비 부채비율이 세계 경제 대국 가운데 가장 높은 국가이다. 일본은 국민들의 교육 수준이 높고 열심히 일하는 단일민족국가로, 세계에서 가장 저축률이 높은 나라지만 국가 부채가 가장 많다. 이는 아이러니가 아닐 수 없다. 국민들의 훌륭한 근로의식과 높은 저축률에도 불구하고 일본 정부는 경제를 제대로 관리하지 못하고 있다.

미국의 정치 지도자들은 미국인들이 열심히 일해서 거대한 부채 문제를 해결하는 방법을 찾을 수 있을 것이라는 착각에서 벗어나지 못하고 있다. 그래서 미국인들은 더 열심히 일하고 더 많이 저축해야 한다. 이것이 오바마 대통령이 미국인 근로자들이 세계에서 가장 생산성이 높다고 말하는 이유다.

금융위기의 진짜 원인은 정치 지도자들과 금융계 리더들의 무능이지만, 오바마 대통령은 미국 근로자들이 경제를 구해주기를 바라고 있다. 열심히 일하고 근검절약하는 것이 미국 경제를 구해줄 것이라고 생각하는 것은 시간당 10달러를 받는 근로자가 열심히 일해서 200만 달러짜리 주택의 대출금을 갚고, 벤츠 승용차를 몰고 다니고, 아이들을 사립학교에 보내며 조기 은퇴를 위해 저축할 수 있다고 믿는 것과 같다. 수백만 명의 미국인, 일본인, 영국인, 유럽인 그리고 이들 국가의 정부들이 이런 환상 속에서 살고 있다. 만일 일본이 막대한 국가 부채를 갚지 못해 침몰한다면 세계가 부도날 것이다.

재정위기에 대처하는 우리의 자세

일본은 경제를 살리기 위해 부채를 활용하는 미국의 방식을 그대로 따라하고 있다. 이것은 신용카드의 이자를 지급하기 위해 다른 신용카드를 사용하는 이른바 돌려막기와 다를 것이 없다. 부동산 붐이 일어났을 때 수백만 명의 사람들이 신용카드 대금을 갚기 위해 집을 담보로 돈을 빌렸고 계속해서 카드를 사용했다. 경제 전체가 붕괴됐을 때 사람들은 집을 잃기 시작했다.

현재 서방 세계의 정치 지도자들은 부채 때문에 촉발된 위기를 해결하기 위해 다른 부채를 이용하는 어리석은 일을 저지르고 있다. 일본이 붕괴된다면 2015년이나 이보다 일찍 붕괴할 것이다. 일본 다음에는 영국, 유럽, 미국 그리고 중국이 붕괴될 것이다. 우리 모두는 이런 끔찍한 일이 일어나지 않기를 함께 기도해야 한다.

베이비붐 세대의 거품, 어떻게 해야 하나

사회보장과 의료보장을 받을 미국의 베이비붐 세대는 약 7,500만 명에 달한다. 일본, 영국, 프랑스, 독일의 베이비붐 세대들도 자신의 국가들이 지킬 수 없는 약속에 의지해야 한다는 동일한 문제를 가지고 있다. 만일 7,500만 명의 미국 베이비붐 세대들이 사회보장과 의료보장 비용으로 한 달에 1,000달러씩을 사용한다면, 미국 정부는 한 달에 75억 달러의 추가 지출을 부담해야 한다. 이를 감당하기 위해 돈을 찍어내고, 잔고가 없는 수표를 발행해야 할 것이다. 당신은 부채가 없지만 부채 없이 살아간다는 말이 모순인 이유가 바로 이 때문이다.

경제 붕괴가 다가오고 있다

자주 묻는 질문 ____ 경제 붕괴까지 얼마나 시간이 남았나?

간단한 답변 ____ 나는 이런 일이 발생하지 않기를 바란다. 하지만 만일 막대한 부채 때문에 경제대국들이 무너진다면 세계를 구할 사람은 누구일까? 일본이 망한다면 전 세계로 위기가 퍼져나갈 것이다.

설명 ____ 2010년에 일본의 국가 부채 비율은 GDP 대비 200퍼센트다. 미국의 GDP 대비 국가 부채는 58.9퍼센트지만 점점 증가하고 있고, 영국도 71퍼센트에 달한다.

> **| TIP |** GDP 대비 국가 부채 비율이란
>
> GDP 대비 국가 부채 비율은 국가의 총생산규모에 대한 국가의 부채를 비율로 나타낸 것으로, 부채를 갚을 수 있는 국가의 능력을 알려주는 지표다.

예를 들어 일본의 경우 GDP가 약 5조 달러인데, 국가 부채가 10조 달러에 이른다. 이것은 국민 1인당 75,000달러의 빚을 지고 있다는 이야기다. 일본의 GDP 대비 국가 부채 비율은 1년에 5만 달러를 버는 근로자 1명이 10만 달러의 빚을 지고 있는 것과 같다. 더 심각한 문제는 이 근로자가 다른 신용카드를 사용해 10만 달러의 신용카드 대금의 이자를 갚고 있다는 것이다. 이는 단지 부채만 늘리는 행위다. 아주 단순화시키면 GDP 대비 부채 비율은 한 국가의 신용등급이라고 할 수 있다.

자주 묻는 질문 —— 왜 부채가 계속 증가하는가?

간단한 답변 —— 국가도 사람과 같다. 수입보다 지출이 더 많고, 정부가 지킬 수 없는 약속을 하기 때문이다.

설명 —— 미국에서 가장 크게 증가하는 부채는 사회보장과 의료보장 프로그램이다.

자주 묻는 질문 —— 사회보장 프로그램은 민주당이 공약한 것인가 아니면 공화당의 공약인가?

간단한 답변 —— 민주당과 공화당 모두가 약속한 정책이다.

설명 —— 사회보장제도는 대공황 시기에 프랭클린 루스벨트 대통령의 민주당 행정부 때 만들어졌다. 의료보장제도는 민주당 소속인 린든 존슨Lyndon Johnson 대통령이 만들었다. 미국의 공적 의료보험인 의료보장제도는 A, B, C 세 종류로 구분되어 있는데, 의료보장 C는 공화당 소속인 조지 부시 대통령 정부에서 만들어졌고 현재 가장 부채 규모가 크다. 이것은 제약 산업에 수십억 달러의 선물을 준 것이었다.

자주 묻는 질문 —— 이런 상황을 정치 지도자들이 책임을 져야 하는가?

간단한 답변 —— 아니다. 국민들이 책임져야 한다.

설명 —— 정치가들은 선거에서 이기기 위해 어떤 말이든 하고 무책임한 약속을 할 것이다. 그들은 공직을 떠난 후에도 평생 동안 급여를 받고 의료보장 혜택을 누린다. 정치가들이 만들어놓은 지킬 수 없는 약속에 대한 대가를 지불하는 것은 유권자들이다.

자주 묻는 질문 —— 이런 상황이 얼마나 오래갈까?

간단한 답변 —— 오래가지 않을 것이다.

설명 —— 역사적으로 불환지폐는 살아남지 못했다. 미국 달러는 지난 40년 동안 구매력이 95퍼센트나 감소했다. 나머지 5퍼센트를 잃어버리는 데 그리 오랜 시간이 걸리지 않을 것이다. 현재 금융 시스템이 감내하기에는 부채가 너무 많다.

경제위기에서 우리가 해야 할 일 _____

자주 묻는 질문 —— 이 위기 속에서 내가 할 수 있는 일은 무엇일까?

간단한 답변 —— 위험을 줄이는 것이다

자주 묻는 질문 —— 어떻게 위험을 줄이는가?

간단한 답변 —— 통제권을 갖는 것이다.

설명 —— 위험의 반대말은 통제다. 예를 들어 당신 자동차의 브레이크가 고장났다면 당신은 차를 통제할 수 없어 위험이 그만큼 커진다.

자주 묻는 질문 —— 무엇을 통제해야 하는가?

간단한 답변 —— 당신의 교육이다.

설명 —— 학생일 때 우리는 교과목에 대한 선택권이나 누가 우리 선생님이 될 것인지에 대한 통제권이 없었다. 예를 들어 나는 뉴욕의 해양사관학교에서 3년 동안 미적분학을 배워야 했다. 내가 선생님께 왜 미적분을 배워야 하는지 물었을 때 그는 필수과목이기 때문이라고 말했다. "내가 3년 동안 배운 미적분을 실제 생활에서 얼마나 사용하게 될까요?"라고 물어보자 그는 "잘 모르겠다"고 답했다.

학교를 졸업한 지 40년이 지났지만 나는 학교에서 배운 미적분을 한 번도 사용해본 적이 없다. 자산을 관리하고 통제하는 데 필요한 것은 더하기, 빼기, 곱하기, 나누기와 같은 간단한 산수뿐이다. 당신이 로켓 과학자가 되고 싶다면 미적분을 배워야 한다. 하지만 단지 부자가 되고 싶다면 산수 정도면 충분하다. 나의 부자 아빠는 내가 자신처럼 되고 싶다면 다음 3가지를 배우라고 충고했다.

- 파는 방법(수입에 대한 통제)
- 부동산에 투자하는 방법(부채에 대한 통제)
- 기술적인 투자 방법(시장에 대한 통제)

B와 I사분면에 속하고 싶은 사람들에게 위의 3가지 교육은 매우 중요하다. 이를 통해 위험을 줄이고 B와 I사분면에 대한 통제력을 증가시킬 수 있기 때문이다.

자주 묻는 질문 ___ 기업가가 되고 싶다면 왜 영업이 중요한지 이해가 간다. 부동산에 투자하고 싶다면 장기적인 현금흐름을 만들기 위해 부채를 활용하는 것이 좋다는 것도 이해할 수 있다. 하지만 왜 기술적인 투자가 중요한가?

간단한 답변 ___ 과거와 현재 그리고 미래를 보기 위해 중요하다.

설명 ___ 기술적 투자자들은 과거 현재 그리고 가능하다면 미래를 예측하기 위해 사실에 근거한 도표를 활용한다. 아래 그래프는 지난 10년 동안 금 가격의 변동을 보여주는 것이다.

위 그래프에서 보는 것처럼 금은 지난 10년 동안 지속적으로 가격이 상승해왔다. 아래 도표는 2010년 4월부터 10월 초까지 금 가격의 변동을 나타낸 것이다.

이 도표는 금 가격이 당분간 더 오를 것이라는 사실을 보여준다. 이 도표는 정상을 거의 앞둔 등반가와 같다. 가장 가파른 부분이 아직 나타나지 않았다. 이것이 위의 금 가격 그래프가 나에게 들려주는 이야기다.

금을 좋아하지 않는 사람들이 이 도표를 본다면 거품이 터졌고, 가격이 곤두박질칠 것이라고 말할 것이다. 이것이 내가 은을 더 좋아하는 이유다. 은의 가격은 여전히 낮고 가난한 사람도 은을 살 수 있기 때문이다.

앞의 도표에서 본 것처럼 금 1온스의 가격은 1,400달러에 가까워지고 있고, 은 1온스는 30달러를 조금 넘는다. 금은 비축이 되고 있지만, 은은 소비돼 사라지고 있다. 앞으로 금과 은의 미래는 어떻게 될까? 나는 다음에 예시한 도표를 이용해 최근 미국 달러의 움직임을 관찰하고 지속적으로 금과 은을 사서 보유하려고 한다.

미국 달러 인덱스

경제 상황이 변하면 도표도 변한다. 이 때문에 기술적 분석에 대한 강의를 반드시 수강해야 한다. 도표들은 과거와 현재를 보여주고, 미래를 정확하게 예측할 수 있는 확률을 높여준다. 도표는 위험을 줄여주고, 보상을 증대시켜준다. 그래서 부자 아빠는 기술적 분석에 대한 강의를 들으라고 충고했다. 도표들은 의견이 아닌 사실에 근거해 작성되기 때문이다.

나의 부자 아빠는 나에게 영업 방법과 부동산에 투자하는 방법 그리고 기술적 분석을 배우라고 말했다. 다음의 재무제표를 보면 E/S사분면과 B/I사분면 간의 차이를 알게 될 것이다. 각 사분면마다 필요한 교육이 서로 다르다.

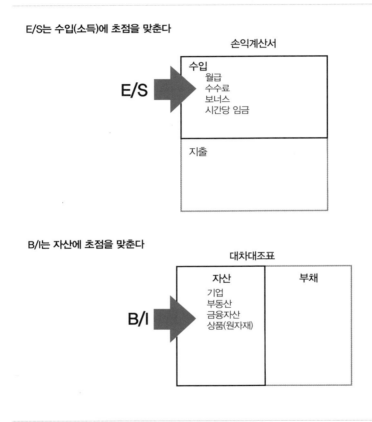

E/S는 수입(소득)에 초점을 맞춘다

손익계산서

E/S

| 수입 |
| 월급 |
| 수수료 |
| 보너스 |
| 시간당 임금 |

지출

B/I는 자산에 초점을 맞춘다

대차대조표

B/I

자산	부채
기업	
부동산	
금융자산	
상품(원자재)	

E와 S사분면 사람들은 자산 항목에 대해서만 제한된 금융 교육을 받기 때문에 투자가 위험하다고 믿고 있다. 올바른 금융 교육을 받지

않은 것이 위험한 것일 뿐 투자는 절대 위험하지 않다.

4가지 자산의 종류 파악하기

어렸을 때 나의 부자 아빠는 4가지 자산의 종류에 대해 가르쳐주었다. 그는 자산의 종류에 대해 더 많이 알수록 통제력이 높아지고 위험은 낮아진다고 말했다. 아래 그림의 자산항목에는 기본적인 4가지의 기본적인 자산 종류가 나타나 있다.

대차대조표

자산	부채
기업 부동산 금융자산 상품(원자재)	

4가지 종류의 자산을 관리하기 위해서는 판매하는 능력, 즉 영업능력과 부채를 관리하는 능력 그리고 시장의 흐름을 분석하는 능력이 모두 필요하다.

자산 수업 1. 기업

세계 최고의 부자들은 마이크로소프트의 빌 게이츠와 애플의 스티브 잡스, 버진의 리처드 브랜슨 그리고 구글의 세르게이 브린과 같은 기업가들이다. 이들은 모두 영업 능력을 가지고 있다. 대부분의 기업들이 실패하는 것은 기업가들이 영업 능력을 가지고 있지 못하기 때문이다.

부자 아빠는 나에게 부자가 되는 방법 중 하나로 영업력을 키워야 한다고 말했다. 1974년에 영업 교육 분야에서는 IBM과 제록스가 최고였다. 나는 제록스에 취직을 했고 집중적인 영업 교육을 받기 위해 버지니아 주 리스버그Leesburg로 보내졌다. 내가 제록스에서 최고의 영업 사원이 되는 데는 4년이 걸렸다.

나는 어릴 때부터 글을 잘 쓰지 못했기 때문에 영어 성적이 좋지 않았다. 나는 지금도 글을 잘 쓰지 못한다. 하지만 부자 아빠의 말처럼 나는 글을 가장 잘 쓰는 작가가 아니라 가장 많이 팔리는 책을 쓰는 저자다. 부자 아빠는 "판매는 수입과 마찬가지"라고 자주 말했다. 더 많은 수입을 원하면 영업 방법을 배워라.

자산 수업 2. 부동산

부동산은 부채를 통제하는 능력과 건물과 세입자를 관리하는 능력을 요구한다. 1973년에 나는 생애 최초의 부동산 강의를 들었다. 현재 우리 부부는 수천만 달러의 빚을 지고 있다. 하지만 이 부채들은 수백만 달러의 소득을 만들어내고 있다. 대부분이 세금을 내지 않는 소득이다. 지난해 은행들이 금리를 인하했기 때문에 우리의 주택담보대출의 이자가 줄면서 수입이 증가했다. 부채와 세금이 투자자를 더 부자로 만들어주기 때문에 부동산은 매우 훌륭한 자산이라고 할 수 있다.

자산 수업 3. 금융자산

나와 아내는 통제가 거의 불가능한 금융자산에 투자하지 않는다. 주식과 채권, 뮤추얼펀드에 투자를 하는 투자자들은 수입, 비용, 부채에 대한 통제권을 거의 갖지 못한다.

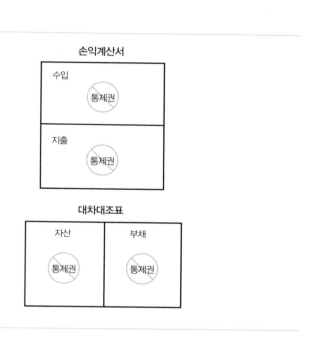

자산 수업 4. 상품(원자재)

금화와 은화를 사는 데는 금융 교육이 필요 없다. 하지만 자산의 종류에 대해서는 알고 있어야 한다. 금과 은의 가격도 오르내린다. 또 금이나 은 투자 사업 분야에는 사기꾼들이 많다. 특히 요즘처럼 금과 은의 가격이 오를 경우 더욱 조심해야 한다.

자산에 대한 통제권을 가져라

자주 묻는 질문 ___ 내가 투자하기에 가장 좋은 자산은 무엇인가?

간단한 답변 ___ 당신이 가장 관심을 가지고 있는 자산이다.

설명 ___ 기업가들이 가장 부자라는 사실을 명심하라. 하지만 기업을 운영하려면 가장 높은 수준의 금융 교육을 받아야 한다. 부동산은 두 번째로 높은 수준의 금융 교육을 받아야 한다. 금융자산은 투자를 시작하기 쉽지만 가장 위험하다. 금과 은 같은 상품이나 상품 투자는 가장 낮은 수준의 금융 교육을 요구하지만 그렇다고 위험이 없는 것은 아니다.

자주 묻는 질문 ___ 가장 많은 사람들이 투자하는 자산은 무엇인가?

간단한 답변 ___ 금융자산이다.

설명 ___ 금융자산은 가장 유동성이 높다. 그래서 쉽게 투자하고 쉽게 빠져나올 수 있다. 금융자산에 대한 투자는 최소의 금융 교육을 요구한다. 판매능력도 필요 없고 관리능력도 필요 없다. 단지 인터넷에 접속하거나 중개인에게 전화를 걸어 "A주식 100주와 B주식 100주를 매수해주세요"라고 요청하면 된다. 금융자산을 사고파는 것은 훈련받은 원숭이도 할 수 있다.

자주 묻는 질문 —— 당신은 왜 금융자산에 더 투자하지 않는가?

간단한 답변 —— 내가 충분한 통제력을 가질 수 없기 때문이다.

설명 —— 기업가로서 나는 수입, 비용, 자산 그리고 부채에 대한 통제권을 원한다. 예를 들면 내가 마이크로소프트에 투자한다고 해도 빌게이츠는 나의 전화를 받지 않을 것이다. 내가 회사의 비용이 너무 많다거나 적다고 생각해도 그는 전혀 신경 쓰지 않는다.

그러나 내가 원유에 투자하면 사장은 나의 전화를 받을 것이다. 내가 부동산에 투자하면 켄 맥엘로이나 나의 관리인에게 전화를 할 수 있다. 내가 기업체를 운영하면 세계 각국에 있는 사무실의 직원에게 전화를 걸어 사업을 협의할 수 있다. 이것이 내가 말하는 통제권이다. 그렇다고 금융자산이 나쁜 투자 상품이라는 의미는 아니다. 금융자산은 소수의 사람들을 부자로 만들 수 있다. 금융자산은 또 정부의 법에 따라 주식에 투자한 똑똑하지 못한 수백만 명이 수조 달러를 잃게 만들 수도 있다. 401(k)와 같은 퇴직연금법을 만든 것은 미국 정부임을 잊지 마라.

1974년에 미국 정부는 종업원퇴직소득보장법Employee Retirement Income Security Act을 통과시켰다. 이 법은 실제로 401(k)로 알려져 있다. 기업들은 더 이상 종업원들을 평생 고용할 생각이 없다. 종업원들의 인건비가 너무 비싸 미국이 저임금 국가들과 경쟁할 수가 없기 때문이다. 금융 교육을 전혀 받지 못한 전 세계 근로자들은 투자자가 되도록 강요받았다. 근로자들이 투자자로 변하자 재무설계사들이 넘쳐났다. 이것은 한 무리의 사자들에게 양떼를 던져주는 것과 같았다.

많은 선생님들과 간호원, 계산대 직원 그리고 보험 영업사원들이 재무설계사로 직업을 바꿨다. 문제는 대부분의 재무설계사들이 I사분면이 아니라 S사분면에서 금융 교육을 받았다는 것이다.

객관적으로 말하면 나는 매우 능력 있고 똑똑하고 헌신적인 재무설계사들을 만난 적이 있다. 하지만 이런 능력 있는 설계사들은 소수에 불과하다. 이들은 금융자산을 어떻게 판매하는지 알고 있었다. 사실 대부분의 재무설계사들은 자기 회사의 금융상품만을 판다. 다른 자산을 판매해서는 돈을 벌 수 없기 때문에 대부분은 부동산이나 원유, 세금, 부채, 기술적 분석 그리고 금의 가격이 왜 오르는지에 대해 잘 알지 못한다.

좋은 조언과 나쁜 조언을 구별하기 위해서 금융 교육은 필수적이다. 재무설계사가 나에게 손해를 끼쳤다면 나는 그를 탓하지 않을 것이다. 내 자신을 돌아보고 내가 금융 교육을 더 많이 받음으로써 위험을 줄이려고 노력했는지 스스로에게 물어볼 것이다. 세상에는 정말 끔찍하고 멍청한 재무설계사들도 많다. 하지만 당신이 좋은 충고와 나쁜 충고를 구별하지 못한다면 어떤 종류의 조언도 소용이 없을 것이다.

자주 묻는 질문 —— 어떻게 해야 개인이 돈을 벌고 금융자산의 위험을 줄일 수 있는가?

간단한 답변 —— 수영장의 얕은 곳에서부터 시작하라. 수업을 듣고 연습하라.

설명 —— 투자 세계에는 언제나 전문가와 아마추어들이 있다. 주식시장은 전문가들에게 훌륭한 곳이다. 상어들이 있는 깊은 바다에서 노는 아마추어들이 너무도 많기 때문이다.

나는 금융자산에 대해서는 잘 모른다. 그래서 앤디가 금융자산의 세계에 대해 설명하도록 할 것이다. 그는 금융자산 투자에 능통한 훌륭한 선생님이다.

앤디 태너의 자세한 설명 —— 금융자산에 관한 한 아마추어와 전문 투자자들 사이의 가장 큰 차이는, 어떻게 수입을 발생시키는가와 어떻게 위험을 관리하는가다. 이 2가지 가운데 더 쉬운 것이 위험관리다.

부동산 투자에서는 첫째도 위치, 둘째도 위치, 셋째도 위치가 중요하다. 금융자산에서는 분산투자가 가장 중요하다. 하지만 내 생각에는 부동산 투자든 금융자산 투자든 가장 중요한 것은 현금흐름이다.

금융 교육을 제대로 받지 못한 사람들은 매수 종목을 분산함으로써 위험을 관리하는 경향이 높다. 이런 종류의 분산은 상승종목이 하락종목보다 더 많기를 바라는 희망에 불과하다. 하지만 전문가들은 계약을 통해 위험을 관리한다. 이런 계약에는 비용이 들지만 이를 통해 투자자들은 약간의 통제권을 얻게 된다. 카트리나와 같은 허리케인을 통제할 수 없지만, 내가 침수피해보상계약을 맺으면 허리케인과 관련된 위험을 어느 정도 통제할 수 있다.

예를 들어 한 투자자는 자신의 돈을 여러 종류의 주식에 투자한다. 그리고 상승종목이 하락종목보다 더 많아지기를 바란다. 또 다른 투자자는 주가가 아무리 떨어지더라도 정해진 가격에 주식을 팔 수 있는 권리를 주는 계약을 매수할 것이다. 이런 기능을 하는 계약 가운데 하나가 바로 풋옵션put option이다.

금융자산에서 수입을 얻는 것에 대한 논의가 조금 더 필요하다. 투자자는 '현금흐름을 만들어내는 것을 목표로 하는 투자'와 '자본이득을 목표로 하는 투자' 사이의 차이점을 배워야 한다. 나는 아마추어 투자자들은 자본이득에 더 많이 의존하는 반면, 전문 투자자들은 현금흐름을 추구하는 경향이 있다고 생각한다. 간단하게 말하면 아마추어들은 금융자산에서 자본이득을 통해 돈을 벌고 분산을 통해 위험을 관리한다. 반면 전문가들은 캐시플로 전략을 이용해 돈을 벌고 계약을 통해 위험을 관리한다.

금융자산을 보호하기 위한 보험

지난 2007년에 벌어진 주식시장의 붕괴는 나를 매우 혼란스럽게 만들었다. 수백만 명의 투자자들이 장기적으로 주식시장이 상승할 것이고, 분산이 손실에 대한 보험이라고 믿고 있다는 사실을 알고 있었기 때문이다. 설상가상으로 2010년에 보험을 들지 않은 투자자들이 주가가 오르기를 바라면서 주식시장에 다시 뛰어들었다. 전문 투자자들은 주식시장에서도 보험을 들고 투자한다.

이번에도 앤디가 금융자산을 보호하기 위해 어떻게 보험을 이용하는지에 대해 설명하도록 하겠다.

앤디 태너의 자세한 설명 ___ 정기적으로 나는 임대 부동산 보험에 가입한다. 세입자들이 화재를 내는 등 의도하지 않게 내 부동산에 손해를 끼칠 경우를 대비한 것이다. 이런 위험의 분산을 통해 관리한다고 상상해보라. 수많은 집을 사면서 화재나 사고에 대비하지 않는 사람들을 나는 이해할 수 없다.

나는 가치가 더 높은 재산을 보호하기 위해 상대적으로 적은 돈을 내는 계약을 좋아한다. 우리 대부분은 이런 계약을 보험이라고 부른다. 개인이 자동차 사고를 당했을 때 가장 먼저 받는 질문이 "자동차 보험에 가입돼 있는가?"다.

주식시장에서는 일반적으로 보험이라는 용어를 사용하지 않는다. 대신 '헤지hedge'라는 단어를 사용한다. 앞서 설명한 풋옵션과 같은 계약을 체결하는 방법으로 우리는 상대적으로 적은 돈을 내고 더 많은 금융자산을 보호할 수 있다. 많은 투자전문가들은 불확실성이 높은 시기나 연방은행의 부정적인 발표와 같은 자신들이 통제할 수 없는 상황에 직면했을 때 풋옵션을 매수한다. 상황이 더 위험할수록 계약의 단가는 비싸진다. 사실 이런 종류의 계약들은 투자자에게 시장 상황이 얼마나 위험한지에 대한 통찰력을 제공해준다.

이런 계약의 한 사례가 그리스, 포르투갈, 아일랜드, 그리고 스페인과 같은 국가들을 위한 신용부도스왑CDS, Credit Default Swaps이다. 채권자들은 이들 국가들에게 돈을 빌려주고 싶어하지 않는다. 몇몇 국가는 돈을 갚지만 다른 국가들은 부채를 갚지 못할 것을 알고 있기 때문이다. 채권자들은 국가부도에 대비해 자신들을 보호해줄 수 있는 계약을 원한다. 최근에 이런 계약들의 가격이 급등하는 현상이 나타나고 있는데, 이것은 이들 국가들의 상황이 점점 더 불안해지고 있다는 반증이다.

백만장자들만 헤지를 이용해 위험을 관리하는 것이 아니다. 약간의 교육만 받으면 누구나 손실로부터 자신을 보호할 수 있는 옵션 계약을 이용하는 방법을 배울 수 있다. 많은 사람들이 옵션시장이 너무 위험하다고 생각하는 것은 아이러니가 아닐 수 없다. 실제로 옵션을 사는 많은 사람들이 위험을 줄이기 위해서 옵션 거래를 한다. 전문가들은 대박을 꿈꾸는 투기보다는 헤지 수단으로 옵션을 활용한다.

나는 옵션에 투자한 돈을 100퍼센트 잃을 것으로 생각하고 옵션 계약을 매수한다. 임대 부동산 보험에 사용하는 돈과 옵션에 사용하는 돈의 의미가 크게 다르지 않다고 생각한다. 임대 부동산에서 발생하는 수입으로 보험료를 내듯이 금융자산에서 발생하는 수입이 옵션 비용을 충당해줄 것이기 때문이다.

금융자산으로 돈을 찍어내는 법

자주 묻는 질문 —— 금융자산으로 당신의 돈을 찍어낼 수 있는가? 투자에 대한 무한수익을 얻을 수 있는가?

간단한 답변 —— 그렇다.

설명 —— 이 분야의 전문가인 앤디가 설명하도록 하겠다.

앤디 태너의 자세한 설명 —— 우리는 주가가 이론적 숫자인 무한대까지 상승하는 것이 현실적으로 불가능하다는 것을 알고 있다. 하지만 주식시장에서 우리를 무한대의 위험에 노출시킬 수 있는 거래들을 대체할 수 있다. 이 가운데 하나가 공매도다.

공매도를 할 경우 주식 가격이 오르면 손해를 본다. 주가가 얼마나 오를지에 대한 한계가 없기 때문에 공매도는 무한대의 위험을 수반하는 거래로 여겨진다. 주가가 실제로 무한대로 상승하지 않지만, 손익 계산에서 무한대는 반드시 이해해야 하는 개념이다.

우리는 다음과 같은 방식으로 무한대를 이해할 수 있다. 우리가 투자한 돈이 제로에 가까워지면 그 투자에서 얻는 수익은 무한대에 가까워진다. 따라서 우리 돈이 전혀 들어가지 않는 부동산을 찾을 수 있다면 우리는 무한수익의 개념을 적용할 수 있다. 부동산 세계에서 부채가 당신을 부자로 만들어줄 수 있는 것도 바로 이 때문이다.

금융자산의 경우 우리는 부채를 이용하지 않고 무한수익을 얻을 수 있다. 금융자산의 장점들 가운데 하나가 투자 규모를 조정할 수 있는 능력이다. 금융 교육을 받은 사람들은 누구나 이런 형태의 투자를 할 수 있다. 다시 강조하지만 백만장자들만이 이런 투자 방법에 대해 배우는 것이 아니다.

기요사키가 돈을 찍어내는 방법에 대해 글을 써달라고 했을 때 나는 가장 쉬운 방법이 아주 작은 규모로(1,000주) 거래를 시작해 약 500~600달러 정도의 현금흐름을 만드는 것이라고 생각했다. 이것은 헤지펀드 매니저들이 사용하는 것과 같은 방식이지만, 직장을 제외하고 다른 곳에서 부수적인 수입을 원하는 사람들에게도 적용할 수 있는 투자 기법이다. 나는 몇 가지 그림과 앞에서 설명했던 헤지라는 개념을 이용해 설명할 것이다.

금융자산의 세계에서 투자자는 돈을 주고 계약을 사는 사람이 될 수도 있고, 돈을 받고 계약을 파는 사람이 될 수도 있다. 이것은 매우 단순한 개념이다. 매수자는 돈을 쓰고 매도자는 돈을 받는다. 기요사키는 기술적 분석에 대한 강좌의 중요성을 여러 차례 강조했다. 기술적 분석이란 시장의 상승과 하락을 살펴보는 전문가들의 용어다.

다음 그래프는 S&P500 지수의 상승과 하락을 보여주고 있다.

지수 1,000포인트에서 강력한 지지선이 형성돼 있기 때문에 투자자는 945포인트 수준에서 풋옵션을 파는 방식으로 약간의 돈을 찍어내려고 할지도 모른다. 하지만 우리는 이것을 "돈을 찍어낸다printing money"라고 하지 않고 대신 "옵션을 매도한다writing an option"라고 말한다.

이것은 옵션 계약을 산 매수자가 계약이 만료되기 전에 S&P 500 지수가 945포인트 밑으로 떨어질 것에 대비해 보험을 드는 것이다. 아래 재무제표를 보면 우리는 옵션 매도를 자산으로 기록하고 있다.

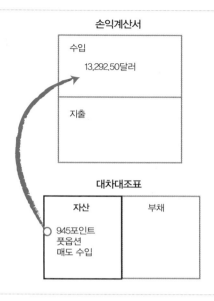

손익계산서

수입

13,292.50달러

지출

대차대조표

자산	부채
945포인트 풋옵션 매도 수입	

　　이 시점에서 "당신의 집은 자산이 아니다"라고 말한 것에 대해 많은 사람들이 기요사키를 비판했다는 사실에 주목할 필요가 있다. 나도 옵션을 자산 항목에 편입시킨 것에 대해 유사한 비판을 받을 것으로 예상하고 있다. 핵심은 옵션이 수입을 창출한다는 것이다.

　　아래의 표는 증권회사의 계좌 거래내역이다. 총비용이 0이고, 그래서 순수익도 옵션이 만기될 때까지 무한대(또는 미정)로 표시돼 있다는 점에 주목하라.

종목	거래형태	수량	개설일	주당비용	총비용	정산일	주당수익	총수익	순수익 ($)	순수익 (%)
SPX Oct 16 2010 945 Put	매도	1,000	8/25/10	$0.00	$0.00	10/18/10	$13.29	$13,252.50	$13,252.50	—

시장의 방향을 예측하는 것은 상당히 어려운 일일 수도 있다. 하지만 단기간에 변동 범위를 예측하는 것은—상승, 하락, 횡보—훨씬 쉽다는 것이 나의 개인적인 생각이다.

실제로 옵션 만기까지 시장이 어떻게 움직였는지 살펴보자.

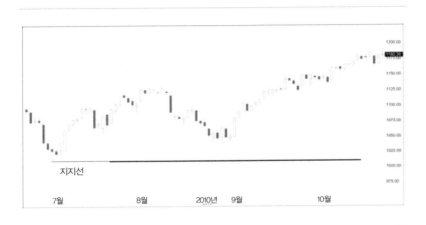

물론 우리가 보험에 가입한 사람들이라면 보험은 비용이 되고, 우리 집이 불에 타기 전까지는 수입을 발생시키지 않는다. 풋옵션의 경우도 마찬가지다. 옵션의 매도자가 되는 것이 전문 투자자들이 돈을 버는 일반적인 방법이다. 이것은 워런 버핏이 장기간에 주식시장에서 돈을 번 여러 방식 가운데 하나와 비슷하다.

어떤 사람들은 워런 버핏이 일부 파생상품을 '대량살상무기'라고 비판했기 때문에 이런 옵션거래에 반대하는 것으로 잘못 알고 있다. 그리고 실제로 금융 교육을 받지 못한 사람들에게 옵션거래는 대량살상무기가 될 수도 있다. 하지만 버핏은 실제로 옵션을 매도하는 방식으로 수십억 달러를 벌어들이고 있다. 통제권 행사가 거의 불가능한 금융자산에는 더 큰 위험이 존재한다. 따라서 투자자들은 위험을 회피하기 위해 많은 돈을 지불하는 경향이 있다.

사실 우리는 풋옵션을 매도해 얻은 수익을 위험을 통제하고 회피하기 위한 수단으로 풋옵션을 사는 데 사용할 수 있다. 그리고 여전히 플러스의 현금흐름을 유지할 수 있다. 이것을 그림으로 표시하면 다음과 같다.

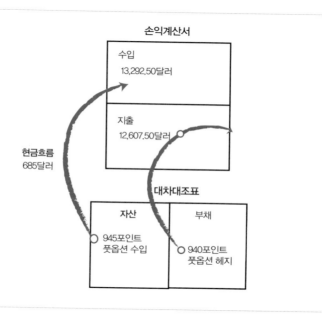

증권회사가 보내준 거래 내역을 보면 우리가 매도한 풋옵션에 대해서는 무한수익을 얻고, 우리가 매수한 풋옵션은 100퍼센트 손해를 본 것으로 기록돼 있다는 점을 주목하라. 집에 대한 보험료와 상당히

비슷하다는 것을 알 수 있다. 이런 거래를 처음 접하는 사람들은 많이 배워야 하는 것처럼 보일 것이다. 실제로 많은 것을 배워야 하지만, 지속적으로 금융 교육을 받는다면 누구나 이런 옵션거래를 할 수 있다.

종목	거래형태	수량	개설일	주당비용	총비용	정산일	주당수익	총수익	순수익 ($)	순수익 (%)
SPX Oct 16 2010 945 Put	매도	1,000	8/25/10	$0.00	$0.00	10/18/10	$13.29	$13,252.50	$13,252.50	–
SPX Oct 16 2010 945 Put	매수	1,000	8/25/10	$12.61	$12,607.50	10/18/10	$0.00	$0.00	–$12,607.50	100%

어렸을 때 나는 로빈후드를 좋아했다. 어른이 된 후에야 로빈후드가 도둑이라는 것을 알았다. 로빈후드는 "나는 부자들의 재물을 훔쳐 가난한 사람들에게 나누어준다"라고 말하면서 자신의 행동을 정당화했다. 오늘날 수백만 명의 사람들도 부자들의 재산을 훔쳐 가난한 사람들에게 주는 것은 괜찮다고 생각한다.

경제가 나빠지고 빈곤층이 증가하면서 더 많은 사람들이 로빈후드로 변할 것이다. 어떤 사람들은 주택을 침입하고, 차를 훔치고, 사람들을 납치하고, 은행을 터는 것과 같은 중범죄자가 될 것이다. 법정을 통해 당신의 재산을 빼앗아가는 사람들도 있을 것이다.

최근에 나는 법원에 출석해야만 했다. 지난 2005년에 나와 함께 비즈니스를 했던 한 동료가 내 재산의 60퍼센트가 자신의 것이라고 주장했다. 그의 주장은 근거가 없었지만 어쨌든 우리는 법원에 출석해야 했다. 2007년에 그는 승승장구했지만, 지금은 파산해서 돈을 버는 새로운 혁신적인 방법을 찾고 있다. 그래서 그는 로빈후드가 되었고 우리는 법정에 출석했다. 판사가 소송이 성립하지 않는다고 판결

한 후에도 그는 10만 달러에 합의를 요구하고 있다. 이 소송은 아직
도 끝나지 않았다.

자주 묻는 질문 ____ 어떻게 로빈후드로부터 나를 보호할 수 있는가?

간단한 답변 ____ 부자들의 법을 이용하라.

설명 ____ 자신의 재산을 지키기 위해서는 주택에 경보장치를 설치하
거나 보험을 가입하고 총을 사용하거나 개를 기르는 것 등 여러 가지
방법이 있다. 지난 수세기 동안 부자들은 기업이라는 법인을 통해 재
산을 지켜왔다. 법인이 어떻게 부자들의 재산을 보호해줄 수 있었는
지에 대해서는 나의 법률고문인 개럿 서턴Garrett Sutton이 알기 쉽게
설명해줄 것이다.

법률전문가 개럿 서턴의 자세한 설명 ____ 투자가 위험을 수반한다는 것을
알기 위해 굳이 법까지 공부해야 할 필요는 없다. 투자가 무한한 위험
을 동반해서 당신이 소유한 모든 것을 하루아침에 잃어버릴 가능성
이 있다면 투자자들이 줄어들 것이다. 하지만 위험을 피하고 자산의
일부를 보호할 수 있다면 더 많은 사람들이 투자하게 될 것이다.

　법인을 통한 투자자에 대한 보호는 1500년대 영국 왕실이 발부해
주는 기업설립허가서corporate charters에서 시작되었다. 부유층과 고관
대작들은 다른 사람들이 감당할 수 없는 위험을 감수할 수 있었고, 영
국 경제는 번창했다. 시간이 지나면서 정부는 유한책임회사라는 형식
을 통해 동일한 재산 보호 기회를 제공해야 한다는 사실을 깨닫게 되

었다.[1] 재산보호권의 확대로 세수가 크게 증가했다는 사실도 정부가 개인과 기업의 재산권 보호와 관련해 올바른 결정을 내리는 데 도움이 되었다.

현재 네바다, 와이오밍, 델라웨어와 같은 주들은 기업들이 선호하는 위험보호법을 제공하고 있으며, 주 정부도 이를 통해 상당한 재정수입을 올리고 있다. 이 가운데 정부와 기업 모두에게 가장 크게 도움이 된 것은 투자자들이 주 정부의 승인을 받은 유한회사를 통해 합법적으로 투자위험을 피할 수 있도록 허용한 것이다. 이 유한회사들은 경제가 성장하고 더 많은 세금을 확보할 수 있도록 해준다.

정부는 개인의 재산을 지킬 수 있는 기업 형태를 선택할 수 있도록 허용하면서 동시에 재산 보호가 어렵거나 불가능한 기업 형태에 대한 선택권도 부여하고 있다. 하지만 어떤 기업 형태를 선택하는 게 좋다고 알려주지는 않는 것은 역설적이다. 가부장적이고 보모처럼 국민들을 과보호하는 정부nanny state는 기업 형태 선택에 관여하지 않았다. 정부는 법인 선택에 대해 가르치거나 경고하지 않고 당신이 잘못된 결정을 내려도 그대로 둘 것이다.[2]

개인 회사나 합명 회사(사원 전체가 회사의 부채에 대해 연대 무한 책임을 지는 회사 – 옮긴이)는 소송으로부터 재산을 보호해주지 못하고 위험도 최소화시키지 못하는 잘못된 선택이다. 이런 법인 형태로는 사업을

---

1 왕실에 기업설립허가서를 요청하는 것은 시간이 많이 걸리고 실현 가능성이 별로 없어 보였다. 많은 군주들이 기업에 관심이 없었기 때문이다. 통치자들은 이런 사실을 분명하게 알고 있었다.

2 우리는 아마도 다음과 같은 정부의 경고를 읽어볼 준비가 되어 있지 않은 것 같다. (1) 법무부에 따르면 개인 기업은 즉각적인 손실 위험에 당신의 모든 재산을 노출시킬 수 있다. (2) 개인 기업은 기업 신용을 높이는 능력을 약화시키고 미래의 경제적 기회를 제한시킬 수도 있다.

할 수 없고 재산을 보호받을 수가 없다. 부자들은 이런 사실을 오래전부터 알고 있었다. 당신의 재무전문가가 개인 회사나 합명 회사를 권고한다면 부자들의 방식을 따르라. 즉 당신의 재산을 보호하는 방법을 알고 있는 새로운 다른 전문가를 고용하는 것이다.

네바다 주는 자산보호신탁에 관해서는 최고의 법률 시스템을 가지고 있다. 자산보호신탁에 2년 이상 맡겨진 자산들은 법원의 명령이 있어도 채권자들이 건드릴 수 없다. 예를 들어 설명하면 다음 그림과 같다.

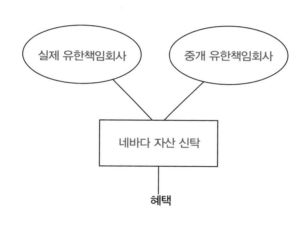

유한책임회사는 재산을 관리하고 보호할 수 있도록 해준다. 자산보호신탁은 더 높은 장벽을 세워서 채권자들로부터 신탁의 수혜자인 당신을 보호해준다. 자산보호계획을 세우는 과정에서 나의 고객들은 가끔씩 "정부나 국세청이 자산보호계획을 의심의 대상으로 보지 않을까?"라는 질문을 한다.

나의 대답은 우리가 첫 부분에서 살펴보았던 재산보호의 역사에 나와 있다. 정부는 각종 승인절차, 법, 세금을 통해 자산보호를 권장하고 있다. 정부는 부자와 다른 모든 사람들이 투자를 하고 위험을 감수하기를 바란다. 그리고 대신 세금을 확보한다. 그러니 정부가 원하는 것을—자신의 재산을 보호하는 것을—하라.

위험은 중대한 주제이기 때문에 길고 자세하게 설명했다. 위험을 증대시키는 모순된 용어들을 사용하지 않고 위험을 회피하는 것이 위험을 최소화하는 가장 좋은 방법은 아니다. 위험을 줄이는 최선의 방법은 통제권을 확보하는 것이다. 그리고 위험에 대한 통제는 금융 교육에서 시작된다. 더 많은 것을 알수록 인생과 돈 문제에 대해 더 많은 통제력을 갖게 된다.

위험은 실제로 존재한다. 우리 주위에는 사고, 실수 그리고 범죄들이 매일 발생한다. 부자가 더 부자가 되는 이유 가운데 하나는 직업 안정성, 저축, 안전한 투자, 뮤추얼펀드, 분산된 포트폴리오와 같은 위험을 키우는 모순을 믿지 않고 금융 교육에 대한 통제권을 가지고 있기 때문이다.

지금 우리 세계에서 위험은 증가하고 있다. 이는 불확실성과 관련이 깊다. 테러, 경제적 불확실성, 중국의 부상, 서구의 몰락과 함께 불확실성이 커지면서 위험도 증가할 것이다. 진정한 금융 교육은 당신에게 위험에 대한 더 많은 통제력을 제공해준다. 그리고 이런 위험에 대한 통제력이 바로 경쟁우위다.

보상

돈을 위해 일하지 마라

돈을 벌수록 손해를 보는 사람들 | 돈이 많다고 부자가 되는 것은 아니다 | 부자가 되기 위해 집중해
야 할 것 | 수입에 맞춰 살지 마라 | 보상의 법칙 3가지 | 복합적으로 배우고 또 배워라 | 더 많이 벌려
면 더 많이 주어라

5 : 장 >>>

자주 묻는 질문 ____ 돈을 위해 일하면 안 되는 이유가 무엇인가?

간단한 답변 ____ 돈이 더 이상 돈이 아니기 때문이다.

설명 ____ 구 시대의 경제 체제에서는 사람들이 열심히 일하고 평생을 즐길 만큼 충분한 돈을 저축할 수 있었다. 그리고 은퇴 이후에도 편안한 생활을 즐기기에 부족함이 없을 정도의 이자를 받았다. 하지만 경제위기 이후 새로운 경제 체제에서는 이자가 사상 최저치를 기록할 정도로 낮은 것은 물론, 정부가 수조 달러의 가짜 돈을 찍어내고 있다. 정부의 이런 조폐활동은 사람들의 노동과 저축의 구매력을 떨어뜨린다.

신 경제에서 가장 무서운 것은 수조 달러에 이르는 부채에 대한 복리 이자다. 나는 이것이 어떻게 지속가능한지 이해가 되지 않는다. 1980년대처럼 금리가 오르고 미국인들이 국가채무에 대한 이자를 감당할 수 없다고 선언하면 세계는 파산하게 될 것이다. 이런 일이 벌어지면 진짜 경제위기가 모습을 드러낼 것이다.

부채가 경제에 미치는 영향은 일본, 남미, 멕시코, 러시아, 아이슬란드, 그리스, 스페인, 이탈리아, 포르투갈, 아일랜드에서 이미 나타나고 있다. 미국, 영국 그리고 유럽도 곧 뒤를 따를 것이다.

돈을 벌수록 손해를 보는 사람들 _____

구 시대의 경제 체제에서 재무상담사들은 은퇴 대비와 관련해 다리가 3개 달린 의자 비유를 많이 사용했다. 첫째 다리는 개인 저축이고, 둘째 다리는 회사의 연금 그리고 셋째 다리는 사회보장제도였다. 다리가 3개인 의자는 제2차 세계대전 세대의 노후를 보장했지만, 수백만의 베이비붐 세대가 은퇴할 때까지 버티지 못할 것이다.

자주 묻는 질문 —— 내가 돈을 위해 일하면 어떻게 되나?

간단한 답변 —— 돈을 더 많이 벌수록 더 많이 손해를 본다.

설명 —— 돈을 위해 일하는 사람들은 다음 2가지를 경험하게 된다.

- 돈을 위해 일하는 사람들은 고된 일, 높은 세금, 부채 그리고 인플레이션의 순환 고리에 빠지게 될 것이다. 이들은 애완동물 가게에서 열심히 쳇바퀴를 돌리고 있는 다람쥐처럼 보일 것이다.
- 돈을 위해 일하는 사람들은 더 이상 일하지 않을 것이다. 대신 사람들은 "왜 더 열심히 일해야 하는가? 내가 돈을 더 많이 벌면 정부가 그만큼 더 많이 가져간다. 내가 성공할 수 없는데 왜 열심히 일해야 하는가?"라고 말할 것이다.

이것이 부자들이 돈을 위해 일하지 않는 이유다. 신 경제에서 개인은 자신들의 가짜 돈을 가능한 빠르고 안전하게 진짜 돈으로 바꾸는 방법을 알아야 한다.

그러기 위해서 정부가 원하는 것을 할 수 있도록 준비시켜주는 금융 교육을 받아야 한다. 종업원보다 종업원을 고용하는 기업가가 되고, 집을 사는 것이 아니라 집을 건설하고, 기름을 소비하는 것이 아니라 생산하고, 식품을 소비하는 대신 제조하는 사람이 되는 것이 정부가 원하는 것이다. 세계 모든 국가의 정부들은 생산자에게 보상을 해주지만, 돈을 위해 일하는 소비자들에게는 혜택을 베풀지 않는다.

돈이 많다고 부자가 되는 것은 아니다

나의 가난한 아빠는 1950년대에 한 달에 300달러, 1년에 3,600달러의 연봉을 받았다. 그러나 아빠의 월급은 6명의 가족을 부양하기에 빠듯했다. 그는 열심히 일했지만 늘 은행계좌에는 잔고가 부족했고, 수입보다 지출이 많아 우리 가족은 어려움을 겪었다. 나의 가난한 아빠는 출세를 할 수 없었고, 그래서 학교로 돌아가 급여를 더 많이 받을 수 있는 학위를 땄다.

1960년대 그는 하와이 교육계에서 승승장구하면서 승진을 거듭했다. 1968년에 가난한 아빠는 하와이 주 교육감이 되었고, 65,000달러의 연봉을 받았다. 당시에 65,000달러는 상당히 큰돈이었다. 연봉은 많아졌지만 그는 여전히 가난했다. 그는 고급 주택가에 비싼 집을 샀고, 새로운 자동차를 몰고 다녔으며, 등록금이 비싼 사립대학에 아이들을 보냈다. 그의 소득은 늘었지만 생활비 지출도 함께 늘었다. 그래서 약간의 저축 외에는 자산이 없었다.

1970년대 초에 가난한 아빠는 하와이 주 부지사로 출마했고 선거에 패배했다. 50대 중반에 그는 실업자가 되었고 더 가난해졌다. 사회보장제도와 연금이 없었다면 나의 가난한 아빠는 극빈자가 되었을 것이다.

1971년에 미국 달러화가 금본위제도를 폐지했을 때, 세계 경제사에서 가장 큰 경제 호황이 시작되었다. 하지만 나의 가난한 아빠는 이런 호황에 편승하지 못했다. 그는 교육학 박사학위를 가지고 있었지만 그의 교육은 현실 세계의 돈 문제와는 관련이 없었다. 그는 E와 S 사분면의 시각으로 세계를 보았고, B와 I사분면에 대해서는 아무것도 몰랐다.

친구들이 부자가 되자 가난한 아빠는 화가 났다. 그의 분노는 더욱 커졌고 그래서 부자들은 욕심쟁이라는 믿음도 함께 커졌다. 오늘날 수백만 명의 사람들이 나의 가난한 아빠와 같은 운명에 처해 있다. 이 가운데 상당수가 교육 수준이 높고 열심히 일하지만 경제위기 과정에서 성공하지 못하고 뒤떨어졌다. 이들은 돈을 위해 일하고 저축을 하기 때문에 낙오자가 되고 있다.

부자가 되기 위해 집중해야 할 것

우리는 세계 각국이 돈을 찍어내고 있다는 사실을 알고 있다. 경기가 좋을 때나 나쁠 때나 계속 돈을 찍어낸다. 그렇다면 얼마나 많은 돈이 발행되고 있을까? 미국이 수조 달러의 돈을 찍어내고 있다면 다른 국가들은 얼마나 많은 돈을 찍어내고 있을까? 찍어낸 수조 달러의 돈이 나와 어떤 관계가 있을까? 수조 달러의 돈이 나를 부자로 만들까 아니면 더 가난하게 만들까?

지난 몇 년 동안의 금융 혼란 때문에 하이퍼인플레이션이 온다면 더 많은 백만장자와 억만장자 그리고 심지어 조만장자가 생겨날 것이다. 당신도 이들 가운데 한 사람이 될지도 모른다. 이런 용감한 신세계의 조만장자들이 빈털터리라는 것은 아이러니가 아닐 수 없다.

예를 들어 당신이 오늘 당장 짐바브웨로 이사를 가면 짐바브웨 달러 기준으로 조만장자가 될 것이다. 조만장자가 되고 싶다면 인터넷에 접속해 1조 달러짜리 짐바브웨 지폐를 사면 된다. 그리고 당신의 친구들에게 "내가 조만장자가 됐다"고 말할 수 있다. 당신은 조만장자가 되었을지 모르지만 여전히 무일푼이다.

나는 지갑에 100조짜리 짐바브웨 지폐를 가지고 다닌다. 아라비아 숫자로 표시하면 100,000,000,000,000이다. 짐바브웨에서 100조 달러로 살 수 있는 것은 계란 3개가 고작이다. 그것도 세일할 때만 살 수 있다.

돈이 넘쳐나는 것이 새로운 경제의 함정이다. 미국 경제에 수조 달러가 풀렸지만, 수백만 명의 미국인들은 빈털터리이거나 머지않아 빈털터리가 될 것이다.

자주 묻는 질문 —— 부자들이 돈을 위해 일하지 않는다면 무엇을 위해 일하는가?

간단한 답변 —— 부자들은 호경기나 불경기와 상관없이 현금흐름을 만들어내는 '자산'을 위해 일한다.

설명 —— 은행에 저축하거나 금융자산에 투자하는 퇴직연금에 가입하는 것보다 종이돈을 진짜 자산으로 바꾸어놓아야 한다. 가치를 보유하고 현금흐름을 만들어내고 세금 혜택을 받을 수 있어야 진짜 자산이다.

자주 묻는 질문 —— 당신의 자산이 안전하다고 어떻게 확신하는가?

간단한 답변 —— 나의 자산은 경기가 좋을 때나 좋지 않을 때나 현금흐름을 만들어내고, 세금 혜택까지 받게 해주기 때문이다.

설명 —— 역사를 보면 다양한 종류의 종이돈이 나타났다 사라졌다. 독립전쟁 시기에는 대륙화폐가 있었고, 남북전쟁 때는 남부연합화폐가 있었다. 2가지 화폐는 모두 사라졌지만 사람들이 일하고, 상품을 사고팔고, 거래하는 경제는 여전히 존재한다. 다시 말해 돈은 가치가 없어졌지만 경제는 계속 움직인다는 것이다.

많은 사람들이 금융위기가 일어나는 동안에 부자가 되었다. 훌륭한 자산을 헐값에 구할 수 있었기 때문이다. 문제는 나의 가난한 아빠처럼 직장에 취직하도록 훈련받는 사람들은 자산과 부채의 차이를 알수 없다는 것이었다.

나는 경제가 움직이는 데 없어서는 안 되는 자산들에만 투자한다. 내가 아파트에 투자하는 이유는 사람들에게는 누구나 살 집이 필요하기 때문이다. 대부분의 사람들은 다리 아래에서 살기보다 집세를 내고 안락한 집에서 살고 싶어한다. 정부는 또 돈이 없는 사람들을 위해 월세 보조금을 지급하고 있다.

경제가 붕괴하면 정부는 돈을 찍어서 아파트 주인들에게 줄 것이다. 이렇게 정부가 마구 찍어낸 돈으로 나는 수백만 달러에 달하는 부채를 갚을 것이다. 경제가 붕괴하면 정부는 수백만 명의 사람들이 길거리로 내몰리는 것을 막아야 하므로 내가 빚을 갚는 것을 도와줄 것이다.

나는 세계를 따뜻하게 만들고 경제를 움직이는 원유에도 투자한다. 그리고 금과 은에도 투자한다. 정부가 돈을 찍어내도 금과 은은 내재적 가치를 계속 보유하고 있기 때문이다.

경제를 움직이는 데 반드시 필요한 자산들에는 여러 종류가 있다. 당신이 관심을 갖고 있는 자산을 찾아보라.

자주 묻는 질문 —— 경제에 중요한 것이 무엇인지 어떻게 아는가?

간단한 답변 —— 재무제표, 특히 지출 항목을 살펴보라.

설명 —— 개인의 재무제표를 살펴보면 개인의 경제에 중요한 것이 무엇인지 알 수 있다. 개인들의 경제는 사람들이 무엇에 돈을 쓰는지 알려준다. 예를 들면 다음과 같다.

손익계산서

수입

지출
세금 : 감옥에 가지 않으려면 세금을 내야 한다.
주거지 : 비와 바람을 막아주는 살 곳이 필요하다.
음식 : 음식이 없으면 사람을 잡아먹을 것이다
연료 : 이동과 난방에 필요하다.
의류 : 옷을 입어야 그럴듯해 보인다.
소통 : 휴대전화
교통 : 사람들은 출근해야 한다.
오락 : 취미, 영화, TV 등
교육 : 경제적 생존을 위해 필요하다.

나의 자산 항목은 다음과 같다.

대차대조표

자산	부채
교육회사 아파트 5개의 코스를 갖춘 골프장 상업용 빌딩 원유 지적 재산권 금과 은 태양광 사업	

자주 묻는 질문 ___ 재무제표만을 보고 부자와 가난한 사람을 구별할 수 있는가?

간단한 답변 ___ 그렇다.

설명 ___ 은행이 당신에게 재무제표를 요구하는 이유도 재무제표로 부자와 가난한 사람을 구별할 수 있기 때문이다. 재무제표를 보면 그 사람에게 무엇이 중요한지 알 수 있다. 또 그 사람의 미래를 예측할 수 있다.

가난한 사람들은 집세를 내고, 음식과 휘발유 그리고 옷을 살 정도의 돈을 번다. 그들이 얼마나 많이 돈을 버는지는 중요하지 않다. 중요한 것은 가난한 사람들의 생각이다. 돈을 많이 버는 사람들은 많지만 모두 번 돈을 지출로 사용한다. 가난한 사람들은 돈을 많이 벌더라도 매달 받는 월급에 의존한다. 이들은 현재를 위해 살기 때문에 미래가 없다.

중산층은 라이프 스타일을 개선시켜주는 부채를 원한다. 중산층의 라이프 스타일 관점에서 보면 부자처럼 보이는 것이 부자가 되는 것보다 중요하다. 더 큰 집과 차, 좋은 음식, 휴가, 교육 그리고 사치품들을 원한다. 이 모든 것을 빚으로 지불한다. 중산층은 버는 것보다 더 많은 돈을 지출하면서 점점 빚더미 속으로 빠져든다. 아파트를 사기보다 더 좋은 학군이 있는 비싼 지역에 아파트를 임대한다. 강의를 듣고 자신의 재산을 관리하는 방법을 배우는 대신, 인생을 즐기기 때문에 투자를 하더라도 자신들의 돈을 재무설계사에게 맡긴다.

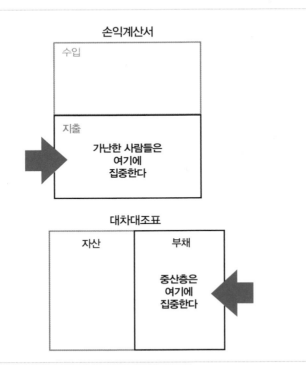

부자들은 자산에 먼저 집중하면 지출과 부채가 관리된다는 사실을 알고 있다. 새로운 경제 체제에서 돈을 자산에 투자하거나 현금흐름을 만드는 자산으로 바꾸지 않는다면, 당신은 평생 돈을 위해 열심히 일하게 될 것이다.

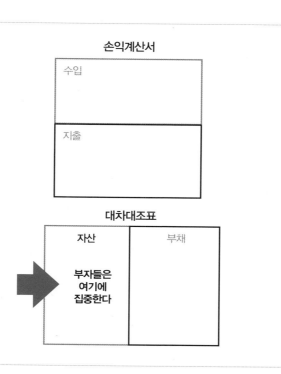

수입에 맞춰 살지 마라

대부분의 재무상담사들은 수입에 맞춰 살라고 조언한다. 가난한 사람들이나 중산층에게는 훌륭한 조언이다. 하지만 부자가 되고 싶은 사람들에게는 그렇지 않다. 나와 아내는 수입에 맞춰 살지 않는다. 우리는 수입의 범위에서 사는 것이 우리를 의기소침하게 만든다고 믿고 있다. 따라서 수입에 맞춰 살기보다 교육과 자산에 투자한다.

예를 들면 우리 부부는 리치대드컴퍼니를 세우기 위해 거의 모든 주말을 비즈니스 수업을 듣는 데 투자했다. 우리 부부는 부동산이나 기업의 기술적 분석 그리고 상품 분야에 대해서도 함께 공부했다. 우리 부부는 새 자동차나 별장과 같은 새로운 부채를 원할 때마다 자산을 확보하거나 개발한다. 이런 자산들이 새로운 부채 비용을 충당해 줄 것이다.

금융위기가 한창이던 1년 전에 나는 새로운 페라리 스포츠카를 사고 싶었다. 내가 아내에게 페라리를 사고 싶다고 말했을 때, 그녀는 "안 돼요. 너무 비싸서 살 수가 없어요"라고 말하지 않았다. 또 "람보르기니, 포르쉐, 벤틀리 그리고 포드 트럭이 있는데 왜 새 페라리가 필요한가요? 어떤 차를 팔 계획인가요?"라고 묻지 않았다.

그녀는 새로운 부채가 우리를 부자로 만들어줄 것을 알았기 때문에 아무런 말을 하지 않았다. 내가 얼마나 많은 차를 가지고 있는지를 상기시켜주는 대신 "어디에 투자할 계획인가요?"라고 물었다. 바꾸어 말하면 이것은 "새로운 부채에 대한 비용을 지불하기 위해 어떤 자산을 살 것인가요?"라고 물어보는 것과 같다.

당시 나는 이미 새로운 유전개발 프로젝트에 투자하고 있었고, 원유 생산에서 얻은 수입으로 페라리의 대금을 치렀다. 이 유전은 앞으로 20년 동안 원유를 채굴할 수 있을 것이고, 페라리의 차값은 유전이 마르기 전에 다 갚을 것이다. 아내는 새로운 자산을 확보한 것에 기뻐했고, 나는 새로운 페라리를 살 수 있어 행복했다.

우리의 규칙은 간단하다. 자산이 부채를 산다는 것이다. 우리는 자산을 늘리는 일에 집중함으로써 수입을 늘린다. 지난 수 년 동안 나는 책을 집필했고, 작은 창고를 샀고, 부채를 사기 위해 땅을 분할했다.

자동차와 같은 일부 부채들은 오래전에 다 상환했지만, 자산들은 여전히 현금흐름을 만들어내고 있다. 부채는 우리를 부자가 되도록 자극한다. 우리 부부는 이것 또는 저것을 가질 수 없다고 말하지 않는다. 우리는 자산을 먼저 확보하면 원하는 것은 무엇이든 가질 수 있다는 것을 알고 있다. 당신도 자산을 어떻게 획득하고 만들어내는지 알면 부자들이 왜 돈을 위해 일하지 않는지 알 수 있게 될 것이다.

자주 묻는 질문 —— 현금흐름을 위해 자산을 사는 것도 여전히 돈을 위해 일하는 것이 아닌가?

간단한 답변 —— 맞다. 하지만 차이가 있다. 그 차이가 경제 상황에 관계없이 부자들을 더 부유하게 만든다.

설명 —— 돈을 위해 일하는 대신 부자들은 '보상의 법칙Laws of Compensation'을 따른다.

보상의 법칙 3가지

이제부터 3가지 보상의 법칙에 대해 설명하도록 하겠다. 더 많이 보상받고 싶다면 다음 법칙을 따라야 한다.

보상의 법칙 1. 남에게 먼저 베풀면 보상을 받게 될 것이다

사람들은 더 많이 받고 조금 주기를 원한다. 나의 가난한 아빠도 이런 사람들 가운데 하나였다. 하와이 주 교사노조의 지도자로서 나의 가난한 아빠는 적게 일하고 월급을 더 많이 받기 위해 열심히 노조를 이끌었다. 나는 가난한 아빠가 참여한 투쟁을 기억한다. 그는 선생님들의 수업시간을 줄이고 월급을 올리고 더 많은 혜택을 요구했다. 아빠의 입장에서는 합당하다고 생각했다.

하지만 나의 부자 아빠는 가난한 아빠의 철학이 보상의 법칙 가운데 하나를 위반했다고 생각했다. 부자 아빠는 더 많은 것을 받고 싶으면 더 많이 주어야 한다고 생각했다. 나는 많은 사람들이 나의 부자 아빠는 탐욕스럽고, 급여 인상과 근무시간 단축을 위해 싸우는 나의 가난한 아빠는 정당하다고 생각하는 것이 이해가 되지 않았다.

나는 뉴욕의 해양사관학교를 졸업하자마자 노조가 없는 스탠더드 오일사에 취업했다. 선원들의 직업 노조인 MM&P Masters, Mates, and Pilots에 가입하고 싶지 않았기 때문이다. 나는 노조원으로 더 많은 돈을 받았을지도 모른다. 하지만 나의 가난한 아빠와 교사 노조 간부들을 보면서 노조의 주장에 동의할 수가 없었다. 나는 적게 일하고 월급을 더 많이 받는 것은 월급과 관계없이 궁극적으로 모든 사람을 더 가난하게 만든다고 생각했다.

미국의 화물선이 줄어드는 이유 가운데 하나는 선원들의 노조 때문에 상선회사들이 임금이 싼 국가로 옮겨갔기 때문이다. 제너럴 모터스General Motors가 어려움에 빠진 이유도 노조의 지도자들이 회사의 경영진보다 더 강했기 때문이다. 현재 미국 자동차 산업은 노조 때문에 수백만 개의 일자리를 잃었고, 공장들이 해외로 이주하면서 경제도 약화됐다.

그렇다고 내가 노조에 반대하는 것은 아니다. 노조는 좋은 일들을 많이 해왔고, 악덕 기업주로부터 근로자들을 보호해주고 있다. 노조 때문에 주5일 근무제도가 도입되기도 했다. 나는 개인의 노조가입 선택권과 근로 철학을 존중한다. 그러나 나는 비노조원이 되기로 결심했다. 적게 일하고 더 많이 받기보다는 더 많이 받기 위해 더 많이 주기로 결심했기 때문이다.

내 아내는 해마다 더 많은 것을 생산하기 때문에 점점 더 부자가 되고 있다. 그녀는 1989년에 아파트 1채로 임대 사업을 시작했다. 현재 그녀는 3,000채의 임대 아파트를 소유하고 있다. 그녀는 더 많은 사람들에게 더 많은 아파트를 제공하기 때문에 더 많은 돈을 벌고 있다. 앞으로 10년 후에 그녀는 2만 채의 임대 아파트를 소유하고 있을지도 모른다. 그리고 보상의 법칙을 따랐기 때문에 더 많은 돈을 벌 것이다. 어떤 사람들은 아내가 탐욕스럽다고 말할 것이다. 아마도 나의 가난한 아빠는 그렇게 생각할 것이다. 그러나 나의 부자 아빠의 입장에서 보면 아내는 관대하다. 먼저 주면 보상을 받을 것이라는 보상의 첫 번째 법칙을 잘 따르고 있기 때문이다.

남에게 먼저 베풀면 보상을 받는다는 상호주의의 법칙은 반대로도 작용한다. 당신이 사람들을 속이면 그들은 자신들이 당한 것을 그대로 앙갚음해줄 것이다. 버나드 매도프는 폰지 사기 행각을 벌이다 결국 교도소에 투옥되는 신세가 됐다. 자신의 행동에 대한 대가를 치른 것이다. 그러나 안타깝게도 거물 사기꾼들 중 많은 사람들이 아직 붙잡히지 않고 있다. 이들 가운데 일부는 아직도 경제를 움직이고 있다.

보상의 법칙 2. 더 많이 주는 방법을 배워라

대부분의 사람들은 자신이나 가족을 위해 돈 버는 방법을 배우기 위해 학교에 다닌다. 더 많은 사람들을 위해 더 많이 생산하는 방법을 배우기 위해 학교에 다니는 사람들은 거의 없다.

대부분의 사람들은 봉급생활자와 전문직이 되려고 학교에 다닌다. E사분면과 S사분면의 문제는 내가 봉사할 수 있는 사람들의 수가 제한적이라는 것이다. 예를 들어 내가 해양사관학교를 졸업했을 때 나는 스탠더드 오일사의 종업원으로 한 회사를 위해 일할 수밖에 없었다. S사분면에 속한 대부분의 사람들은, 예를 들면 의사들은 한 번에 한 사람의 환자를 위해 일한다.

내가 부자 아빠를 따라 B와 I사분면에 속한 사람이 되기로 결심한 이유는 나의 성공이 더 많은 사람들에게 도움이 되기 때문이다. 더 많은 사람들을 위해 일할수록 더 많은 돈을 번다. 더 많은 사람들을 위해 일할 경우 세금과 부채는 우리에게 더 유리하게 작용한다. 이것이 부채와 세금이 B와 I사분면 사람들을 더 부자로 만드는 이유다. 단지 자신만을 위해 돈을 벌거나 당신 가족의 생활을 향상시키는 일에만 집중하면 세금과 부채가 불리하게 작용한다.

많은 사람들이 재정적으로 풍족하지 못한 이유 가운데 하나는 그들이 B와 I사분면에서 더 많은 사람들을 위해 일하는 방법을 배우기보다 E와 S사분면에서 자신들의 돈을 위해 일하는 방법을 배우려고 학교를 다녔기 때문이다.

보상의 법칙 3. 복합적 금융 교육의 힘을 활용하라

당신이 B와 I사분면에 대해 더 많은 것을 배울수록 돈도 더 많이 벌게 될 것이다. 시간이 지나면서 당신의 교육이 복합적으로 작용하면 수입도 증가한다. 다시 말해 점점 더 적은 노력으로 점점 더 많은 돈을 벌게 된다는 뜻이다. 이것이 금융 교육의 진정한 힘이다.

세 번째 보상의 법칙을 더 잘 이해하기 위해 교육의 진정한 힘은 교실, 세미나, 책, 보고서, 졸업장에서 찾을 수 없다는 사실을 알아야 한다. 간단히 말하면 어떤 사람에게 물고기 잡는 방법을 가르칠 수 있지만 물고기 잡는 법을 배우도록 강요할 수는 없다. 여기에는 2가지 중요한 핵심이 숨어 있다.

첫 번째, 교육의 힘은 학교를 졸업하고 수업과 세미나를 듣거나 책을 읽고 배운 것을 활용하기 시작한 이후에 나타난다. 의사들도 4년 동안 일반 대학을 다닌 다음에 4년 동안 의과대학을 나오고, 또다시 4년이나 8년 동안 인턴과 레지던트 과정을 거친다. 이런 과정을 통해 의사들은 실제 경험을 배우는 것이다.

금융 교육을 받지 못한 사람들은 실패하는 경우가 많다. 금융 투자에 대한 수업을 듣지 않고 주식을 거래하고, 부동산에 투자하고, 기업가가 되려고 한다. 그리고 자신들이 왜 실패했는지 또는 왜 월등한 결과를 얻지 못했는지 궁금해한다. 그리고 상당수가 투자를 포기하거나 실패를 다른 사람이나 다른 원인 탓으로 돌린다.

나는 1973년에 비행기 조종사를 그만두고 부동산 투자 강의를 듣고 제록스에서 영업 교육을 받았다. 오늘날 사람들은 나에게 점심을 같이하면서 부동산 투자에 대한 의견을 구하고 싶다고 말한다. 나는 사람들이 금융 교육에 대해 그렇게 쉽게 생각하는 것에 실망했다. 금융 교육은 점심을 먹으면서 배울 수 있는 것이 아니다.

나는 또 "내가 주거용 부동산을 많이 사고팔았는데 부동산에 투자하는 방법을 알고 싶다"고 말하는 무식한 사람도 알고 있다. 주택 1채를 사는 것과 아파트 300채의 대단지를 사는 것에는 커다란 차이가 있다.

성공과 실패는 금융 교육의 힘에 달려 있다. 3일 동안의 세미나는 자산을 구입하기 위해 부채를 활용하는 투자자, 즉 진정한 부동산 투자자가 되는 기본 지식을 나에게 알려주었다. 300채의 아파트나 1채의 아파트나 투자의 기본은 동일하지만 금융 교육과 수 년 동안의 경험에서 수익성의 차이가 발생한다.

나의 가난한 아빠는 첫 번째 사업인 아이스크림 프랜차이즈 비즈니스에 도전했지만 실패했다. 그는 프랜차이즈 가맹점 본사가 사기를 쳤다고 생각했다. 하지만 나는 가난한 아빠가 기업가 교육을 받지 않았고 경험이 부족했기 때문에, 평생 모은 예금을 날리고 2년의 세월을 허비했다고 생각한다. 가난한 아빠처럼 학교 성적이 좋았던 사람들이 학교 교육을 존중하지만 금융 교육을 무시한다는 것은 정말 이상한 일이다. 이들은 박사학위를 가지고 있거나 변호사, 회계사, 의사이기 때문에 기업 운영과 투자도 쉬울 것이라고 생각하는 것 같다. 내 생각에 이것은 학문적 오만함인 것 같다. 그것도 값비싼 대가를 치르는 오만함 말이다.

두 번째, 학습과 교육은 은행의 복리처럼 복합적으로 작용한다. 진정한 부는 복합적인 금융 교육의 힘을 통해 얻어진다. 바꿔 말하면 당신이 B와 I사분면에서 돈에 대해 더 많이 연구할수록 더 많은 돈을 벌게 될 것이다.

복합적으로 배우고 또 배워라

아래 그림은 1969년에 애드거 데일Edgar Dale이 개발한 학습의 원추
Cone of Learning다.

학습의 원추		
2주 후 기억하는 경향		**관여의 형태**
말하고 행동하는 것의 90퍼센트	실제 경험	능동적
	실제 경험의 시뮬레이션	
	극화된 경험	
말하는 것의 70퍼센트	이야기하기	
	토론 참여	
보고 들은 것의 50퍼센트	견학하기	수동적
	시범하기	
	전시 보기/시범 보기	
	영화	
본 것의 30퍼센트	사진	
들은 것의 20퍼센트	강연	
읽은 것의 10퍼센트	읽기	

출처: 애드거 데일의 〈학습의 원추〉, 1969

학습의 원추는 머릿속에 기억된 정보의 양을 측정함으로써 다양한
학습 방식의 효과를 설명해주는 것이다. 가장 오래 기억에 남는 학습
방식은 연습해보고 실제로 경험하는 것임을 알 수 있다. 가장 비효율
적인 방법은 읽기와 강의다.

항공학교에서 조종사들은 주로 시뮬레이터에 의존한다. 비행 연습

에서 자신감이 생기면 실제로 비행기를 조종해본다. 나와 아내는 시뮬레이터로 캐시플로 게임을 개발했다. 캐시플로 게임은 참가자들이 진짜 돈이 아니라 가짜 돈으로 많은 실수를 할 수 있도록 고안되었다.

학습의 원추		
2주 후 기억하는 경향		관여의 형태
말하고 행동하는 것의 90퍼센트	실제 경험	능동적
	실제 경험의 시뮬레이션	
	극화된 경험	
말하는 것의 70퍼센트	이야기하기	
	토론 참여	
보고 들은 것의 50퍼센트	견학하기	수동적
	시범하기	
	전시 보기/시범 보기	
	영화	
본 것의 30퍼센트	사진	
들은 것의 20퍼센트	강연	
읽은 것의 10퍼센트	읽기	

세계 각국에는 기업가와 투자자가 되기 위한 사람들을 가르쳐주는 캐시플로 게임 클럽들이 많다. 캐시플로 게임 클럽들은 시뮬레이터를 사용해 조종사를 훈련시키는 것과 같은 역할을 한다. 캐시플로 게임을 하면서 주의할 점이 있다. 많은 사람들이 캐시플로 게임을 한두 번 정도 해보고 노련한 투자자가 된 것처럼 착각한다. 다시 강조하지만 이것은 오만이다.

캐시플로 게임 클럽들은 당신이 기업가 정신을 키우고, 기업, 부동산, 금융자산, 상품 4가지 자산 가운데 하나에 초점을 맞추도록 도와줄 것이다. 그 다음에는 우리가 당신에게 실생활에서 당신을 안내해주고 계속 교육해줄 코치를 고용하라고 조언해줄 것이다. 저축한 돈으로 사업을 시작하거나 투자하기 전에 더 좋은 투자자와 기업가가 되기 위해 시간을 투자하는 과정이 성공 가능성을 더 높여줄 것이기 때문이다.

새로운 비즈니스가 중요하고 위험할수록 학습 과정에서 게임과 시뮬레이션의 중요성도 훨씬 높아진다. 이것이 프로 선수들이 실제 경기보다 연습을 더 많이 하고, 배우들도 실제 연기보다 리허설을 많이 하고, 의사와 변호사들이 개업을 영어로 '프랙티스practice(연습하다)'라고 부르는 이유다.

복합적인 금융 교육의 힘은 엄청나다. 이 책을 읽은 사람들은 복리 이자의 힘과 뮤추얼펀드가 각종 수수료의 누적을 통해 수익을 거두는 것을 알게 될 것이다. 또 미국의 국가 부채가 복리의 마술처럼 급격하게 증가하고 있다는 사실도 너무나 잘 알고 있다.

복합적인 학습의 힘에 대해 알기 쉽게 설명하기 위해 골프를 예로 들어보자. 골프를 시작하면 처음에는 고통스럽고 힘들고 실망하게 된다. 새로 골프를 배우는 사람은 많은 시간과 노력을 투입하지만 얻는 것은 별로 없다. 많은 사람들이 첫 번째 레슨을 받은 다음에 중단한다. 하지만 계속 학습을 하게 되면—레슨을 받고, 코치를 고용하고, 연습하고, 일주일에 3~4일 동안 18홀에서 연습하고, 주말에 경기에 나가고—몇 년 안에 대부분의 선수들을 이길 수 있게 될 것이다. 심지어 재능을 타고난 선수들도 이기게 될 것이다.

자신들의 재능을 계발하기 위해서 골프선수들은 학습에 더욱 매진해야 한다. 프로 골프선수들의 세계에서 상금랭킹 20위 안에 드는 선수들과 상위 120위의 선수들 사이의 격차는 2타 정도에 불과하다. 다시 말해 상위 20위 안에 드는 선수들이 수백만 달러를 벌고, 나머지 100명의 선수들은 편안한 생활을 할 수 있을 정도의 소득을 올린다. 프로 골프 세계에서도 선수들의 차이는 타고난 재능이 아니라 최고가 되기 위해 배우려는 열정이다. 이것이 보상의 세 번째 법칙인 복합적 학습의 힘을 보여주는 사례다.

교육은 수업, 강의 또는 몇 번의 레슨과는 다르다. 진정한 교육은 과정이다. 진정한 교육은 때로는 고통스러운 과정이 될 수도 있다. 처음에 힘들지만 효과가 거의 없을 때 특히 고통스럽다.

타이거 우즈는 결혼생활에 관한 한 훌륭한 본보기가 아니겠지만, 성공한 골프선수로서는 모범적인 사례다. 그는 1996년 20세 때 프로 골프 선수가 되기 위해 스탠퍼드 대학을 중퇴했다. 프로선수로 전향할 때 그는 나이키와 4,000만 달러의 광고계약을 맺었고, 타이틀리스트와는 2,000만 달러에 광고계약을 체결했다.

어떤 사람들은 그가 천부적 재능을 타고났기 때문에 하룻밤 만에 성공한 골프 선수가 되었다고 말할지도 모른다. 그러나 그는 재능을 타고났을지 모르지만 하룻밤에 성공한 것은 아니다. 자신의 재능을 계발하기 위해서는 희생과 헌신 그리고 시간이 필요하다. 그가 프로선수로 전향한 나이보다 그가 언제부터 골프를 시작했는지가 더 중요하다.

타이거 우즈가 아직 어린아이였을 때 그의 아버지는 차고에 카펫을 깔고 연습장을 만들었다. 걸음마도 하기 전에 그는 아버지가 골프 연습을 하는 것을 지켜보았다. 그가 9개월이 되었을 때, 그의 아버지는 골프 클럽을 만들어주고 공을 치도록 했다. 18개월이 되자, 그는 아버지와 함께 골프장으로 나가 몇 박스 분량의 공을 치면서 연습했다.

세 살 때 타이거 우즈는 캘리포니아의 해군 골프클럽의 9홀 코스에서 48타를 쳤다. 네 살 때는 그를 위한 전용 코치가 고용되었고, 여섯 살 때는 주니어 대회에 참가했다. 1984년 여덟 살 때 타이거 우즈는 세계주니어골프대회 9~10세 남자 경기에서 우승했다.

성공은 시간, 헌신 그리고 희생을 요구한다. 이것이 진정한 교육이다. 교육은 과정이다. 대부분의 성공한 사람들에게도 '하룻밤 사이의 성공'과 같은 것은 없다. 나의 부자 아빠는 항상 "성공에는 희생이 따른다"라고 말했다. 그는 또 대부분의 사람들은 희생 없이 돈을 원하기 때문에 부자가 되지 못한다고 말했다.

극히 소수의 사람들만이 B와 I사분면으로 진출하는 이유는, E와 S 사분면에서 생활하는 것이 훨씬 더 편하기 때문이다. 적어도 처음에는 그런 것처럼 보인다. 그러나 E와 S사분면의 사람들이 나이가 들면 새로운 경제 체제에서의 생활이 더 어려워질 것이다.

보상의 법칙의 또 다른 혜택은 더 똑똑하고 더 훌륭한 친구들을 접하게 된다는 점이다. 금융지능이 높아지면 더 똑똑한 사람들을 만날 수 있다. 더 똑똑한 사람들을 만나게 되면 '내부자 투자insider investments'라고 불리는 투자 기회나 상품에 접근할 수 있다.

이런 투자 상품들은 절대로 시장에 공개되지 않는다. 내부자 투자 상품들은 조건이 좋기 때문에 광고를 하거나 공개적으로 판매할 필요가 없다. 우리 부부가 소유한 리조트와 골프코스가 내부자 투자였다. 이 부동산이 압류 처분을 받았을 때 은행은 단지 4명에게만 전화를 걸었고 거래는 성사되었다.

이것은 복합적인 금융 교육의 힘을 보여주는 또 다른 사례다. 나와 아내가 부정직하거나 부도덕하거나 법을 어겼다면 우리는 이런 거래에 참여하지 못했을 것이다. 좋은 평판도 부자들이 가지고 있는 불공정한 경쟁우위다.

더 많이 벌려면 더 많이 주어라

보상의 법칙을 잘 지켰기 때문에 우리 부부는 일찍 은퇴할 수 있었다. 우리는 보상의 법칙을 지킨 덕분에 새로운 경제 체제에서 소수의 사람들에게만 주어지는 재정적 자유를 얻을 수 있었다.

나와 내 아내는 재정적인 자유를 얻은 후에 리치대드컴퍼니를 설립했다. 재정적인 자유에 대해 이야기하거나 글을 쓰기에 앞서 우리는 우리가 성취한 재정적 자유에 대해 스트레스 테스트를 실시했다. 우리의 금융 교육이 정말로 실질적인지 그리고 경제위기를 견뎌낼 수 있는지 알아보고 싶었다.

나는 보상의 법칙을 준수했기 때문에 우리의 재정적인 자유가 경기 침체 속에서도 살아남았다고 말할 수 있다. 우리는 더 많은 것을 원한다면 더 많이 주어야 한다는 사실을 기억했다. 우리는 B사분면과 I사분면에서 더 많이 줄 수 있는 방법을 지속적으로 배웠다. 우리는 계속해서 배우고 연습하고, B와 I사분면에서 우리의 능력을 발전시켜야 생존할 수 있다는 사실을 알고 있었다.

자주 묻는 질문 ___ 하지만 리치대드컴퍼니 덕분에 이미 당신이 다른 사람보다 앞서갈 수 있었던 것이 아닌가? 그것이 당신이 가지고 있는 불공정한 경쟁우위가 아닐까?

간단한 답변 ___ 그렇기도 하고 그렇지 않기도 하다.

설명 ___ 나의 부자 아빠는 나에게 물질적으로는 아무것도 주지 않았다. 그는 내가 가야 할 길을 제시해주었을 뿐이다. 나는 아홉 살 때 모노폴리 게임을 하면서 자산과 부채의 차이를 배웠다. 하지만 나는 여전히 강의를 듣고 공부하고 내가 받은 교육을 진짜 자산으로 변화시켜야 한다.

불공정한 경쟁우위를 갖게 해준 것은 현실에 적용된 금융 교육이었다. 나와 아내의 가장 큰 불공정한 경쟁우위는 결코 학습을 멈추지 않았다는 사실이다. 우리는 지금까지도 수업을 듣고 배운 것을 현실에 적용하고 있다. 나와 아내는 우리가 많은 것을 원하면 더 많이 주는 방법을 배워야 한다는 것을 알고 있다. 더 많이 줄수록 더 많은 세금 혜택을 받게 되고 낮은 금리의 융자를 얻게 된다. 우리 부부는 다른 사람들에게 더 좋은 삶을 제공할 때야말로 더 좋은 삶을 누리게 된다는 사실을 잘 알고 있다.

자주 묻는 질문 ___ 대부분의 사람들은 자신들을 위한 돈을 벌기 위해 금융 교육을 받는 것 아닌가?

간단한 답변 ___ 그런 사람도 있고 그렇지 않은 사람도 있다.

설명 ＿ 스스로를 돌보는 방법을 배우는 것은 매우 중요하다. 세상을 구하고 싶은 사람들은 너무도 많지만 자신을 구할 수는 없다. 당신 자신을 구할 수 없다면 세상에서도 별로 쓸모가 없다.

내가 어렸을 때 "하나님은 스스로 돕는 사람을 돕는다"라고 배웠다. 다른 사람들을 돕고 싶어하는 많은 학생들이 학교를 떠나지만 정작 스스로를 도울 수는 없다. 세상을 구하고 싶다면 먼저 자신을 구하는 방법을 배워라. 그리고 세상을 구하기 위해 나서라.

세상에는 너무도 많은 탐욕이 넘쳐나고 있다. 현재의 금융위기를 끝내기 위해서는 관대한 사람들이 더 많이 필요하다. 나는 당신과 같은 좋은 사람들이 금융 교육을 받아서 자신을 돌보고 신이 주신 재능을 가지고 남에게 베푸는 일에 집중하기를 바라는 마음에서 이 책을 집필했다.

자본주의를
위한 변명

자본주의는 금융위기 동안 신랄한 공격을 받았다. 많은 사람들이 자본가들은 탐욕스럽고 부패했으며, 악의 축이라고 믿고 있다. 그러나 사실 진정한 자본가들은 우리의 생활을 풍요롭게 만들고, 시간과 돈을 절약해주었다. 그리고 그들도 이익을 얻었다.

라이트 형제가 최초로 비행기를 만들었지만, 항공 산업을 키우고 비행기를 대중이 사용할 수 있도록 안전하게 만든 것은 자본가들이었다. 나는 비행기가 걷는 것보다 훨씬 빠르고 편리하기 때문에 비싼 돈을 주고 기꺼이 항공권을 구매한다. 자본가들이 없었다면 우리는 지금도 걸어다녀야 할지도 모른다.

휴대전화도 마찬가지다. 휴대전화 덕분에 세계 어느 곳에서도 비즈니스를 할 수 있고 심지어 휴가 중에도 비즈니스를 할 수 있다. 휴대전화가 생활을 편리하게 만들고 나를 부자로 만들어주기 때문에, 나는 기꺼이 휴대전화 요금을 지불한다.

토머스 에디슨이 설립한 제너럴 일렉트릭은 전기를 통해 우리 생활을 편리하게 만들었을 뿐만 아니라 의료기술을 통해 우리의 생명을 연장해주고 있다. 나는 제너럴 일렉트릭이 내 인생에 가져다준 혜택들에 대한 대가를 기꺼이 지불한다.

애플의 컴퓨터가 없었다면 어땠을까? 스티브 잡스가 나와 같은 기계치가 사용할 정도로 컴퓨터를 단순하게 만들지 않았다면 나는 결코 《부자 아빠 가난한 아빠》를 쓰지 못했을 것이다. 컴퓨터 구입에 쓴 얼마 안 되는 돈이 나에게 해마다 수백만 달러를 벌어주고 있다.

정부가 도로를 건설하고 관리하기 위해 자동차 소유자들에게 세금을 거두지 않았다면 나의 페라리, 벤틀리, 포드, 포르쉐 자동차들은 쓸모가 없어질 것이다.

자본주의 체제를 악용하는 탐욕스럽고 비뚤어지고 게으른 사람들은 진정한 자본가들이 아니다. 단지 욕심이 많고 비뚤어진 사람들일 뿐이다. 최근 금융위기는 정부와 기업의 최고위층들이 부패해서 발생한 것이다. 합법화된 부패는 암처럼 세계의 도덕심을 갉아먹는다. 권력이 있는 사람들은 더 많은 권력을 갈망하고, 자신의 이익을 위해 영혼을 팔고, 자신들이 봉사해야 할 사람들로부터 부를 빼앗아온다.

세계 각국 정부에는 수많은 공무원들이 있다. 상당수 공무원들이 비즈니스 경험도 없이 일하고 있고, 세계에서 가장 큰 기업들—정부라는 기업—을 경영하고 있다. 정부가 부패한 것도 전혀 놀라운 일이 아니다. 경제를 망가뜨린 것은 부패하고 무능한 정치 지도자들과 기업들뿐만이 아니다. 나는 이번 금융위기를 초래한 가장 큰 원인 가운데 하나가 구 시대적인 교육 시스템이라고 생각한다. 미국의 경우, 우리가 교육에 투자하면 할수록 교육제도는 더욱더 악화됐다.

학교 제도가 가지고 있는 문제는 진정한 자본주의에 초점을 맞추지 않고 교육하고 있다는 점이다. 지금 세계를 움직이는 것은 부패한 자본주의와 부패한 정부들이다. 그리고 학교에는 "부자는 탐욕스럽다"라고 암시하는 미묘한 사회주의적인 분위기가 퍼져 있다.

마르크스 이론에 따르면, 프롤레타리아는 생산 수단을 가지고 있지 못한 계급이다. 프롤레타리아가 팔 수 있는 것은 급여를 받기 위한 노동뿐이다. 프롤레타리아 계급은 파블로프의 개처럼 돈을 위해 일하도록 훈련받은 임금 노동자다.

우리의 교육제도는 학교를 졸업하고 일자리를 찾아나서는 노동자, 즉 자본주의 체제의 프롤레타리아 계급을 양산하고 있다. 많은 임금 노동자들이 가치 있는 어떤 것도 소유하지 못하고, 아무것도 가진 것 없이 죽을 것이다. 학교가 부자들이 착취하고 있다고 주장하는 노동자들을 양산하기 때문이다.

직업은 자산이 아니고 소유할 수도 없다. 또 남에게 양도하거나 자식에게 물려줄 수도 없다. 돈은 자산이 아니다. 오늘날 돈은 국가 부채가 증가하면서 가치를 빠르게 상실하고 있다. 당신의 집도 자산이 아니다. 당신이 바로 자산이다. 집주인들은 매달 은행, 국세청, 보험회사 그리고 전기나 수도 회사에 수표를 보낸다. 당신의 퇴직연금도 자산이 아니라 단기 차입된 부채다. 연금저축은 자산을 매입하기 위해 돈을 이용하는 부자들에게 흘러 들어간다.

학교를 졸업한 학생들은 연봉이 높은 일자리를 찾다가 곧 자본주의의 거미줄에 갇히게 된다. 자본주의가 필요악이기 때문이 아니라 교육제도가 학생들을 현실에 적응하고 준비하도록 교육시키지 못했기 때문이다.

"부자는 탐욕스럽다"라는 교육제도의 믿음은 자기실현적인 예언이다. 내가 자주 언급한 것처럼 진정한 자본가는 너그럽다. 이들은 많은 것을 생산하고 많은 것을 받는다. 정말로 탐욕스러운 것은 교육제도가 아닐까?

마르크스는 노동자인 프롤레타리아와 자본가인 부르주아 사이에 전쟁이 벌어질 것이라고 예측했다. 노동자들은 임금을 올리려고 하고 자본가들은 가능한 임금을 낮추려고 하기 때문이다. 새로운 경제시대에 저임금과 고임금 사이의 전쟁에서 자본가들이 이기고 있다. 생산시설을 임금이 낮은 국가로 이전하는 것이 쉽기 때문에 자본가들이 이길 수밖에 없다. 기술 발전은 기업을 운영하는 데 필요한 근로자들의 수를 감소시킨다. 제품 생산량은 증가하고 인건비는 하락하면서 결국 자본가들이 이 전쟁에서 이길 것이다.

세계는 빠르게 변하고 있지만 교육제도는 그렇지 않다. 학교는 계속해서 사람들을 프롤레타리아가 되도록 가르치고, 졸업 후에 고액 연봉을 받는 직업을 구하려고 노력하도록 교육시킨다. 이것은 금융적인 자살 행위다. 다시 강조하지만 직업, 돈, 집은 자산이 아니라는 점을 항상 명심하라.

기업가로서 나는 구직자들을 인터뷰하는데, 안타깝게도 대부분의 구직자들은 임금과 보너스에만 신경을 쓴다. "연봉을 얼마나 줄 것인가? 보너스는 있나? 근무 시간은 얼마나 되나? 일 년에 휴가는 며칠인가? 승진은 얼마나 빠른가?"라는 것이 질문이다. "이 회사의 사명은 무엇인가? 이 회사는 어떤 문제를 해결하고 있나? 이 회사에서 일하면서 내가 배울 수 있는 것은 무엇인가?"라고 물어본 사람은 단 한 명도 없었다.

인터뷰에는 사회적인 책임이 있는 질문보다 돈과 근로조건에 관한 질문이 주를 이룬다. 구직자들은 프롤레타리아의 관점에서 질문을 한다. 이런 노동자 계층의 사고방식은 부모들이 자식들에게 다음과 같이 말할 때 이미 시작된 것이다. "연봉을 많이 받는 직업을 구하려면 좋은 학교를 다녀야 한다. 학교를 졸업하고 변호사나 의사, 웹디자이너가 되어라. 직업을 가지고 있어야 언제나 의지할 곳이 있다."

부자들은 돈을 위해 일하지 않는다는 부자 아빠의 첫 번째 원칙을 기억하라. 가정은 프롤레타리아 교육이 시작되는 곳이다. 노동자 계층의 부모들은 자식들이 부자들을 위해 일하는 고학력의 근로자들이 되기를 원한다. 어린아이들이 학교에 들어가면 프롤레타리아 출신인 선생님들은 "내 말을 따르면 좋은 성적을 받을 수 있고 고소득 직업을 얻게 될 것이다"라고 말하면서 교육시킨다.

학생들이 경쟁에서 동료들을 물리치고 대학에 들어가면 선생님들은 "석사와 박사학위를 따면 이력서가 더 멋져 보일 것이다. 높은 학위를 가지고 있을수록 고액 연봉을 받는 직업을 얻을 가능성도 높다"라고 말하면서 노동자 계급의 신조를 지속적으로 학생들에게 주입시킨다.

파블로프는 벨을 울리면 개들이 침을 흘리도록 훈련시켰다. 우리의 교육제도는 고소득 직업을 약속하는 학교 종을 울리고 있다. 고소득 직업이라고 말하면 사람들이 줄을 서기 시작한다. 고소득 직업을 차지하고 다른 사람들을 이기면 사람들은 월급에서 세금이 원천 징수되는 것에 기꺼이 동의한다. 그리고 정부는 월급을 받기도 전에 세금을 떼어간다. 정부에게 세금이 지급되고 나면 봉급생활자들은 월급의 일부를 뮤추얼펀드와 연금에 투자하는 것에 동의한다. 이것은 정부와 부자들이 돈을 벌게 된다는 의미다.

미국에서는 근로자들이 회사가 지원해주는 뮤추얼펀드로 구성된 연금저축에 투자하는 것을 거부하면 회사가 부담하는 지원금을 받지 못한다. 바꾸어 말하면 당신이 월스트리트 은행가들의 연봉을 지불하지 않는다면 회사도 당신에게 급여를 주지 않겠다는 의미다.

많은 봉급생활자들이 순진하게도 회사가 지급하는 연금 지원금이 고용주로부터 나오는 것으로 믿고 있다. 순진한 봉급생활자들은 회사 지원금이 당초부터 자신들의 돈이라는 사실을 모른다. 종업원들이 연금저축에 대한 투자를 거부하면 사업주는 돈을 절약하는 것이다. 이것이 월스트리트가 정부와 노조가 동의한 노동법에 대해 얼마나 막강한 영향력을 행사하는지 잘 보여주는 사례다.

새로운 일자리가 안정화되자마자 근로자들은 집을 사기 위해 돈을 저축하기 시작한다. 이들은 집이 자산이고 가장 큰 투자라고 믿고 있다. 하지만 자신들이 꼬박꼬박 갚아가는 융자금이 진짜 자산이라는 것을 아는 사람들은 거의 없다. 노동자 계층에 새로 편입된 사람들은 은행가, 부동산 중개인, 주식 중개인, 재무설계사, 정치가 등 자본가 계급의 대리인들을 통해 부르주아의 호주머니로 자신의 돈을 송금하고 있는 것이다.

부르주아 계급은 교육제도를 통해 노동자 계층의 세계를 자신들의 세계와 분리한다. 다시 말하면 교육제도는 교육자들이 경멸하는 탐욕스러운 부자들의 대리인으로서 기능하게 된다. 이것이 학교가 진정한 금융 교육을 시키지 않는 이유다.

교육이 우리를 구제할 수 있을까 _____

나의 할아버지는 파인애플 농장과 사탕수수 농장에서 일하기 위해 19세기에 태평양을 건너 하와이에 정착했다. 할머니의 부모님들은 할아버지와 결혼했을 당시 농장에서 일하고 있었는데, 할아버지는 농장과 관련 없는 삶을 원했다. 그래서 그는 배에서 내리자마자 사진관을 열었다.

할아버지는 매우 성공한 사업가였다. 같이 이민 온 사람들이 하루에 1달러를 받고 농장에서 거주하고 있던 반면 할아버지는 집과 차를 소유하고 있었다. 오래지 않아 할아버지는 주식에 투자해 마우이 섬 해변에 집을 샀다.

1929년 대공황이 발생하면서 주식시장이 붕괴했다. 할아버지의 사업도 망했고 집, 차 그리고 해변에 있는 별장도 모두 잃었다. 나의 가난한 아빠는 공황이 발생했을 때 열 살에 불과했는데, 대공황은 아버지의 인생관에 커다란 영향을 미쳤다.

그는 일본인과 다른 이민자들이 부자들의 농장에서 노예로 일하면서 돈을 받는 것을 보았고, 할아버지가 농장에서 벗어났지만 시장의 붕괴와 경기 침체로 망하는 것도 보았다. 농장에서 벗어나는 가장 안전하고 유일한 방법은 교육이라고 생각한 가난한 아빠는 선생님이 되는 길을 택했다. 그는 교육을 통해 이민자들의 후손이 농장에서 벗어날 수 있다는 희망을 가지고 있었다. 그는 교육을 부자들이 만든 노예화에서 벗어나는 탈출구로 생각했다.

가난한 아빠는 평생을 교육에 헌신했다. 그는 하와이 대학을 졸업했고 학교 교장으로 승진했다. 당시로서는 가장 젊은 교장이었다. 그는 정규직이었고 고등교육을 받기 위해 학교에 남았다. 나의 가난한 아빠는 스탠퍼드 대학과 노스웨스턴 대학 그리고 시카고 대학의 고등교육 과정 프로그램을 이수했다. 그는 열심히 일하고 공부하면서 교육 공무원으로 승승장구했고, 마침내 하와이 주 교육감이 되었다.

가난한 아빠는 부자들이 자신들의 농장에서 일을 시키기 위해 이주민들을 하와이로 데리고 왔다고 말했다. 부자들은 이민 노동자들이 섬에 도착하자마자 농장의 주택에 입주시키고 농장의 매점에 외상거래계정을 만들어주었다. 이들은 집세와 매점에서 외상으로 구입한 상품 대금을 제외한 돈을 월급으로 받았다. 따라서 월말이 되면 대부분의 이민 노동자들의 계좌에는 거의 돈이 남아 있지 않았다. 결국 이민 노동자들은 아무 대가도 받지 못하고 일한 셈이었다. 아빠는 "그러니까 너희들은 열심히 공부해야 한다. 그래야 농장에서 일하지 않을 수 있다"라고 말씀하시면서 이야기를 끝내곤 했다.

아버지의 친척들도 교육을 매우 중요하게 생각했다. 나의 친척 대부분은 석사학위 이상을 소지하고 있다. 많은 친척들이 석사학위 소지자이고, 몇몇 사람들은 박사학위까지 가지고 있다. 나는 학사학위만 가지고 있는 얼마 안 되는 사람들 가운데 하나다. 문제는 많은 친척들이 가장 거대한 농장인 정부를 위해 일하는 공무원들이라는 것이다. 고등 교육을 받은 몇몇 사람들은 코카콜라Coca-Cola, 유나이티드 항공United Airlines, 뱅크 오브 아메리카, IBM과 같은 현대적인 농장에서 일하고 있다. 나의 가족들은 고등교육을 받았지만 결국 농장에서 벗어나지 못했다.

새로운 교육제도가 필요한 시기 _____

칼 마르크스는 프롤레타리아를 자본주의 사회에서 생산 수단을 가지고 있지 못한 계급으로 정의했다. 프롤레타리아가 팔 수 있는 것은 노동력이 전부였다. 이것이 우리 교육제도가 하는 일이다. 학교는 자본주의 사회의 프롤레타리아 계급을 만들어내고 있다. 학교는 학생들에게 자본가가 되라고 가르치지 않는다.

오늘날 근로자 계급은 월급을 많이 받는 직업을 원하지만, 진정한 자본가들은 생산시설과 일자리를 임금이 낮은 국가들로 이전하고 있다. 이는 정말 심각한 위기다. 일자리가 부족하고 임금이 낮은데 어떻게 경제가 다시 살아날 수 있다는 말인가?

금융 교육을 받지 못한 탓에 고등교육을 받은 사람들조차 자신들의 부가 빠져나가도록 내버려두고 있다. 은행을 통해서 부채로 빠져나가고, 투자은행에서 연금으로 흘러나가고, 세금을 통해서 노동력이 빠져나가고, 나머지는 인플레이션으로 사라지고 있다. 이들이 회사의 주식을 가지고 있다 하더라도 보통주를 소유하고 있다. 농장 시스템은 정보화 시대에도 여전히 건재하다.

2011년에도 우리의 자녀들은 여전히 학교에서 공부하고 있는데 돈에 대해서는 아무것도 배우지 못한다. 자녀들은 학교를 졸업해 취직을 하고, 결혼을 하고, 집을 장만하고, 가정을 이룬다. 2011년을 기준으로 국가 부채는 통제의 수준을 벗어났고, 압류당한 주택이 수백만 채에 달한다.

2011년에도 우리의 부는 엄청난 규모의 국가부채를 지급하기 위해 세금이라는 형태로 강탈당하고 있다. 취직을 한 사람들은 너무 기뻐서 정부가 월급에서 세금을 원천징수하는 데 동의하고 있다. 이들은 월급에서 공제되는 돈이 노후를 위한 연금을 위해 투자된다는 환상에 빠져 있다. 당신이 사망할 경우 정부가 합법적으로 더 많은 재산을 가져갈 수 있도록 하는 법안이 올해 안에 통과될 것으로 보인다.

지금까지 열거한 문제들은 젊은이들을 봉급생활자와 자영업자 또는 전문직이 되도록 훈련시키는 학교제도에서 발생하는 것이다. 또 E와 S 사분면에 속하는 정치 지도자들이 B와 I사분면의 사람들에 의해 통제받는 자본주의 체제를 이끌어가도록 하는 데서 발생하는 문제다.

이런 문제는 E와 S사분면에 속한 사람들이 자산과 부채의 차이를 구별하지 못할 때 발생한다. 이들은 자신들이 자산이라고 믿는 부채를 축적하면서 평생을 일한다. 봉급생활자와 전문직 종사자들은 직업이 자산이 아니라는 사실을 모른 채 학교를 다닌다. 돈이 더 이상 돈이 아니라는 사실도 모르고 돈을 위해 일한다. 또 집이 자산이 아니라는 것을 알지 못한 채 집을 산다. E와 S사분면에 속한 사람들은 주식과 뮤추얼펀드가 진짜 자산이 아니라는 사실을 모르고 노후생활을 위해 저축한다. 일자리들이 해외로 빠져나가면 학교로 돌아가 새로운 일자리를 위해 다시 교육을 받는다. 그리고 자식들에게도 똑같이 하라고 조언한다.

이번 금융위기가 완전히 끝나기 전에 학교 교육제도가 바뀌어야 한다. 선생님들의 노조가 교육의 현장을 지배하고 있기 때문에 과거 교육제도를 바꾸기보다 과거의 제도와 병행해 새로운 교육제도를 시작해야 할 것이다. 학교는 젊은이들을 자본가로 키우기 위한 새로운 교육제도를 시작해야 한다. 종업원이 아니라 기업가로 자식들을 키우고 싶은 부모들은 자식들을 자본가로 키우는 학교에 보내야 한다.

기업가들만이 진짜 일자리를 만들 수 있기 때문에 이런 학교들은 실업이라는 중대한 문제를 해결하는 데 도움을 줄 것이다. 새로운 학교에서 가르치는 교사들은 훈련을 받는 진정한 기업가들이어야 하고, 수업도 무료여야 할 것이다. 교사들이 진정한 기업가라면 시간을 낼 수 있고 돈을 필요로 하지 않을 것이다.

정말로 자유로운 기업 환경에서 산업은 혁신적인 기술을 중심으로 다시 태어날 수 있다. 투자자들은 정교하게 개발된 다양한 프로젝트에 자본을 투자할 위험을 기꺼이 감수할 것이다. 이런 자유로운 기업 환경 속에서는 지구온난화, 오염, 산림황폐, 기아 등 상당수의 긴급한 문제들이 해결될 것이다. 문제 해결을 위해 정부의 재정을 이용하는 대신 기업가들이 문제를 수익으로 변화시킬 수 있기 때문이다. 이것이 진정한 기업가들이 하는 일이다.

학생들은 연봉이 높은 일자리를 찾는 대신 임금 수준이 높은 일자리를 만들기 위한 기회를 찾기 위해 학교를 졸업할 것이다. 학생들은 적게 일하고 더 많은 임금을 받기보다 더 많은 돈을 벌기 위해 더 많이 생산하는 기회를 잡으려고 노력해야 할 것이다. 학교를 졸업한 후에 안정된 직장을 찾기보다는 지속적인 수입의 원천을 창출할 수 있어야 한다. 학생들은 부자들이 탐욕스럽다는 잘못된 믿음 대신 관대한 부자가 되고 싶다는 생각을 품고 졸업할 것이다.

금융 교육이
답이다

대부분의 재무설계사, 보험설계사, 증권사 직원, 그리고 일부 부동산 중개인들은 당신에게 1년에 8퍼센트에서 12퍼센트의 투자수익률을 기대할 수 있다고 말한다. 다양한 투자 상품을 팔기 위한 이들의 설명은 과거의 결과를 기준으로 한다. 2000년부터 2010년까지 기간은 '잃어버린 10년'라고 불려왔다. 주식에 투자했던 수많은 아마추어 투자자들의 수익률은 2퍼센트 이하였다. 인플레이션을 감안하면 일부는 투자수익률이 0퍼센트가 되었다.

부동산시장에서도 수백만 명이 모든 것을 잃었다. 일부는 실제로 소유한 적이 없는 집을 빼앗기지 않으려고 노력하다 빚더미에 묻히면서 가지고 있는 것보다 더 많은 것을 잃었다. 투자자들 가운데 일부도 모든 것을 잃었다.

그러나 주식과 부동산에 투자한 몇몇 투자자들에게 지난 10년은 잃어버린 10년이 아니라 생애 최고의 10년이었다. 금융 교육의 불공정한 경쟁우위 가운데 하나는 낮은 투자위험은 물론 세금을 내지 않고 더 높은 투자수익률을 얻을 수 있는 가능성이다.

예를 들면 이 책에서 당신은 금융 교육을 받은 부자들이 어떻게 투자 첫해에 정부가 보장하는 28퍼센트의 현금 투자수익률을 얻는지 살펴보았다. 당신이 10만 달러를 투자하면 정부로부터 28,000달러를 현금으로 돌려받는다는 의미다. 이 돈은 당신이 원하는 곳에 사용하거나 투자할 수 있다. 일반적으로 나는 절세로 돌려받은 금액을 재투자한다.

당신이 성공적으로 투자했다면 세금 환급 외에도 매월 배당금을 받게 된다. 이것은 낮은 세율이 적용되는 수입이다. 누군가가 전화를 걸어 투자를 권유할 때 투자 첫해에 28퍼센트의 수익률을 보장하지 못하면 나는 투자 제안을 거절한다. 정부가 보장하는 수익을 얻을 수 있는데 굳이 위험을 감수할 필요가 없는 것이다.

내가 생각하는 최저 수익률은 28퍼센트다. 내가 투자한 상품 가운데 상당수는 100퍼센트나 250퍼센트의 수익률을 올리지만 이도 충분하지 않다. 나는 무한수익률을 원한다. 무한수익률은 나의 투자금액을 모두 돌려받는다는 의미다.

예를 들면 나는 10만 달러를 투자할 경우 적어도 3년 안에 투자금액 10만 달러를 전액 돌려받기를 원한다. 나는 자산을 소유하고 있지만 매달 현금흐름 수입을 원한다. 그리고 소득과 돌려받은 10만 달러에 대해 세금을 내지 않기를 바란다. 돈의 액수는 큰 의미가 없다. 투자는 1만 달러가 될 수도 있고 1,000만 달러가 될 수도 있다. 투자 금액의 규모는 당신의 금융 교육 수준에 따라 달라질 수 있다.

간단히 설명하면 무한수익률은 당신 자신의 돈을 찍어내는 당신만의 방법이다. 매달 아무것도 하지 않고 연방준비은행처럼 수표를 받는 것과 같다. 당신이 제대로 된 금융 교육을 받고 똑똑하고 법을 지키는 윤리적인 사람들과 함께 투자한다면 공짜로 돈을 벌 수 있다.

공짜로 번 돈이야말로 금융 교육에 대한 투자의 진짜 투자수익률이다. 돈의 세계에서 보장이라는 것은 결코 존재하지 않지만, 금융 교육은 투자세계에서 최소의 위험과 적은 세금 그리고 경우에 따라서는 세금을 내지 않고 최고의 투자수익률을 얻을 수 있는 방법을 보장해준다. 당신의 첫 번째 투자는 바로 금융 교육에 대한 투자다.

나는 사람들이 돈을 저축하거나 뮤추얼펀드에 투자하는 재무설계사에게 자신들의 돈을 맡기는 것이 현명하다고 생각한다는 사실이 흥미로웠다. 저축을 하기 위해서는 지능이 필요하지 않다. 재무설계사에게 투자를 일임하는 것도 금융 교육이나 금융과 관련된 지식이 필요하지 않다.

조련사는 원숭이에게 저축을 하거나 뮤추얼펀드에 투자하도록 훈련시킬 수 있다. 원숭이가 은행 창구 직원에게 돈을 가져다주면 바나나를 하나 주면 된다. 원숭이가 뮤추얼펀드에 투자하도록 훈련시키는 일은 더욱 쉽다. 급여계좌에서 세금과 은퇴자금을 포함해 투자금액이 인출되도록 동의만 하면 된다. 원숭이는 이렇게 빠져나간 돈을 평생볼 수 없을 것이다. 원숭이monkey와 돈money이라는 단어의 유일한 차이는 지식knowledge을 의미하는 알파벳 'k'이다. 지식이 없다면 돈이 있는 원숭이와 돈이 없는 원숭이의 차이는 큰 의미가 없다.

오늘날 많은 사람들이 가난하게 살고 있다. 하지만 이들은 자신들이 번 돈을 은행에 저축하고 퇴직연금을 먼저 공제한 뒤에 급여를 받고 있다. 다시 한 번 말하지만 저축을 하기 위해 금융 교육을 받을 필요는 없다. 중앙은행이 수조 달러를 찍어내고 있는 상황에서 저축은 어리석은 행위다. 저축은 피카소의 작품들을 인쇄기로 찍어내는 상황에서 피카소 진품에 투자하는 것과 비슷하다. 중앙은행을 이기는 가장 좋은 방법은 당신 자신의 진짜 돈을 찍어내는 것이다. 나는 지난 수 년 동안 정부의 축복 아래 합법적 윤리적으로 나만의 진짜 돈을 찍어왔다. 당신도 똑같이 할 수 있지만 이에 앞서 금융 교육에 먼저 투자해야 한다. 금융 교육이 무한수익률을 얻는 당신의 불공정한 경쟁우위이기 때문이다.

마지막으로 나의 부자 아빠는 "너의 두뇌가 가장 훌륭한 자산이다. 하지만 가장 큰 부채가 될 수도 있다"라고 자주 말했다. 나는 당신의 두뇌를 가장 훌륭한 자산으로 바꾸어주는 불공정한 경쟁우위를 제공하기 위해 이 책을 집필했다. 두뇌를 자산으로 바꾸지 못하더라도 걱정할 필요가 없다. 언제나 원숭이가 될 수 있다. 알다시피 원숭이들은 바나나와 진짜 돈의 차이를 알지 못한다. 돈이나 바나나나 원숭이에게는 모두 같은 것이다.

5 단 계 의
투 자 자 들

특별부록 01 >>>

나의 가난한 아빠는 "투자는 위험한 것"이라고 자주 말했다. 나의 부자 아빠는 항상 "금융 교육을 받지 못하는 것이 가장 위험하다"라고 말했다. 대부분의 사람들은 투자를 해야 한다는 사실을 알고 있다. 문제는 상당수가 나의 가난한 아빠처럼 투자가 위험하다고 믿고 있다는 것이다. 그렇다. 금융 교육을 받지 못하고 경험이 없고 적절한 지도가 없다면 투자는 위험하다.

그러나 재정적으로 자유를 누리려면 투자를 해야 한다. 따라서 투자 방법을 배우는 것은 중요하다. 투자를 하지 않거나 투자를 제대로 하지 못하는 사람들은 다음 5가지를 고민하면서 살아가게 될 것이다.

- 평생 열심히 일해야 한다.
- 평생 돈에 대해 걱정하고 산다.
- 가족, 회사의 퇴직연금, 정부에 노후를 의존한다.
- 생활의 영역이 돈에 의해 제한받는다.
- 진정한 자유가 무엇인지 모른다.

부자 아빠는 종종 "재정적인 자유를 얻을 때까지 진정한 자유의 의미를 알지 못할 것"이라고 말했다. 이 말은 투자 방법을 배우는 것이 취직보다 더 중요하다는 뜻이다. 그는 "예를 들어 의사가 되기 위해 공부할 경우 돈을 위해 일하는 방법을 배우는 것이다. 투자를 배우는 것은 돈이 너를 위해 일하도록 만드는 방법을 배우는 것이다. 돈이 너를 위해 일하기 시작하는 순간 자유로워질 것이다"라고 말했다. 부자 아빠는 "만약 네가 진정한 투자자라면 더 많은 돈이 너를 위해 일하게 만들수록 세금도 덜 내게 될 것"이라고 말했다.

투자에 대해 새겨야 할 교훈

나의 부자 아빠는 모노폴리 게임을 교육 도구로 활용해 내가 I사분면에 속한 사람이 되도록 준비시켰다.

　모노폴리 게임은 현금흐름 게임이다. 예를 들어 당신이 대지 위에 1채의 주택을 소유하고 있고 10달러를 월세로 받는다면, 한 달에 10달러의 현금흐름이 발생하는 것이다. 집이 2채가 있다면 20달러, 3채가 있다면 30달러의 현금흐름이 생긴다. 그리고 붉은색 호텔은 50달러의 현금흐름을 발생시킨다. 초록색 집과 붉은색 호텔을 많이 소유할수록 현금을 더 많이 확보할 수 있고, 일을 적게 하면서 세금 부담도 줄고 더 많은 자유를 누릴 수 있다. 이처럼 모노폴리는 단순한 게임이지만 중요한 교훈을 담고 있다.

　나의 부자 아빠는 현실에서 모노폴리 게임을 실천에 옮겼다. 그는 자신의 아들과 나를 자신의 초록색 집으로 자주 데리고 가곤 했다. 나중에 이 작은 초록색 집은 와이키키 해변의 커다란 붉은색 호텔로 변했다. 나는 부자 아빠가 현실에서 모노폴리 게임을 하는 것을 보고 자라면서 투자에 대한 귀중한 교훈을 배웠다. 그 가운데 일부는 다음과 같다.

- 투자는 위험하지 않다.
- 투자는 재미있다.
- 투자는 당신을 큰 부자로 만들어줄 수 있다.
- 투자는 당신을 자유롭게 해주고 돈과 생계에 대한 걱정에서 벗어나게 해준다.

당신이 똑똑하다면 시장 상황에 관계없이 현금을 창출하는 현금흐름의 파이프라인을 구축할 수 있다. 당신의 현금흐름은 인플레이션만큼 크게 늘어날 것이고 동시에 세금을 줄여줄 것이다.

나는 부동산이 유일한 투자 대상이라고 말하지 않는다. 나는 모노폴리 게임을 부자들이 더 부자가 되는 방법을 알려주는 한 사례로 활용하고 있을 뿐이다. 우리는 주식의 배당금, 채권의 이자, 또는 원유, 책 그리고 특허나 사용료 등을 통해 돈을 벌 수 있다. 재정적인 자유를 성취하는 방법은 다양하다.

더 이상 금융전문가에게 속지 마라

불행하게도 학교에서 금융 교육을 시키지 않기 때문에 대부분의 사람들이 은행가와 재무설계사 또는 증권사 직원 등 자신들이 금융전문가라고 믿는 사람들에게 돈을 맡긴다. 이런 전문가들 가운데 상당수가 I사분면에 속한 투자가가 아니라는 것은 불행한 일이다. 이들 대부분은 월급을 받고 일하는 E사분면에 속한 종업원들이거나 수수료를 받고 일하는 S사분면에 속한 자영업자들이다. 대부분의 전문가들은 자신들을 위해 일하는 투자 상품을 가지고 있지 않기 때문에 일을 그만둘 수가 없다.

워런 버핏은 "롤스로이스를 타고 다니는 사람들이 지하철을 타고 다니는 사람들로부터 투자 조언을 구하는 유일한 곳이 바로 월스트리트다"라고 말했다. 제대로 된 금융 교육을 받지 못한 사람들은 자신들의 재정문제에 대해 자문을 해주는 사람들이 영업사원인지 사기꾼인지 아니면 바보인지 천재인지를 구별할 수 없다. 모든 사기꾼들은 좋은 사람들이라는 사실을 명심하라. 듣고 싶은 말을 하면서 당신에게 친절하지 않다면 당신은 그들의 말에 귀를 기울이지 않기 때문이다.

영업사원이 투자 상품을 판매하는 것은 잘못된 것이 아니다. 우리모두는 무엇인가를 팔아야 한다. 하지만 워런 버핏의 말처럼 보험사 직원에게 보험이 필요한지를 물어봐서는 안 된다. 돈과 관련이 있다면 많은 사람들이 당신의 돈을 빼앗아가기 위해 무슨 말이든 하고 무엇이든 팔려고 한다.

대부분의 투자자들이 자신들의 돈을 빼앗아가는 사람을 직접 만난적이 없다는 사실은 정말 흥미롭다. 대부분의 국가들에서 봉급생활자들은 국세청이 세금을 떼어가는 것처럼 급여에서 자동으로 돈이 빠져나가도록 하고 있다. 미국의 많은 근로자들이 회사가 급여에서 일정 부분을 떼어내 401(k) 퇴직연금에 불입하도록 하고 있다. 이것은 아마도 노후를 대비하는 가장 최악의 투자일 것이다(401(k)는 국가마다 다른 이름으로 불린다). 내가 401(k)가 노후를 대비한 최악의 투자라고 주장하는 이유는 다음과 같다.

당신은 손해를 봐도 펀드회사는 돈을 번다
〈타임〉은 지난 수 년 동안 미국 시민들의 퇴직연금을 위험에 빠뜨리는 것에 대한 의문을 제기하는 많은 기사를 게재해왔다. 〈타임〉은 수백만 명이 평생 연금을 납부했지만, 은퇴 후에 충분한 자금을 돌려받지 못할 것이라고 예측했다.

일반적으로 401(k) 퇴직연금의 경우 수익의 80퍼센트를 운용사가 가져간다. 투자자가 운이 좋다면 수익의 나머지 20퍼센트를 받을 수 있을지도 모른다. 투자자가 100퍼센트의 자금을 대고 위험도 100퍼센트 부담한다. 401(k) 운용사는 투자금을 부담하지도 않고 위험에 대한 부담도 전혀 없다. 당신이 손해를 봐도 펀드회사는 돈을 번다는 말이다.

401(k)에는 불리한 세율이 적용된다
장기 자본이득에는 15퍼센트 정도의 낮은 세율이 적용된다. 하지만 401(k)는 일반 소득으로 간주된다. 일반 소득에는 최고 35퍼센트까지 높은 세율이 적용된다. 게다가 일찍 연금을 받고 싶으면 10퍼센트의 추가 세금을 부담해야 한다.

주식시장 폭락에 대한 보호 장치가 없다
자동차를 운전하려면 사고에 대비해 보험을 들어야 한다. 나는 부동산에 투자할 때 화재나 다른 손해에 대비해 보험을 든다. 하지만 401(k)는 시장의 붕괴에서 발생하는 손실에 대한 보호 대책이 없다.

401(k)는 퇴직 후 가난하게 살고 싶은 사람들을 위한 것이다
재무설계사들이 은퇴를 하면 낮은 세율이 적용된다고 말하는 것도 이 때문이다. 이들은 당신의 소득이 낮은 세율이 적용되는 구간으로 하락할 것으로 가정하고 있다. 다른 한편으로 당신이 은퇴하는 시점에 재산이 많고 401(k)를 보유하고 있다면 더 많은 세금을 낼 수도 있다. 현명한 투자자들은 투자하기에 앞서 세금체제를 잘 살펴보아야 한다.

401(k)에서 발생하는 소득에는 일반 소득세율이 적용된다

일반 소득세율은 다음 3가지 소득 가운데 가장 높다.

- 근로 소득
- 포트폴리오 소득
- 수동적 소득

대부분의 재무전문가와 펀드매니저들과 관련된 슬픈 진실은 이들이 투자자가 아니라는 것이다. 이들의 대부분이 E사분면에 속한 봉급생활자들이다. 그렇게 많은 정부 연금과 각종 단체와 조합의 연금들이 제대로 운용되지 못하는 이유 가운데 하나도 바로 이들이 진정한 투자자로서 일할 수 있도록 훈련받지 못했기 때문이다.

이들 대부분은 현실적인 금융 교육을 받지 못했다. 설상가상으로 이른바 금융전문가들은 무지한 투자자들에게 주식, 채권, 뮤추얼펀드로 구성된 포트폴리오에 장기적으로 분산투자하라고 충고하고 있다.

E사분면에 속하거나 I사분면에 속한 투자자로 가장한 S사분면의 영업사원인 금융전문가들이 이런 충고를 하는 이유는 무엇일까? 당신에게 얼마나 많은 돈을 벌어주는가가 아니라 장기투자자를 얼마나 많이 유치하는가를 기준으로 그들의 급여가 결정되기 때문이다. 당신이 돈을 오래 맡겨둘수록 금융전문가들의 급여도 그만큼 높아진다.

진정한 투자자들은 돈을 묻어두지 않는다. 이들은 자신의 돈을 굴린다. 이것이 바로 '화폐의 유통속도velocity of money'라고 알려진 전략이다. 진정한 투자자의 돈은 항상 움직이면서 새로운 자산을 획득하고 다시 돈을 굴려 더 많은 자산을 매입하는 데 사용된다. 아마추어 투자자들만이 돈을 묻어둔다.

나는 401(k)와 비슷한 종류의 연금이 모두 다 나쁘다고 말하는 것이 아니다. 단지 나에게 퇴직연금은 너무 비싸고 너무 위험하다. 그리고 세금 부담도 높고 투자자들에게 공정하지 못하다. 더 좋은 투자 방법이 있지만, 이를 위해서는 금융 교육이 필요하다는 것이 내가 말하고자 하는 핵심이다.

보통의 투자자는 자본이득을 위한 투자와 현금흐름을 위한 투자 사이의 차이점을 알지 못한다. 대부분의 투자자들은 주식과 주택의 가격이 오르기를 바라면서 자본이득에 투자한다. 자신에게 들어오는 돈이 빠져나가는 돈보다 많은 한 당신의 투자는 훌륭한 투자다. 우리를 부자로 만들거나 가난하게 만드는 것은 투자 대상이나 자산 종류가 아니라는 점을 명심하라.

성공과 실패, 부와 가난은 당신이 얼마나 현명한 투자자인가에 따라 결정된다. 현명한 투자자는 주식시장에서 수백만 달러를 벌 수 있을 것이다. 반면 아마추어 투자자는 수백만 달러를 잃을 것이다.

많은 사람들이 투자 방법을 배우는 것이 중요하지 않다고 생각하는 것은 불행한 일이다. 이 때문에 사람들은 투자가 위험하다고 믿고, 자신들의 돈을 이른바 '전문가'들에게 위탁한다. 하지만 전문가라는 사람들의 대부분은 진정한 투자자들이 아니라 고객들의 수익이나 손해에 관계없이 월급을 받는 영업사원들일뿐이다. I사분면에는 다음에서 소개하는 5단계의 투자자가 존재한다.

5단계의 투자자들

1단계. 금융 지능이 제로인 투자자

한때 가장 부자였던 미국의 인구 절반 이상이 I사분면의 최하 수준에 있다는 것은 슬픈 현실이다. 간단히 말하면 이들은 투자할 여윳돈이 전혀 없는 사람들이다. 이 범주에 속하는 사람들 가운데 상당수가 많은 돈을 벌고 있다. 하지만 이들은 돈을 많이 벌지만 버는 것보다 더 많이 소비한다.

나는 매우 부자처럼 보이는 친구 한 사람을 알고 있다. 그는 부동산 중개인으로 훌륭한 직장을 가지고 있고, 아름다운 아내를 곁에 두고 있으며, 3명의 자식을 사립학교에 보낸다. 그 친구는 캘리포니아 주 샌디에이고에서 태평양이 내려다보이는 멋진 집에 살고 있다. 그와 그의 아내는 유럽에서 수입한 고급 자동차를 몰고 다닌다. 자식들이 운전할 나이가 되면 그들도 비싼 자동차를 운전할 것이다. 이들은 부자인 것처럼 보이지만 모든 것이 부채다. 내 친구는 가장 가난한 사람들보다 더 가난하다.

지금 내 친구는 집이 없다. 부동산시장이 붕괴됐을 때 집을 잃었다. 그는 그동안 축적한 모든 부채에 대한 이자를 감당할 수가 없었다. 그는 돈을 많이 벌었지만 빈털터리가 되었다. 장기적으로 그를 빈털터리로 만든 것은 낮은 금융IQ였다. 사실 그는 부채가 많은 마이너스 수준의 투자자였다. 대부분의 다른 사람들처럼 그가 소유하고 있는 모든 것들은 시간이 지나면 가치를 잃거나 비용을 유발시키는 것이었다. 그는 자신을 부자로 만들어주는 자산은 아무것도 가지고 있지 않았다.

많은 사람들이 저축은 현명한 것이라고 믿고 있다. 문제는 오늘날 돈은 더 이상 돈이 아니라는 것이다. 사람들은 빛의 속도로 찍어내는 위조지폐와 같은 돈을 저축하고 있다. 1971년에 미국의 닉슨 대통령이 달러를 금본위제도에서 분리한 이후 달러는 부채가 되었다.

1971년 이후 물가가 계속 오르는 가장 중요한 원인은 미국이 돈을 찍어내고 있기 때문이다. 미국의 연방준비은행과 세계 각국의 중앙은행들이 매우 빠른 속도로 돈을 찍어내고 있다. 조폐기에서 쏟아져나오는 모든 화폐는 더 많은 세금과 더 높은 인플레이션을 의미한다. 이런 사실에도 불구하고 수백만 명의 사람들이 저축은 현명한 일이라고 믿고 있다. 저축은 돈이 돈으로서의 역할을 할 때만 현명한 일이라는 점을 기억하라.

세계 최대의 금융시장은 채권시장이다. 채권의 종류는 매우 다양하다. 미국 재무부 국채, 회사채, 지방채 그리고 투기등급의 채권 등이 있다. 지난 수 년 동안 사람들은 미국 정부와 지방 정부채권은 안전하다고 생각했다. 그리고 2007년에 금융위기가 시작됐다.

2007년의 금융위기는 파생상품의 일종인 주택저당증권과 같은 부동산담보채권에 의해 촉발됐다. 수백만 개의 부동산담보채권들은 신용등급이 낮아 위험도가 높은 저소득층을 대상으로 주택자금을 빌려주는 비우량 주택담보대출로 구성돼 있었다. 대출을 받아 집을 산 사람들 가운데 일부는 직장도 소득도 없는 사람들도 포함돼 있었다. 월스트리트의 은행들은 이런 비우량 담보대출을 채권으로 만들고, 이를 우량 채권으로 포장해 기관투자가, 은행, 정부 그리고 개인 투자자들에게 판매했다. 이것은 분명한 사기다.

부실 채무자들이 담보대출에 대한 이자를 더 이상 감당할 수 없게 되자, 부실한 주택저당증권을 그럴듯하게 포장해 판매한 채권들이 세계 곳곳에서 문제를 일으켰다. 이런 비우량 주택담보 대출을 AAA 등급의 우량 부채로 등급을 매긴 곳이 워런 버핏의 회사인 무디스라는 것은 정말 아이러니가 아닐 수 없다.

많은 사람들이 골드만삭스와 JP모건과 같은 거대 은행들이 금융위기를 불러왔다고 비난하고 있다. 하지만 이번 금융위기에 대해 비난을 받아야 할 사람이 있다면 그것은 다름 아닌 워런 버핏이다. 똑똑한 버핏은 자신이 무슨 일을 하는지 잘 알고 있다. 무디스가 썩은 개고기를 A등급의 쇠고기라고 판정한 것이다. 이것은 범죄다.

문제는 이런 비우량 채권들이 세계 곳곳에서 문제를 불러일으키고 있다는 것이다. 아일랜드, 그리스와 같은 국가들은 자국의 채권에 대한 이자도 지불하지 못하고 있다. 미국의 연방 정부와 지방 정부들도 앞으로 채권에 대한 이자를 지급하지 못하게 될 것이다. 2011년에 채권시장의 위험성이 드러나는 과정에서 수백만 명의 개인과 퇴직자들, 연금펀드, 정부 그리고 은행들은 어려움에 처하게 될 것이다. 여기에 더해 인플레이션 때문에 채권투자는 점점 매력을 잃게 될 것이다.

이 때문에 저축만 하는 사람들은 경제적 패자가 될 수밖에 없다. 예를 들어 채권의 이자가 3퍼센트고 인플레이션이 5퍼센트라면 3퍼센트 금리를 주는 채권의 가치가 폭락할 것이고, 투자자들도 손해를 보게 될 것이다.

중국이 가장 큰 패배자가 될 수도 있다. 중국은 수조 달러의 미국 국채를 보유하고 있다. 미국 정부가 더 많은 채권을 발행하고 더 많은 돈을 찍어내 달러의 가치를 떨어뜨릴 때마다 미국 국채에 투자한 중국 자산의 가치도 하락한다. 그러나 만일 중국이 미국 국채 매입을 중단한다면 세계 경제는 붕괴에 직면하게 될 것이다.

수백만 명의 은퇴자들도 중국과 비슷한 처지가 될 수 있다. 지속적인 수입이 필요한 은퇴자들은 국채가 안전하다고 믿었다. 오늘날 크고 작은 정부들이 파산하고 물가가 상승하면서 은퇴자들도 저축을 하는 사람들이 패배자가 되고 있다는 사실을 깨닫고 있다.

지방채는 주 정부, 시, 병원, 학교와 다른 공공기관들이 발행한 것이다. 지방채는 세금이 없지만 무위험 채권은 아니다. 지방채 투자자들도 자신들이 투자한 상품들이 심각한 문제에 직면해 있다는 것을 알고 있다.

미국의 경우 지방채에 투자한 자금의 규모가 3조 달러를 넘는다. 대부분의 공공기관들이 부실하기 때문에 이 가운데 3분의 2 정도가 위험에 처해 있다고 추정된다. 더 많은 자금이 투입되지 않는다면 주택담보대출에 대한 이자를 지급하지 못해 비우량 주택 소유자들이 파산했던 것처럼, 미국도 주 정부, 시, 병원, 학교 등이 파산하면서 내부로부터 붕괴할 수도 있다.

채권시장은 부동산이나 주식시장보다 규모가 훨씬 큰 세계 최대의 금융시장이다. 채권시장의 규모가 가장 큰 이유는 대부분의 사람들이 저축에만 의지하는 2단계 수준의 투자자들이기 때문이다. 1971년에 돈의 규칙이 바뀐 이후 저축을 하는 사람들이 채권에 투자함으로써 가장 큰 손해를 보았다는 것은 불행한 일이다.

저축을 하는 사람들, 채권 투자자들 그리고 은퇴연금을 납입하는 사람들은 돈을 묻어두고 있는 반면, 투자전문가들은 돈을 굴리고 있다는 사실을 명심하라. 투자전문가들은 자산에 투자하고, 자산을 팔지 않은 채 돈을 돌려받고, 그 돈을 다시 자산에 투자한다. 이것이 돈을 묻어두는 사람들이 가장 큰 손해를 보는 이유다.

3단계. 너무 바빠서 투자할 시간이 없는 투자자

3단계 투자자들은 너무 바빠서 투자 방법을 배울 시간이 없다고 생각하는 사람들이다. 여기에 속한 많은 투자자들은 고등 교육을 받은 사람들이다. 이들은 재정적으로 순진하고, 그래서 누군가에게 돈의 관리를 위탁하는 경향이 있다. 401(k)와 개인연금계좌에 가입한 사람들 그리고 매우 부유한 투자자들이 3단계에 속한다. 3단계 투자자들은 '전문가'에게 자산관리를 위탁하고, 전문가들이 진정한 투자전문가이기를 바란다.

2007년에 금융위기가 발발한 직후, 부유한 사람들의 대부분이 자신들이 믿었던 전문가들이 전문가가 아니라는 사실을 깨달았고, 심지어 믿을 수 없는 사람들이라는 것을 알게 되었다. 부동산시장과 주식시장이 붕괴하기 시작하면서 불과 몇 달 만에 수조 달러어치의 부가 증발해버렸다. 겁에 질린 투자자들은 자산관리를 위탁한 사람들에게 해결책을 요청했다. 그러다가 몇몇 투자자들은 자신들이 믿었던 사람들이 정교한 폰지 사기를 벌이는 세련된 사기꾼이라는 사실을 깨달았다.

합법적인 폰지 사기도 있고 불법적인 폰지 사기도 있다. 사회보장제도는 합법적인 폰지 사기다. 주식시장도 마찬가지다. 사회보장제도나 주식시장 모두 새로운 자금이 흘러들어오는 동안 폰지 사기 게임은 지속된다. 만일 새로운 자금의 유입이 중단되면, 사회보장제도와 월스트리트가 모두 붕괴하고 말 것이다.

3단계에 속한 투자자들의 문제점은 이들이 돈을 잃고서도 아무것도 배우지 못한다는 것이다. 이들은 끔찍한 경험을 제외하면 아무런 투자 경험이 없다. 이들이 할 수 있는 것이라고는 자산관리자나 시장 또는 정부를 원망하는 것이다. 어떤 실수를 했는지 깨닫지 못한다면 자신이 저지른 실수에서 교훈을 얻는 것은 불가능하다.

4단계. 스스로 전문가라고 생각하는 투자자

4단계에 속하는 투자자들은 스스로 직접 투자하는 사람들이다. 캐시플로 사분면에서 볼 때, 이들은 투자자로서 S사분면에 속하는 사람들이다. 많은 퇴직자들이 현직에서 물러나면 4단계 투자자들이 된다. 4단계 투자자들은 종종 수수료가 저렴한 증권회사를 통해 주식거래를 할지도 모른다.

하지만 투자자 자신이 직접 연구하고 매매 결정을 내리는 데 증권회사에 높은 증식중개 수수료를 내야 할 이유가 있을까? 이들이 부동산에 투자한다면 직접 좋은 부동산을 고르거나 유지 관리를 할 것이다. 만일 금에 관심이 있다면 자신들이 직접 금과 은을 사서 보관할 것이다.

대부분의 경우, 본인이 직접 투자하는 것을 좋아하는 사람들은 공식적인 금융 교육을 거의 받지 않은 사람들이다. 이들이 스스로 혼자 할 수 있는데 굳이 무엇인가를 배우려고 할 이유가 있을까?

4단계 투자자들이 한두 개의 강의를 듣게 된다면 아마도 범위가 좁은 주제일 것이다. 예를 들어 주식 거래를 좋아한다면 주식 거래강의에만 초점을 맞출 것이다. 부동산 투자에 관심이 있는 사람들도 부동산과 관련된 강좌만 들을 것이다.

나는 아홉 살 때 부자 아빠에게 모노폴리 게임을 통해 금융 교육을 받았다. 그는 내가 투자 세계의 큰 그림을 보기를 원했다. 다음 그림은 나의 부자 아빠가 내가 평생 동안 배우기를 바랐던 기본적인 자산의 종류 가운데 일부를 설명한 것이다.

대차대조표

자산	부채
기업 부동산 금융자산 상품	

많은 사람들이 투자의 필요성을 깨닫기 시작하면서 수백만 명의 사람들이 소규모의 4단계 투자자들이 될 것이다. 2007년에 시장이 붕괴된 이후 이 가운데 많은 사람들이 기업가가 되었고, 소규모 사업을 시작하거나 가격이 떨어진 부동산에 투자했다.

그러나 대부분은 주식투자에 손을 대고 있다. 달러의 가치가 떨어지자, 수백만 명이 달러 대신 금과 은을 사들이기 시작했다. 금융 교육에 투자하고 정기적으로 수업을 받고 자신들의 능력을 키우기 위해 전문가를 고용한 사람들은 혼자 힘으로 투자하는 사람들보다 분명히 더 좋은 성과를 거둘 것이다.

4단계 투자자들 가운데 제대로 된 금융 교육을 받은 소수의 사람들만이 다음 단계인 5단계의 자본가 수준으로 올라갈 수 있을 것이다.

5단계. 자본가 단계

5단계에는 세계 최고의 부자들이 속해 있다. 최고 수준의 투자자인 자본가들은 I사분면에 투자하는 B사분면 출신의 기업가들이다. 앞서 언급한 것처럼 4단계의 투자자는 I사분면에 투자하는 S사분면 출신의 직접 투자자다. 4단계 투자자와 5단계 투자자의 차이점은 다음과 같다.

- S사분면에 속한 투자자는 일반적으로 자신의 돈을 가지고 투자한다. B사분면의 투자자들은 타인의 돈을 이용해 투자한다. 이것이 4단계와 5단계 투자자들의 가장 중요한 차이점이다.
- S사분면에 속한 투자자들은 대체적으로 단독으로 투자한다. B사분면 투자자는 팀으로 투자한다. B사분면 투자자들은 가장 똑똑한 사람들이 될 필요는 없고 대신 가장 똑똑한 팀을 고용하면 된다. 많은 사람들이 한 사람보다 두 사람이 함께 고민하면 더 정확한 답이 나온다는 사실을 잘 알고 있다. 하지만 S사분면에 속한 많은 투자자들은 자신들이 세계에서 가장 똑똑한 사람들이라고 믿고 있다.
- S사분면에 속한 투자자는 B사분면의 투자자보다 수익률이 떨어진다.
- S사분면 투자자는 B사분면 투자자보다 대체로 세금을 더 많이 낸다.
- S사분면의 S는 이기적selfish이라는 의미도 포함하고 있다. 이들은 더 이기적일수록 더 많은 돈을 벌어들인다. B사분면에 속한 투자자는 관대하고 너그러워야 한다. B사분면 투자자들은 관대

할수록 그만큼 더 많은 돈을 번다.

- S사분면에 속한 투자자로서 투자 자금을 조성하는 것은 상당히 힘들지만, B사분면의 투자자는 자금 조성에 어려움이 없다. B사분면에서 기업을 설립하는 방법을 배우고 나면 성공이 자금을 끌어들인다. 일단 B사분면에서 성공하면 I사분면으로부터 자금을 끌어오는 것이 쉬워진다. 문제는 B사분면에서 성공할 확률이 높지 않다는 것이다.

자금을 얼마나 쉽게 마련할 수 있는가, 즉 자금조달의 용이성이 S사분면에서 성공과 B사분면에서 성공의 가장 큰 차이점 가운데 하나다. B사분면에서 성공하면 인생이 편안해진다.

S사분면에 속한 투자자들의 문제점은 그들이 성공하더라도 항상 자금조달에 어려움을 겪을 수밖에 없다는 것이다. 예를 들어 B사분면에서는 기업의 주식을 시장에 매각하는 주식공모를 통해 쉽게 자금을 조달할 수 있다.

페이스북이 B사분면에서 자금조달이 얼마나 쉬운지를 보여주는 좋은 사례다. 페이스북이 작은 웹 컨설팅 회사로 남아 있었다면 투자자금을 모집하기가 매우 어려웠을 것이다. 맥도널드도 또 다른 좋은 사례다. 맥도널드가 S사분면에 속한 매장이 하나뿐인 햄버거 가게로 남아 있었다면 어느 누구도 맥도널드에 투자하지 않았을 것이다. 맥도널드가 프랜차이즈 형태로 사업을 확장하면서 B사분면에 진출하고 주식시장에 상장하자 투자자금이 쏟아져 들어왔다.

기업이 주식 매각을 통해 기업을 공개하는 이유는 기업이 가진 것을 더 많이 나눌수록 기업가도 더 부자가 되기 때문이다. S사분면에 속한 기업들은 규모가 너무 작기 때문에 주식을 매각하는 데 어려움을 겪는다.

부동산시장도 동일하다. 내가 주택이나 콘도 그리고 30채 정도의 아파트에 투자하는 소규모 부동산 투자자였을 때는 은행에서 대출을 받기가 어려웠다. 우리 부부가 100채가 넘는 아파트에 투자하기 시작했을 때 은행들은 우리에게 더 많은 자금을 기꺼이 빌려주었다.

은행들은 투자자에게 자금을 지원하는 것이 아니라 수백만 달러에 달하는 100채 이상의 아파트에 투자하는 것이다. 은행들은 투자자보다 100채가 넘는 부동산을 더욱 자세하게 분석한다. 또 은행들은 1만 달러보다 1,000만 달러를 빌려주는 것을 선호한다. 왜냐하면 수천 달러를 빌려주는 것이나 수백만 달러를 대출해주는 것이나 비슷한 노력과 시간이 들기 때문이다. 채무자들은 은행이 돈을 벌도록 도와주기 때문에, 은행은 대출 받는 고객들을 좋아한다는 사실을 명심하라.

수많은 아파트를 관리하고 수익을 내는 우리 부부의 능력을 인정받게 되면, 은행들은 금융위기가 닥쳐와도 돈을 빌려주겠다고 줄을 선다. 그렇다면 5단계에 속한 투자자들은 누구로부터 자금을 조달하는 것일까? 자신들의 돈을 은행에 저축하고 연금을 꼬박꼬박 납입하는 2단계와 3단계의 투자자들의 자금을 활용하는 것이다.

나는 내 인생의 대부분을 가난하게 살았다. 돈이 없는 것을 핑계로 삼았다면 나는 자본가가 되지 못했을 것이다. 이것은 중요한 사실이다. 진정한 자본가는 돈이 많지 않다. 자본가들이 자금을 조달하는 방법과 남의 돈을 활용해 많은 돈을 버는 방법을 배워야 하는 것도 이 때문이다.

2007년에 세계 금융시장이 붕괴되기 시작했을 때, 우리 부부의 재산은 줄어드는 대신 오히려 증가했다. 주식시장과 부동산시장이 붕괴했을 때 정말 좋은 거래 조건의 부동산이 쏟아져나왔고, 은행들은 우리 부부에게 수백만 달러를 대출해주면서 자신들이 투자한 부동산을 인수하라고 했다.

우리 부부는 2010년에만 은행과 연금펀드로부터 대출을 받아 8,700만 달러 상당의 부동산을 매입했다. 2010년은 우리 부부에게 생애 최고의 해였다. 부자 아빠는 "진정한 투자자에게는 시장이 상승하거나 하락하는 것이 중요하지 않다. 진정한 투자자는 어떤 시장 상황에서도 좋은 결과를 낸다"라고 자주 말했다.

현재 당신의 위치는?

잠시 시간을 내서 당신의 현주소에 대해 생각해보라.

당신은 1단계 투자자인가

만일 당신이 투자에서 나오는 소득이 전혀 없고 부채가 너무 많다면 밑바닥에서부터 시작해야 할 것이다. 당신이 부채의 늪에 빠져 있다면 당신을 위한 최고의 투자는 부채에서 벗어나는 것이다. 당신이 무엇인가를 하고 있다면 부채 자체는 문제가 되지 않는다.

첫 번째 사업에 실패했을 때 나는 약 100만 달러의 빚을 지고 있었다. 부채를 다 갚는 데 5년이 걸렸다. 여러 측면에서 실수로부터 배우고 실수에 대한 책임을 지는 것은 가장 훌륭한 교육이 될 수 있다. 실수에서 교훈을 얻지 못했다면 지금의 나는 존재하지 않았을 것이다.

당신은 2단계 투자자인가

당신이 열심히 저축을 하는 사람이라면 은행에 저축하거나 퇴직연금에 가입할 때 주의해야 한다. 일반적으로 저축을 하는 사람들은 손해를 본다. 저축은 투자에 대해 배우고 싶어하지 않는 사람들을 위한 투자전략이다.

저축을 하기 위해서는 금융지식이 필요 없다. 원숭이도 훈련시키면 저축을 할 수 있다. 저축의 위험은 배울 것이 아무것도 없다는 것이다. 시장의 붕괴나 화폐의 평가절하에 의해 당신의 예금이 거의 사라지게 되면 돈도 잃고 아무것도 배우지 못한다. 1971년 이후 미국 달러의 가치가 95퍼센트나 하락했다는 사실을 명심하라. 남은 5퍼센트의 가치가 사라지는 데도 그리 오랜 시간이 걸리지 않을 것이다.

앞에서 여러 차례 살펴본 것처럼 잘못된 가격으로 금을 사면 금에 투자해도 손해를 볼 수 있다. 주식이든 부동산이든 몇 개의 투자 강의를 수강하면서 당신이 어떤 자산에 관심이 있는지 알아보는 것이 좋다. 어떤 것도 당신의 관심을 끌지 못한다면 그냥 저축하라. 그러나 대부분의 사람들이 저축만 하고 투자를 하지 않기 때문에 채권시장이 세계에서 가장 큰 시장이 되고 있다. 저축을 하는 사람들에게 이상하게 들릴 수도 있지만 채권시장과 은행들은 채무자를 필요로 한다.

당신은 3단계 투자자인가

3단계의 투자자는 주식이나 채권, 뮤추얼펀드, 보험, 상장지수펀드 등 위험한 상품에 투자하는 것을 제외하면 2단계 투자자와 비슷하다. 다시 말하지만 3단계 투자자의 위험은 시장이 망하면 투자자도 모든 것을 잃게 된다는 것이다. 그리고 아무것도 배우지 못한다.

당신이 3단계에서 벗어날 준비가 돼 있다면 금융 교육에 투자해 돈에 대한 당신의 통제력을 키워라. 그러면 4단계 수준으로 올라설 것이다.

당신은 4단계 투자자인가

투자전문가로서 4단계 수준에 올라섰다면 축하받아 마땅하다. 자신의 돈을 관리하고 투자에 대해 배우기 위해 시간을 투자하는 사람들은 소수에 불과하다. 4단계에서 성공의 핵심요소는 평생 학습, 훌륭한 조언자 그리고 비슷한 생각을 하는 친구들이다.

4단계의 투자자들은 실수가 성장할 수 있는 기회가 된다는 사실을 알고 있기 때문에 인생에 대한 통제력을 가지고 있다. 투자에 대한 두려움은 당신을 위축시키지 못할 것이다.

당신은 5단계 투자자인가

5단계 수준의 투자자인 자본가가 되는 것은 세계 최정상에 오르는 것과 같다. 말 그대로 세상이 당신의 것이 된다. 세계에는 국경이 없다. 기술의 발전이 빠른 시대에 자본가가 되는 것은 그 어느 때보다 쉽다.

당신이 5단계 투자자라면 배우고 나누어주는 일을 계속하라. B사분면에 속한 자본가들은 더 많이 나눠줄수록 더 많이 돌아온다는 것을 알고 있다. 그렇기 때문에 진정한 자본가들은 관대하다는 사실을 명심하라.

자유의 장점 가운데 하나는 당신이 누리고 싶은 삶을 선택할 수 있다는 것이다. 나는 26세가 되던 1973년에 내가 부모님들이 원하는 삶을 살고 싶어하지 않는다는 사실을 깨달았다. 나는 월급을 받으면서 수입에 맞춰 사는 인생을 원하지 않았다. 그것은 내가 원하는 삶이 아니었다. 부모님에게는 좋은 삶이었을 수 있지만, 그런 삶이 나에게 어울리지 않는다는 사실을 잘 알고 있었다.

학위를 받기 위해 학교로 돌아가는 것도 나에게 맞지 않는다고 생각했다. 나는 석사나 박사학위가 즐비한 가정에서 자랐기 때문에 학교가 사람들을 부자로 만들어 주지 못한다는 사실을 알고 있었다. 나는 대기업에 취직해 승진하고 싶지도 않았고 전문직에 종사하고 싶지도 않았다. 그래서 기업가와 투자전문가가 되기로 결심했다. 나는 세계를 돌아다니면서 사업을 하고 투자를 하는 자유를 원했다. 이것이 나의 선택이었다. 나는 내가 선택한 길을 다른 사람들에게 권하지 않는다. 하지만 사람들에게 선택을 하도록 권한다. 선택하는 힘이 바로 자유이기 때문이다.

나는 당신이 5단계의 투자자 유형을 살펴보고 자신의 길을 선택하기를 바란다. 각 단계마다 장점과 단점이 존재하고, 돈보다 더 중요한 가치를 가지고 있다. 당신이 1단계나 2단계 또는 3단계를 선택한다면 당신의 투자생활을 도와줄 사람들과 기관들이 도처에 널려 있다는 것을 명심하라.

투자에 대한 마지막 충고 _____

투자의 세계에서 투자수익률이라는 용어를 자주 접하게 될 것이다. 투자수익률은 당신이 어떤 사람과 이야기하는가에 따라 달라진다. 예를 들어 은행원과 이야기를 한다면 "고객님의 예금에 대해 3퍼센트의 이자를 지급해드립니다"라고 말할 것이다.

이 정도의 투자수익률은 괜찮게 들리지도 모른다. 만일 재무설계사와 이야기를 한다면 "1년에 10퍼센트의 수익률을 기대할 수 있습니다"라고 말할 것이다. 대부분의 사람들에게 연간 10퍼센트의 수익률은 상당히 큰 것이다.

대다수 사람들, 특히 E와 S사분면에 속한 사람들은 수익률이 높으면 위험도 크다는 것을 알고 있다. 따라서 10퍼센트의 수익률을 제공하는 상품이 수익률이 3퍼센트인 은행 예금보다 투자위험이 더 크다고 생각한다.

그러나 불행하게도 은행에 맡겨 3퍼센트의 수익을 얻는 것이나 주식시장에서 10퍼센트 수익률 얻는 것이나 둘 다 위험성이 높다. 은행에 저축한 돈은 은행들이 돈을 찍어내면서 유발한 인플레이션과 정부의 높은 세율로 인해 위험에 노출된다. 주식시장의 10퍼센트 수익률은 초단타매매HTF, High Frequency Trading(일명 플래시 트레이딩이라고 하는 HFT는 대형기관투자가들이 초고속 연산이 가능한 슈퍼컴퓨터들을 통해 일반 투자자들의 주문 상황을 미리 파악한 뒤 이를 이용해 초단타 매매를 하고 이익을 챙기는 거래 - 옮긴이)와 손실에 대한 보호 장치 없이 투자하는 순진한 투자자들로 인해 발생하는 높은 변동성에 의해 위험에 처하게 된다. 나의 투자세계에서 투자수익률ROI,Return On Investment은 정보에 대한 수익률Return On Information이다. 이것은 정보를 더 많이 가지고 있을수록 수익률이 더 높아진다는 의미다. 동시에 위험은 더 낮아진다.

1973년에 부동산 강의를 듣고 나는 100여 채의 부동산을 살펴본 다음, 100퍼센트 돈을 빌려 마우이 섬에 있는 콘도를 1채를 매입했다. 나는 이 콘도에서 매달 25달러의 수익을 챙긴다. 내 돈을 1달러도 투자하지 않았기 때문에 바로 매월 들어오는 25달러가 바로 무한수익이다. 한 달에 25달러의 수익이 큰돈이 아니라는 것을 잘 알고 있다. 하지만 나에게 중요한 것은 돈의 액수가 아니라 정보를 이용하고 결과를 만들어내는 새로운 사고방식이었다.

나는 단지 남들과 다르게 생각하도록 훈련받고 교육받았기 때문에 부자가 될 수 있었다. 《부자 아빠 가난한 아빠》를 읽은 사람이라면 첫 번째 장의 제목이 "부자는 돈을 위해 일하지 않는다"라는 사실을 기억할 것이다.

E사분면과 S사분면에 속한 사람들이 나의 이런 주장에 대해 문제를 제기하는 이유 가운데 하나는, 그들 대부분이 돈을 위해 일하도록 학교에서 교육을 받았기 때문이다. 이들은 학교에서 다른 사람들의 돈이 자신들을 위해 일하도록 만드는 방법을 배우지 못했다.

우리 부부는 투자자들로부터 25만 달러를 빌려 리치대드컴퍼니를 시작했다. 그리고 회사가 설립되고 운영되기 시작하자 투자받은 돈을 모두 돌려주었다. 현재 리치대드컴퍼니는 우리 부부뿐만 아니라 회사와 관련된 개인과 다른 기업들에게도 수백만 달러의 수익을 안겨주고 있다.

자신의 돈을 투자하지 않고 은행이나 다른 사람들의 돈을 이용해 돈을 버는 방법을 깨닫는 순간, 우리는 전혀 다른 세계에 들어서게 된다. 이것은 열심히 일하고 많은 세금을 내고 투자수익률이 낮은 E사분면과 S사분면과는 정반대의 세계이다.

사람들이 저축이 현명하고 주식시장에서 10퍼센트의 투자 수익이 가치 있는 것이라고 믿는 이유는 단지 제대로 된 금융 교육을 받지 못했기 때문이다. 최선의 ROI는 투자수익률이 아니라 정보수익률이다. 이것이 불확실성이 높은 세계에서 반드시 금융 교육을 받아야 하는 이유다.

'교육'과 관련해 다음 사항을 명심하라. "교육은 정보를 의미로 바꾸어주는 능력을 길러준다. 정보화 시대, 우리는 금융 정보의 홍수 속에 살고 있다. 하지만 금융 교육을 받지 못하면 정보를 우리 생활에 유용한 의미로 변화시키지 못한다."

마지막으로 나는 I사분면이 당신의 미래와 관련해 가장 중요한 사분면이라고 말하고 싶다. 당신이 무엇을 하든 I사분면에서 당신이 얼마나 잘하는가가 당신의 미래를 결정할 것이다. 바꿔 말하면 E와 S사분면에서 거의 돈을 벌지 못하더라도 I사분면에서의 금융 교육이 자유와 재정적인 안정으로 향하는 당신의 티켓이 될 것이다.

이상으로 캐시플로 사분면에 대한 설명을 마치고자 한다. 다음 내용으로 넘어가기에 앞서 우리가 생각해볼 중요한 문제가 있다.

당신은 어떤 단계의 투자자인가

빠른 시간 안에 정말로 부자가 되고 싶다면 5단계의 투자자에 대한 설명을 여러 번 읽어보라. 매번 읽을 때마다 나는 모든 단계에서 내 자신의 모습을 발견한다. 또 장점뿐만 아니라 내 자신의 발전을 방해하는 성격적인 결함을 발견하기도 한다. 부자가 되려면 장점을 살리고 단점을 잘 보완해야 한다. 이를 위해서는 자신이 완벽한 것처럼 행동하는 대신 장점과 단점을 먼저 인식해야 한다.

나는 평생 5단계의 투자자가 되는 것을 꿈꿔왔다. 나의 부자 아빠가 경마장에서 베팅을 하는 것과 주식 종목을 선택하는 것이 비슷하다고 설명해준 순간부터 나는 5단계의 투자자가 되고 싶었다.

하지만 앞서 설명한 1단계부터 5단계까지 다양한 투자자들의 차이점을 알게 된 이후 나의 발전을 가로막는 결함을 발견할 수 있었다. 나는 4단계부터 내 마음속에 있는 추악한 단점들을 발견했다. 나의 도박사적인 기질은 좋은 것이지만 동시에 나쁜 것이었다.

그러나 나는 아내와 친구들의 도움 그리고 교육을 통해 나의 단점을 보완하기 시작했고, 마침내 강점으로 승화시켰다. 이를 통해 5단계 투자자로서 나의 효율성도 즉각적으로 개선되었다. 지금은 5단계 투자자로서 일하고 있지 않지만, 나는 5단계의 투자자들에 대한 설명을 반복해서 읽으면서 나 자신을 끊임없이 채찍질하고 있다.

가까운 미래에 당신은 어느 수준의 투자자가 되고 싶은가

이 질문에 대한 당신의 답변이 첫 번째 질문에 대한 답과 같다면 당신은 원하는 것을 이룬 것이다. 투자자가 되는 것보다 현재에 만족한다면 이 책을 더 이상 읽을 필요가 없다. 인생의 가장 큰 즐거움 가운데 하나가 현재의 자신에게 만족하는 것이기 때문이다.

5단계의 투자자가 되려는 목표를 가진 사람은 누구나 4단계 투자자로서 먼저 투자의 기술을 습득해야 한다. 4단계를 건너뛰고 5단계로 가는 것은 불가능하다. 4단계를 건너뛰려는 사람들은 도박사와 비슷한 3단계 수준의 투자자에 불과하다.

스 페 셜
보 너 스
Q & A

특별부록 02 >>>

Q 나에게 코치가 필요한가?

자주 묻는 질문 —— 당신은 언제 코치의 도움을 받는가?

간단한 답변 —— 무엇인가가 나에게 중요하다고 생각할 때 코치의 도움을 받는다.

설명 —— 전문가들은 조언자로서 코치가 있지만 아마추어 투자자들은 그렇지 못하다. 슈퍼맨과 원더우먼은 단지 만화 속에만 존재할 뿐이다. 이들을 제외한 나머지 사람들은 평범한 인간이다.

모든 운동선수들에게는 담당 코치가 있다. 선수들이 재능을 타고 났을 수도 있지만 자신들이 슈퍼맨이나 원더우먼이 아니라는 사실을 잘 알고 있다. 나도 내가 슈퍼맨이 아니라는 사실을 알고 있다. 만일 내가 슈퍼맨이었다면 원하는 것을 모두 할 수 있었을 것이고, 내 인생은 편안해졌을 것이다.

비록 슈퍼맨은 아니지만 나는 아직 계발되지 않은 잠재력과 능력을 가지고 있다는 사실을 잘 알고 있다. 이런 잠재력과 능력을 최대로 활용하고 싶다면 누군가가 나의 능력과 잠재력을 끌어내고 계발해주어야 한다. 자신의 능력을 계발하고 게으름과 한계를 넘어서고 싶다는 사실을 깨닫게 되면 코치의 도움을 받아야 한다.

나는 최근에 친한 친구를 잃었다. 그는 나이가 어렸고 건강을 제외한 모든 분야에서 성공했다. 그러나 코치를 고용하거나 식습관을 바꾸고 금주를 하는 대신 단지 더 열심히 일했다. 다른 많은 사람들처럼 더 많은 돈을 버는 데 집중하면서 자신의 건강이 악화되도록 방치해 두었다. 그에게는 젊은 아내와 두 명의 자식들이 남았다.

나도 비슷한 길을 걸었다. 35세 이후로 나는 운동은 적게 하고, 음식과 술을 더 많이 먹고, 더 열심히 일한 나머지 몸무게가 30킬로그램 이상 늘었다. 나는 코치를 고용하는 대신 "내일부터 다이어트를 할 거야. 내일부터 운동을 시작해야지. 한 달 안에 옛날에 입던 옷을 다시 입을 수 있도록 몸매를 만들어야지"라고 말했다. 내일은 계속 왔다가 지나갔지만 내 몸무게는 계속 늘기만 했다.

어느 날 나는 책상 위에 놓여 있는 사진을 보고 무척 당황했다. 미소를 짓고 있는 사진 속의 아내는 아름답고 사랑스러웠지만, 나는 아내보다 2배 정도 뚱뚱해 보였다. 그때 나는 더 이상 스스로를 속이지 말고 코치를 고용해야 한다는 사실을 깨달았다. 나는 마침내 내가 사는 곳에서 가장 엄격한 코치를 발견했고, 이후 모든 것이 바뀌었다.

나는 지금 60대이지만 오히려 40대나 50대보다 더 건강하다. 내 몸무게는 늘었다 줄었다 하지만 통제가 어려운 것은 아니다. 가장 중요한 것은 내가 60대로 들어서면서 30대였을 때보다 더 열심히 운동하고 건강을 지키려고 노력한다는 것이다. 젊은 30대에는 운동이 부담이 되지 않지만 60대에게는 커다란 도전이다.

나는 단지 건강 때문에 코치를 고용한 것이 아니다. 건강이 중요하지만 내 아내와의 인생만큼 중요하지는 않다. 나는 내 인생을 가치 있게 만들어준 아내와 함께 남은 인생을 건강하게 즐기고 싶다.

따라서 중요한 질문은 "무엇이 당신에게 중요한가?"이다. 단지 돈이나 건강이 아니다. 중요한 것은 돈과 건강이 당신과 당신의 가족에게 어떤 의미가 있는가다. 돈은 우리 인생에서 중요한 모든 것에 영향을 미친다. 나는 우리 부부가 빈털터리가 되었을 때 나 자신에 대해 무척 화가 났었다. 나는 그녀를 실망시켰고, 그래서 금전적으로 다시 일어서기 위해 코치로부터 도움을 받았다.

당신이 E나 S사분면에서 B나 I사분면으로 이동할 준비가 돼 있다면 코치를 고용하라. 대부분의 사람들에게 사분면을 바꾸는 일은 결코 쉽지 않다. 인생에 있어 중요한 변화는 결코 쉬운 것이 없다. 그래서 당신이 인생의 변화에 대해 진지하게 생각하고 있다면 반드시 코치가 필요하다.

당신이 어떤 분야에 투자해야 할지 고민할 때 중요한 것은 부동산이나 금융자산 같은 투자 대상이 아니라 기업가로서 또는 부동산 투자자로서 성공하는 것이 당신에게 어떤 의미가 있느냐다. 당신에게 가장 중요한 것이 무엇인지를 결정할 때가 바로 코치의 도움을 받아야 하는 시점이다.

자주 묻는 질문 —— 나는 돈이 없다. 어떻게 투자를 시작해야 하는가?

간단한 답변 —— 취직을 하라. 무엇인가를 해보라.

설명 —— 하나님은 스스로 돕는 자를 돕는다. 너무 많은 사람들이 도움을 원하지만 스스로를 돕거나 다른 사람을 도우려고 하지 않는다. 너나 할 것 없이 수백만 명의 사람들이 돈이 없다고 말하고 있다.

　현실적인 돈의 세계에서 야망은 교육보다 더 중요하다. 사람들이 돈이 없는 이유는 야심이 없고 교육을 받지 못했기 때문이다. 돈을 벌고 싶은 야심이 없다면 금융 교육도 당신을 도와주지 못할 것이다.

Q 전문 투자자용 프로그램도 운영하는가?

자주 묻는 질문 ___ 나는 상당한 수준의 지식을 가진 투자자다. 리치대드컴퍼니의 교육프로그램이 나에게도 도움이 될까?

간단한 답변 ___ 아마도 도움이 되지 않을 것이다.

설명 ___ 우리의 교육과 코칭 프로그램은 무엇인가를 배우려는 사람들을 위한 것이지 답을 모두 알고 있는 사람들을 위한 교육 과정이 아니다. 최근의 금융위기에서 수백만 명이 모든 답을 알고 있는 똑똑한 사람들의 조언을 따랐다가 수조 달러를 잃었다. 당신은 아마도 엔론의 경영자들을 가장 똑똑한 사람들이라고 불렀던 사실을 기억할 것이다. 지금 엔론은 파산했고, 종업원들은 일자리를 잃었으며, 엔론에 투자했던 투자자들도 모두 망했다.

리먼 브라더스 사태를 기억하는가? 세계 최고의 학교를 졸업한 정말로 똑똑한 사람들이 리먼을 경영했다. 하지만 리먼은 결국 파산하고 말았다. 수백만 명에게 투자 조언을 해주는 증권회사인 메릴린치도 뱅크 오브 아메리카에 의해 구제받기 전에는 거의 파산 직전으로 내몰렸었다.

텔레비전에 나오는 금융전문가들은 어떤가? 이들은 매우 똑똑한 사람들이다. 이들이 사람들에게 증시에서 빠져나오라고 말하지 못한 이유는 무엇일까? 그리고 왜 지금도 투자 조언을 해주고 있는 것일까?

벤 버냉키 의장도 마찬가지다. 연방준비제도이사회 의장인 그가 어떻게 "나는 금 가격의 움직임을 이해할 수 없다"는 발언을 할 수 있을까? 세계에서 가장 영향력이 큰 은행에 대한 통제권을 가지고 있다면, 세계에서 가장 똑똑한 사람이이어야 하지 않을까?

2007년과 2010년 사이에 수백만 달러를 벌었다면 앞으로도 더 많은 돈을 벌 수 있다. 2007년과 2010년까지의 3년은 내 투자 인생에서 최고의 전성기였다. 나는 수백만 달러를 벌었고, 더 많이 배우면 더 많은 돈을 벌 수 있다는 사실을 알게 되었다. 나의 불공정한 경쟁우위는 대학 교육이 아니라 금융 교육이기 때문이다.

상위 20위 골프 선수들과 상위 120위 골프 선수들의 차이는 2타 이내라는 사실을 항상 명심하라. 상위 20위 골프 선수들은 수백만 달러를 번다. 나머지 100명은 가족들과 편안한 생활을 즐길 수 있는 수준의 소득을 올리고 있다.

어떤 프로 골프 선수도 모든 것을 알고 있다고 말할 수 없다. 골프 선수들은 퍼팅 연습을 수백만 번씩 하더라도 여전히 퍼팅에 대해 배워야 할 것이 많다는 것을 알고 있다. 마찬가지로 전문가들 역시 때로는 가장 작은 것들이 자신들에게 가장 큰 불공정한 경쟁우위를 가져다준다는 사실을 알고 있다.

자주 묻는 질문 —— 새로운 상품과 사업에 대한 훌륭한 아이디어가 있다면 어떻게 해야 하는가?

간단한 답변 —— 착각이다.

설명 —— 아래 그림은 기업 성공의 8가지 요소를 보여주는 B-I 삼각형이다.

B-I 삼각형을 구성하는 8가지 요소를 자세히 관찰해보라. 큰 삼각형 내부에 있는 제품 삼각형이 가장 작다는 것을 발견하게 될 것이다.

제품 삼각형이 가장 작은 이유는 기업에서 중요도가 상대적으로 가장 떨어지는 것이 서비스나 제품이기 때문이다.

제품은 빙산의 일각에 불과하다. 커다란 배를 가라앉히는 것은 수면 아래에 있는 거대한 빙산의 본체다. 누군가가 "좋은 제품과 좋은 생각이 있다"라고 말하는 것을 들을 때마다 나는 그들이 빙산을 제대로 보지 못하고 있다고 생각한다. 수면 아래 있는 빙산 본체가 타이타닉 호를 침몰시킨 원인이듯 대기업이든 중소기업이든, 또 신생 기업이든 오래된 기업이든 대부분의 기업을 망하게 만드는 원인은 빙산 아래에 있다.

리치대드컴퍼니가 개발한 GEOGlobal Entrepreneurs Organization 프로그램은 성공하는 기업의 8가지 구성 요소가 제대로 작동하고 있는지와 강하고 수익성이 높은 기업으로 성장하는 데 도움을 주는지를 확인함으로써 완벽한 기업을 설립하는 방법을 가르치도록 고안된 과정이다. 8가지 요소를 하나로 통합하는 방법을 알고 나면 어떤 제품이나 서비스와 관련된 기업도 설립할 수 있는 준비를 갖추었다고 할 수 있다.

자주 묻는 질문 ____ 그렇다면 기업의 8가지 구성 요소는 무엇인가?

간단한 답변 ____ 간단하게 설명할 수 있으면 좋겠지만 불행하게도 그렇게 설명할 방법이 없다. 그래서 나는 8가지 구성 요소가 무엇을 의미하는지 지금부터 간략하게 설명할 것이다.

사명감

사명감은 B-I 삼각형의 가장 밑 부분을 차지하고 있다. 기업의 존재 이유이자 기초를 이루고 있기 때문이다. 사명감은 기업가의 마음속에서 나온다. 사명감은 단지 돈을 버는 것 그 이상이다.

세상에는 2가지 종류의 기업가가 있다. 혁신형 기업가와 사업형 기업가다. 변화를 추구하는 혁신형 기업가는 세상을 바꾸고 싶어한다. 얼마 전에 사망한 애플의 스티브 잡스가 바로 이런 종류의 기업가다. 스티브 잡스가 디자이너이자 혁신가인 것도 바로 이 때문이다.

사업형 기업가는 경쟁업체를 이기고 가격을 내리고 돈을 벌고 싶어한다. 대부분의 기업가들은 사업형 기업가다.

팀

기업이 성공하려면 다양한 직업과 서로 다른 성향을 가진 사람들로 팀이 구성되어야 한다. 훌륭한 팀에는 변호사, 회계사와 같은 전문가와 홍보, 마케팅, 영업 등 다양한 기술을 가진 사람들, 그리고 그래픽 디자인, 웹디자인 등과 같은 창의적 재능이 빛나는 사람들이 함께 일하고 있다. 또 수년간의 경력과 다양한 배경을 가진 구성원들과 서로 다른 기대치를 가진 사람들이 존재한다.

나의 부자 아빠는 "일은 쉽다. 하지만 다양한 사람들과 함께 일하는 것이 어렵다"라고 자주 말했다. 이것이 대부분의 기업가들이 기업 경영에 실패하는 이유다. 기업가들은 외로운 유격대원이거나 늑대이기 때문에 홀로 일하거나 20명 미만의 사람들과 일한다. 이들은 기업을 성장시키지 못한다. 단지 기업가라는 직업을 가지고 있을 뿐이다.

리더십

리더로서 기업가는 시간과 예산에 맞춰 결과를 산출하기 위해 사람과 자원에 집중한다. 한 조직의 리더는 기업 경영에 필요한 8가지 구성 요소가 함께 잘 작동하도록 하는 책임을 맡고 있다. 리더들은 변호사, 회계사, 웹디자이너 등과 같은 전문가를 고용한다. 전문가들은 한 분야나 구체적인 주제에 대해서 많은 것을 알고 있다. 일반적으로 우리가 살펴본 8가지 기업의 구성 요소들 가운데 한 분야다. 리더들은 많은 분야에 대해 조금씩 알고 있다. 이들은 기업의 8가지 구성 요소에 대해서도 조금씩은 알고 있어야 한다.

많은 사람들이 기업가로서 실패하는 이유 가운데 하나는 8가지 요소들 가운데 한 분야에 대해서만 과도하게 전문적인 교육을 받고 학교를 졸업하기 때문이다. 그래서 대부분이 기업과 관련된 일반 지식과 기술, 특히 리더십이 부족하다.

아래 B-I 삼각형을 보면 삼각형의 세 변을 구성하는 요소들, 즉 사명감, 팀, 리더십이 강조돼 있는 것을 볼 수 있다. 이 3가지가 바로 사관학교에서 가르치는 것이다.

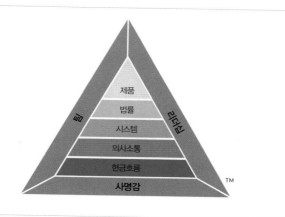

내가 전통적인 경영대학원에서 공부하지 않고도 기업가로서 성공한 이유 가운데 하나가 바로 사관학교에서 받은 교육 때문이다. 해양사관학교에 입학한 첫날 우리는 학교의 사명을 암기해야 했다. 다음 날에는 리더가 되는 방법과 팀으로 활동하는 방법을 배웠다.

현재 나는 전통적인 경영대학원 출신의 MBA와 법대 졸업자 그리고 회계사들을 고용하고 있다. 이들은 나보다 똑똑하고 비즈니스 분야에서 훨씬 더 교육을 많이 받은 전문가들이다.

사관학교는 기업가 정신이라는 측면에서 전통적인 학교 졸업생들이 배우지 못한 불공정한 경쟁우위를 나에게 가르쳐주었다. 경영대학원 졸업생들은 기업 세계에서 나에 대한 경쟁우위를 가지고 있다. 나는 기업의 세계에서 살고 싶지 않았기 때문에 그들이 나보다 경쟁우위에 있어도 개의치 않는다.

이것이 GEO 프로그램이 사명감, 팀, 그리고 리더십을 강조하는 이유다. 당신이 훌륭한 리더라면 당신보다 똑똑하고 훨씬 더 교육을 많이 받은 사람들을 고용할 수 있다.

현금흐름

기업의 현금흐름은 대부분 최고재무책임자CFO, Chief Financial Officer 나 회계사 또는 경리부장이 관리하고 있다. B-I 삼각형에서 현금흐름은 사명감 바로 위에 위치하며 기업 경영의 근간이라고 볼 수 있다.

리더가 경영을 잘했다면 직원의 급여, 자신의 수익, 주주들의 배당 그리고 기업을 발전시킬 자본금 등 충분한 현금흐름을 확보하고 있어야 한다. 만일 경영을 잘못했다면 현금이 부족해서 비용 절감, 정리해고 그리고 운영 자금의 감소 같은 다양한 문제가 발생할 것이다.

의사소통

의사소통은 현금흐름 바로 위에 위치하고 있다. 내부 소통과 외부 소통이 모두 직접적으로 현금흐름에 긍정적이거나 부정적인 영향을 미치기 때문이다. 외적인 의사소통에는 PR Public Relations이라고 불리는 고객과의 의사소통과 마케팅, 광고, 영업 등이 포함된다. 직원과 협력업체, 경영진 그리고 주주들과의 관계는 내적인 의사소통이다. 내적인 소통과 외적인 소통이 원활하지 못한 조직들은 8가지 구성 요소 모두에서 고전을 면치 못한다.

영업도 의사소통에 포함된다. 영업은 수입과 마찬가지다. 많은 기업가들이 실패하는 이유 가운데 하나가 기업의 운영비와 개인 생활비를 충당할 만큼 충분히 많은 제품을 팔지 못하기 때문이다. 영업 교육과 거래처 개발은 GEO 프로그램의 핵심 구성 요소다. 영업을 잘하지 못하거나 영업을 좋아하지 않는다면 기업가가 되어서는 안 된다.

기업가의 가장 중요한 능력은 자본을 조달하는 것이다. 기업가가 영업을 하지 못하면 기업은 망한다. 대부분의 기업들이 순조롭게 출발하지 못하는 이유는 자본 공급에 어려움을 겪기 때문이다. 자본 조달 방법을 배우는 것도 GEO 프로그램의 중요한 구성 요소이다.

GEO 회원으로서 당신은 PR, 마케팅 그리고 영업에 탁월해지는 방법을 배우게 될 것이다. 간단하게 말하면 PR, 마케팅을 잘하면 매출은 쉽게 증가하지만, PR과 마케팅을 못하면 영업에 어려움을 겪게 될 것이다. 리치대드컴퍼니는 고객은 물론 직원과 소통하는 방법을 배우는 GEO 프로그램을 제공한다.

시스템

기업은 다양한 시스템이 합쳐진 또 다른 시스템이다. 이런 점에서 자동차나 인체와 비슷하다. 자동차는 연료 시스템, 점화 시스템, 브레이크 시스템, 냉각 시스템, 조향 시스템 그리고 다른 많은 시스템들로 구성돼 있다. 하나의 시스템이 망가지면 움직이는 데 문제가 생기거나 움직이지 않게 된다.

인체도 순환기 체계, 호흡기 체계, 소화기 체계, 골격 체계, 신경 체계 등으로 구성돼 있다. 자동차와 마찬가지로 하나의 시스템이 약화되거나 기능에 문제가 생기면 몸 전체가 고통스럽거나 활동이 멈춘다. 기업체도 자동차나 인체와 비슷하다. 기업체는 전화, 인터넷, 회계, 마케팅, 생산, 유통 등 다양한 시스템으로 구성된 하나의 큰 시스템이다. 자동차나 인체처럼 한 가지 시스템이 손상을 받으면 기업도 흔들리거나 망한다.

예를 들어 어떤 기업이 튼튼하지만 회계 시스템에 문제가 있다고 가정해보자. 그 기업은 머지않아 부정확한 장부 기입, 부실한 보고서, 세금 체납 그리고 궁극적으로 현금흐름의 부족 때문에 곤란에 처하게 될 것이다. 회계 시스템과 보고 시스템을 처리하는 방법을 배우는 것도 GEO 프로그램의 중요 과정이다.

법률

계약, 합의 그리고 법률 지식은 기업이 성공하는 데 꼭 필요한 요소다. 법적인 합의나 동의를 통해 자산이 만들어지기 때문이다. 예를 들어 내가 책을 한 권 썼다면 법적인 계약을 통해 내 책이 지적재산권이라는 자산으로 변하는 것과 같다.

법률적 합의가 없다면 세계 여러 나라에서 기업을 경영하는 것이 거의 불가능할 것이다. 부동산은 수많은 법적 계약의 집합체다. 주식거래와 자본 조달도 마찬가지다. 법률적인 계약이나 법에 대한 존중이 없다면 세상은 혼돈에 빠질 것이다.

기업의 종업원들과의 관계나 임대 아파트의 임차인과의 관계도 모두 법적인 계약에 의해 규정된다. 많은 기업가들이 훌륭한 기업을 설립하고도 어리석은 실수 때문에 자신들이 어렵게 번 돈을 변호사들에게 갖다 바치고 있다.

법률은 어떤 사업을 하든지 중요한 구성 요소다. 계약을 위해 공정하고 정확한 절차를 밟고 당신에게 조언을 해줄 좋은 변호사가 필요하다는 사실을 상기시키기 위해 법률이 B-I 삼각형의 거의 윗부분에 위치하고 있다.

제품

8가지 구성 요소 가운데 가장 중요도가 떨어지는 것이 제품이다. 하지만 제품이 중요하지 않다거나 최고의 품질을 가진 제품이 필요 없다는 뜻은 아니다. 제품은 고객의 관점에서 중요하다. 제품을 생산하는 기업은 기업가와 투자자들에게 중요하다.

나는 모든 사람들이 100만 달러짜리 아이디어나 제품을 가지고 있다고 믿는다. 문제는 자신들의 아이디어를 100만 달러짜리 사업으로 변환시키는 기업가적 재능이 부족하다는 것이다. B/I사분면의 관점에서 보면 기업이 제품보다 훨씬 중요하다. 제품은 단지 제품일 뿐이다. 기업은 자산이다.

자주 묻는 질문 —— 우리 모두는 자본주의자가 아닌가?

간단한 답변 —— 아니다.

설명 —— 공산주의 세계에도 의사, 변호사 은행가, 항공기 조종사, 웹디자이너 그리고 선생님이 존재한다. 자본주의, 사회주의, 공산주의에 관계없이 이들은 경제를 구성하는 사람들이다.

진정한 자본가들은 정부와 사람들이 원하는 것을 이루기 위해 다른 사람들의 돈과 노동력을 활용한다. 자본가들은 자본시장을 이용하고 그 과정에서 자신들을 부자로 만든다. 돈을 위해 일하고 투자를 한다면, 당신은 자본주의 사회의 일부분이지 반드시 자본가라고 할 수 없다.

생산 수단이 사적으로 소유되고 개인의 이익을 위해 이용되는 것을 자본주의라고 한다. 칼 마르크스는 노동자 계급인 프롤레타리아를 생산 수단을 가지지 못한 사람들로 정의했다. 학교가 학생들을 취직시키고, 회계사, 변호사, 의사로 돈을 벌게 만들도록 교육시킨다면 학생들은 자본가를 위해 일하도록 훈련을 받고 있는 것이다.

Q 기업가 정신은 모두를 위한 것인가?

자주 묻는 질문 ___ 누구나 기업가가 될 수 있는가?

간단한 답변 ___ 그렇다. 우리 이웃에 사는 한 소년은 주말마다 잔디를 깎는다. 그는 기업가다. 기업가가 되는 것은 대단한 일이 아니다. 성공한 기업가가 되는 것이 어려울 뿐이다. 다양한 연구에 따르면, 근무시간과 수입을 비교해 많은 기업가들이 종업원들보다 소득이 낮다고 한다.

설명 ___ 기업가가 되는 것 자체는 대단한 일이 아니다. 어떤 종류의 기업가가 되고 싶은가가 더 중요한 문제다. 중국 속담에 "숲 속에는 많은 종류의 새들이 있다"라는 말이 있다. 현금흐름 사분면을 보면서 각각의 사분면을 다른 숲으로 보고 그 속에 다양한 종류의 새들이 있다고 생각해보라. 이를 구체적으로 설명하면 다음과 같다.

E사분면

E사분면의 숲 속에는 CEO에서부터 경비원까지, 변호사에서부터 육체노동자, 회계사에서부터 탈세자, 관리자와 엄마 등 다양하고 광범위한 봉급생활자들이 존재한다. 이들은 정규직이나 비정규직으로 일하고 시간제, 수수료 또는 월급으로 급여를 받는다. 집이나 사무실에서 일하거나 장소에 상관없이 일하는 사람들도 있다.

S사분면

S사분면의 숲에는 또 다른 새들이 살고 있다. 이곳은 대부분의 기업가들이 둥지를 틀고 있다. S는 직원이 500명 이하인 중소기업small businesses을 의미한다. S는 의사와 변호사 또는 특별한 기술에 기반을 둔 작은 기업체의 자문위원 등과 같은 똑똑한 사람smart person을 지칭한다.

S는 S사분면뿐만 아니라 다음과 같은 의미도 포함하고 있다.

- S(Selfish person)는 이기적인 사람을 뜻한다 : 이들은 자신들이 버는 것은 나누려고 하지 않기 때문에 성장하지 못한다. 전화를 받는 일에서부터 사무실 청소 그리고 세금 업무까지 모든 것을 혼자 하고 있다.
- S(Stupid)는 어리석다는 뜻이다 : 세상에는 자신도 모르는 사이에 성공한 기업가들이 많다. 어리석고 완고해서 어느 누구도 고용하고 싶지 않은 사람들도 있다. 그래서 이들은 혼자 일한다.
- S(Star)는 스타를 의미한다 : 음악가, 영화배우 또는 스포츠 스타가 여기에 속한다. 일반적으로 스타들은 스타로서의 영향력을 최고가격에 판매한다.
- S(Strange)는 색다르다는 뜻이다 : S사분면에는 예술가들이나 괴짜들이 많이 존재한다. 이들은 자신들의 일을 하고, 자신들을 과시하면서 살아가야 한다. 대부분은 평범한 세계에 적응하지 못하고 또 적응할 생각도 하지 않는다. 인터넷이라는 용감한 신세계에는 세인들의 관심을 구걸하거나 이상한 행동을 하는 사람들이 가득하다.

- S(Self-employed)는 자영업을 뜻한다 : 대부분의 기업가들은 자영업자다. 이들은 기업체를 소유하고 있는 것이 아니라 직업을 가지고 있다. 일을 그만두면 소득이 사라지기 때문에 일을 중단할 수 없다. 자영업자는 자신의 기업을 떠난 이후에야—그리고 자신들이 없어도 기업이 더 잘 돌아갈 때—진정한 기업가가 됐다고 말할 수 있다. 이들은 직업이 아닌 자산을 마련했기 때문이다. 이것이 진정한 자본가가 할 일이다.

B사분면

B는 종업원 수가 500명이 넘고 커다란 사옥을 가지고 있는 대기업을 뜻한다. 대부분의 B사분면의 기업들은 본사와 지사를 통해 운영된다. 이처럼 규모가 큰 공개 기업에서 일하는 관리자들은 비공개 기업인 개인 회사에서 일하는 관리자들과 다르다. 내가 제록스를 떠나고 싶었던 이유 가운데 하나가 직원들을 관리하는 간부들이 싫었기 때문이다. 기업 문화corporate culture는 기업가적 문화entrepreneurial culture(높은 위험을 받아들이고, 창의성을 수용하는 기업문화의 형태-옮긴이)와 다르다.

B사분면에서 창의적이고 기업가 정신이 있는 기업을 만드는 방법에는 다음과 같은 것들이 있다.

- 프랜차이징 : 프랜차이즈 기업은 자신들과 함께 사업을 하는 권리를 다른 사람에게 파는 것이다. 맥도널드는 프랜차이징의 가장 대표적인 사례다.
- 라이선싱 : 라이선스 계약은 다른 기업체가 당신 회사의 업무를

이용해 비즈니스를 하도록 허용해주는 것이다. 이것이 리치대드 컴퍼니의 비즈니스 모델이다. 우리 회사의 사무실은 규모가 작지만 전 세계에 있는 기업들에게 지적재산권에 대한 허가권을 판매한다. 라이선스 계약을 통해 리치대드컴퍼니는 상품과 교육 프로그램 그리고 세미나를 홍보하고 판매하는 수천 명의 직원들을 전 세계에 두고 있다.

- 네트워크 마케팅 : 네트워크 마케팅은 무한하게 확장할 수 있는 비즈니스 시스템이다. 개인 한 사람이 자본금이 거의 없는 상태로 시작해 자신들의 독립적인 기업을 설립하기 위해 일하는 수천 명의 사람들과의 네트워크를 통해 세계적인 비즈니스로 확장시킬 수 있다. 세계적으로 이런 종류의 비즈니스에 관련된 사람들은 수억 명에 이른다.

I사분면

I는 자본을 조달하는 방법을 이해하고 있는 투자자를 의미한다. B사분면에서 기업을 세우고 자본을 조달하면 당신은 자본가다.

- 은행 자금 조달 : 당신이 부동산에 투자하기 위해 은행에서 돈을 빌리게 되면 I사분면에 진입한 것이다. 부자 아빠가 나에게 부동산에 대한 강좌를 들어보라고 권한 이유는 단지 부동산에 대해 공부하라는 것이 아니라 부채를 관리하는 방법을 배우라는 의도였다. 지금 나는 수익을 발생시키는 수억 달러에 달하는 좋은 부채를 가지고 있다. 대부분이 세금을 내지 않는 소득이다. 집과 자동차를 사려고 대출을 받는다면 당신은 자본가가 아니라 소비자

일 뿐이다.

- 기업 공개 : 기업가가 되기로 결심한 이후 주식 상장을 통한 기업 공개는 나의 꿈이었다. 나는 기업을 공개하기까지 30년이라는 세월이 걸렸다. 힘들고 어려운 과정이었지만 나는 많은 것을 배우고 성장했다. 상장을 통해 자본금을 조달하는 자격을 얻기 위해서는 B사분면에 속하는 기업을 소유하고 있거나 B사분면에 속한 기업을 세울 능력이 있다는 것을 주식시장에 증명해야 한다.

- 사모 발행 : 상장을 통한 기업 공개와 주식의 사모 발행은 정반대의 개념이다. 사모 발행은 주식의 매각 과정이 대중에게 공개되지 않는 것이다. 사모 발행은 작은 규모의 자금을 조달하거나 소수의 자격을 갖춘 투자자들로부터 자금을 조달할 때 이용된다.

  주식의 사모 발행은 일반 대중을 위한 것이 아니다. 일반 대중은 보통주에 투자한다. 보통주는 금융 교육을 받지 않는 사람들에게는 안전한 것처럼 보인다. 20대와 30대 시절에 나는 원유와 가스 프로젝트에 대한 동업자를 찾기 위해 사모 발행을 통해 자금을 조달했다. 돈보다는 경험을 얻기 위한 것이었다.

  당시 나는 열심히 일했지만 돈을 많이 벌지 못했다. 하지만 많은 것을 배웠다. 과거에 배운 지식과 경험 덕분에 나는 지금 원유와 가스 투자에서 많은 돈을 벌고 있다. 이런 경험들이 보상의 법칙과 복합 교육의 힘을 다시 한 번 증명해주고 있다.

- 프랜차이즈 모집 : 프랜차이즈 모집도 엄격한 법과 규정을 따르고 있다. 프랜차이즈 업체는 가맹점들이 자신들의 상품과 서비스, 상표, 시스템, 광고, 영업 비밀 등을 판매하거나 사용하도록 허용한다.

예를 들면 맥도널드는 기업을 성장시키기 위해 프랜차이즈 모델을 활용하고 있다. 맥도널드는 또 추가적인 자본금을 모으기 위해 주식시장도 활용하고 있다. 나는 언젠가 경험을 쌓기 위해 프랜차이즈 사업을 해보려고 한다. 프랜차이즈 사업은 주식을 공개 모집하는 것보다 훨씬 더 복잡하다. 기업가가 아닌 일반 사람들에게 사업체를 통째로 판매해야 하기 때문이다. 보통 사람들도 수익을 낼 수 있는 사업체를 만드는 것은 상당히 어려운 과제다.

자주 묻는 질문 ___ GEO 프로그램에서 B사분면과 I사분면에 대해 배울 수 있는가?

간단한 답변 ___ 물론이다. GEO를 만든 목적이 그것이다.

설명 ___ 세상은 봉급생활자와 자영업자 그리고 전문직 종사자들로 넘쳐난다. 따라서 더 많은 기업가와 투자자들이 필요하다. 이것이 리치대드컴퍼니가 GEO 프로그램을 만든 이유다. 기업가가 되기 위한 첫 번째 단계는 S사분면에서 진정한 자산을 만드는 방법을 배우는 것이다.

S사분면에 속한 대부분의 사람들은 자영업자들이라는 사실을 기억할 것이다. 이들은 일을 중단할 수가 없다. 자영업자들이 운영하는 기업이나 사업체는 그들이 없어도 잘 돌아갈 수 있는 진정한 의미의 자산이 아니기 때문이다. S사분면에서 자신들이 없어도 지속적으로 발전 가능한 자산을 구축했다면 자영업자들은 B사분면에 도전할 준비가 됐다고 볼 수 있다.

자주 묻는 질문 ___ GEO 프로그램에 따르면 사람들은 반드시 B와 I사분면으로 진출해야만 하는가?

간단한 답변 ___ 아니다.

설명 ___ 반드시 기업가나 투자자가 되어야 하는 것은 아니다. 나는 대부분의 사람들은 S사분면에서 자신의 일에 만족하면서 살아갈 것이라고 생각하고 있다.

자주 묻는 질문 ___ 사람들이 B와 I사분면으로 진출하지 않으려고 하는 이유는 무엇인가?

간단한 답변 ___ 각 사분면으로 진출하기 위해서는 도전을 극복해야 하고 이런 도전과제들은 B와 I사분면으로 갈수록 더 어려워진다. 캐시플로 사분면의 오른편에 있는 B와 I사분면에서 성공하려면 더 많은 교육과 헌신 그리고 더 위대한 리더십이 필요하다.

설명 ___ 이미 앞서 설명한 것처럼 나는 비행기 조종사가 되기 위해 항공학교에 입학했다. 나는 학교를 졸업할 때까지 조종사가 되지 못했다. 교육 과정을 끝마치고서야 내가 조종하고 싶은 비행기를 선택할 수 있었다. 내가 조종하는 비행기의 성능이 높아질수록 내 기술의 단계도 높아져야 했다.

  GEO 프로그램에도 비행기 조종과 같은 기술, 훈련, 교육 과정이 적용된다. S사분면에서 작게 시작하고 성공적인 기업가가 되는 방법

특별부록 2

을 먼저 배워라. 그리고 B사분면과 이후에 I사분면으로 진출하는 것을 결정할 수 있다. 아니면 GEO 과정을 중단하고 당신 자신의 사업을 할 수도 있다.

어떤 사람들은 S사분면으로 진출하는 것이 너무 어려운 일이라고 생각할 수 있다. 누구든지 기업가가 될 수 있지만 기업가라는 직업이 모든 사람의 적성에 맞는 것은 아니다.

자주 묻는 질문 —— GEO 프로그램에 참여하기 위해 직장을 그만두어야 하는가?

간단한 답변 —— 아니다.

설명 —— 낮에는 직장에 다니고 파트타임으로 사업을 시작하는 것이 좋다. 대부분의 작은 기업들이 창업 이후 5년 안에 망하는 이유는 이제 막 시작한 기업가들이 사업을 유지하거나 가족을 부양할 만큼 충분한 돈을 벌 수 없기 때문이다. 기업가가 되려면 시간이 필요하다.

자주 묻는 질문 —— 대부분의 사람들이 B사분면으로 진출한 다음에 I사분면으로 진출하지 않는 이유는 무엇인가?

간단한 답변 —— I사분면으로 진출하는 것이 쉽지 않기 때문이다. 사분면을 바꾸려면 더 많은 것을 배워야 하고 지켜야 할 규칙도 늘어난다.

설명 —— 대부분의 사람들이 자신의 일을 하거나 자기 방식대로 일을 하고 싶어하기 때문에 기업가가 된다. 이들이 설립한 기업이 수익성이 좋다 하더라도 창업자의 특별한 재능에만 너무 의존하고 있어 기업으로 발전하지 못한다.

한 가지 예를 들어 설명해보자. 나는 의사 친구가 있는데, 그는 도와주는 사람 없이 모든 일을 혼자 한다. 전화도 직접 받고, 약속도 직접 챙기고, 세무 업무도 혼자 하고, 사무실 청소도 직접 한다. 비용을 거의 지출하지 않기 때문에 그는 돈을 많이 번다.

문제는 그가 B-I 삼각형의 모든 부분을 혼자 담당하고 있다는 것이다. 그는 매우 똑똑하기 때문에 여러 사람이 하는 일을 혼자 감당할 능력이 있다. 하지만 그는 일을 중단할 수 없다. 만일 그가 일을 하지 않으면 현금흐름이 멈추기 때문이다.

이것은 극단적인 사례이지만 세상에는 이런 자영업자들이 무수히 많다. 의대에서 공부를 잘했고 개업을 해서 돈을 많이 벌고 있지만, 자신의 사업을 성장시켜 B사분면이나 I사분면으로 진출하려고 하지 않기 때문에 그는 S사분면에 갇혀 지낸다.

내가 아는 또 다른 의사는 환자를 진찰하지 않는다. 그럼에도 그는 해마다 수천 명의 복지에 영향을 미친다. 환자들을 진찰하는 데 시간을 쓰지 않고 병원을 건설하는 일에 집중하고 있기 때문이다.

그는 미국과 중국에 여러 개의 병원을 소유하고 있다. 수천 명을 고용하는 수익성이 높은 병원을 세울 수 있는 비용을 충당하기 때문에, 그는 세금 혜택을 많이 받고 월스트리트를 통한 대중 투자자들과 개인 투자자들로부터 자금을 조달할 수 있다. 이 의사는 B와 I사분면에서 활동하고 있다. 이 의사의 B-I 삼각형은 병원이다. 이것은 B-I 삼각형의 8가지 요소들이 서로 조화를 이루어 법률적으로나 윤리적으로 그리고 도덕적으로 완벽하게 작동한다는 의미다.

이것이 GEO 프로그램이 기업가들에게 하도록 가르치려고 하는 것이다. 당신이 성공적인 기업가가 되면 당신이 원하는 제품과 서비스에 근거한 기업을 세울 수 있다. 제품이 B-I 삼각형에서 가장 중요도가 떨어지는 요소라는 점을 기억하라. 기업가가 B-I 삼각형을 만드는 법을 알고 나면 상품과 서비스는 원하는 것으로 바꿀 수 있다.

자주 묻는 질문 —— 가장 어려운 사분면은 어느 사분면인가?

간단한 답변 —— 처음에는 모든 사분면들이 다 어렵다. 어떻게 하는지 방법을 모르면 모든 것이 다 어렵다. 걷기를 예로 들어보자. 아기는 일어서는 것을 배우기도 힘들어 수도 없이 넘어진다. 하지만 일어서는 것을 배우고 나면 걷기를 원하고, 그 다음에는 달리기를 원한다. 아기가 달리는 방법을 배우고 나면 무엇이든지 할 수 있을 것이다.

설명 —— 나는 S사분면에서 시작해서 B사분면과 I사분면으로 진출하기를 권한다. 아기가 서는 것을 배우고, 걷기를 배우고, 마지막으로 달리기를 배우는 과정과 같다.

자주 묻는 질문 —— 왜 대부분의 기업가들이 B와 I사분면으로 진출하지 못하는가?

간단한 답변 —— 절제력이 없기 때문이다.

설명 ── 성공은 자기 절제력을 요구한다. 더 크게 성공할수록 더 많은 절제력이 필요하다. 대부분의 기업가들은 자신들이 하고 싶은 것들을 하거나 자신의 방식으로 일한다. 그래서 S사분면에서 벗어나지 못한다. B사분면은 더 많은 규칙과 절제를 요구한다. 가장 절제력이 필요한 사분면은 I사분면이다. I사분면은 가장 많은 규칙과 최소의 자유를 요구하고 있다.

자주 묻는 질문 ── I사분면이 가장 자유스럽지 못한 이유는 무엇인가?

간단한 답변 ── 다른 사람들의 돈을 이용해 투자하기 때문이다. 타인의 돈을 이용할 경우 정부의 규제는 매우 엄격하다. 미국에는 I사분면의 활동을 감시하고 규제하는 증권거래위원회SEC, Securities and Exchange Commission와 같은 기관들이 있다.

자주 묻는 질문 ── 가장 부패한 곳이 I사분면 아닌가?

간단한 답변 ── 그렇다.

설명 ── I사분면은 금융 부패를 키우는 곳이다. 버나드 매도프는 B사분면의 기업가가 아니라 역사상 두 번째로 큰 폰지 사기를 감행한 I사분면의 기업가였다. 내 생각에 역사상 가장 큰 폰지 사기는 미국 정부의 사회보장 프로그램이다.

　수많은 기업가들은 잘 몰라서 I사분면의 법을 위반한다. 이들은 기업도 설립하지 않고 자금을 조달한다. 즉 자금을 조달할 자격이 없는 데도 자금을 조달하는 것이다. 간단히 말하면 I사분면에서 자금을 조달하려고 한다면, S사분면이나 B사분면에서 지속적으로 발전 가능한 기업을 세우는 방법을 배우는 것이 최선이다.

나의 부자 아빠가 부동산 강의를 수강하라고 권한 것도 이 때문이다. 그는 내가 은행의 돈을 이용해 부동산 사업의 자금을 조달하기를 원했다. 그는 친구나 가족 등 다른 사람들의 돈을 사용하기 전에 은행의 돈으로 사업을 하기를 바랐다. 부자 아빠는 "다른 사람의 돈을 잃게 되면 너는 그 사람들 인생의 일부를 잃게 만드는 것이다"라고 자주 말했다.

부동산 투자를 위해 은행으로부터 돈을 빌리는 방법을 배우게 된 이후에 나는 원유와 가스 개발을 위한 합자회사를 만들기 위한 사모투자계획서를 발행해 자금을 모았다. 그 결과 1970년대와 1980년에 두 차례에 걸쳐 사모투자를 받았고, 2004년에 상장을 통해 첫 번째 기업의 주식을 매각했다. 나는 은행의 돈에서 시작해 사모 그리고 주식시장에서 공모를 이용한 상장까지 모든 과정을 거쳤다. 이것이 내가 I사분면에서 받은 금융 교육의 전부다.

자주 묻는 질문 —— GEO 프로그램에서 자본을 조달하는 방법을 배울 수 있는가?

간단한 답변 —— 상황에 따라 다르다.

설명 —— I사분면에서 자금을 확보하기 전에 S사분면과 B사분면에 속하는 기업의 설립 방법을 알아야 한다는 사실을 명심하라. 돈을 원하는 많은 사람들이 S사분면과 B사분면이 아니라 I사분면에 초점을 맞추고 있다. 금융 세계에 각종 사기가 만연한 것도 바로 이 때문이다. 이 사람들은 자금을 조달하고 싶지만 기업가가 아니다.

사람들에게 I사분면에 대해 가르치기 전에 리치대드컴퍼니는 그 사람이 교육을 잘 받았고, 절제력이 있으며, 윤리적이고, 도덕적인 기업가인지 확인한다. B사분면에서 기업을 설립하는 방법을 알고 있다면, I사분면의 돈이 당신을 찾을 것이다.

자주 묻는 질문 ── 리치대드컴퍼니가 제공하는 금융 교육의 가장 큰 혜택은 무엇인가?

간단한 답변 ── 불공정한 경쟁우위다.

설명 ── 리치대드컴퍼니가 제공하는 불공정한 경쟁우위에는 2가지가 있다.

- 당신이 재정적으로 희생자가 되지 않는 것이다.
- 당신이 해결책의 일부가 된다는 것이다.

2007년에 시작된 금융위기는 아직 끝나지 않았다. 우리는 태풍의 눈에 있고 금융위기는 여전히 다가오고 있다.

희생양이 되어서는 안 된다

지난 2002년에 출간된 《부자 아빠의 미래설계》에서 나는 기회를 잡을 수 있는 완벽한 폭풍이 서서히 다가오고 있다고 주장했다. 불행하게도 내가 이 책을 쓴 2011년에 그 폭풍은 점점 더 커지고 강력해지고 있다. 정부와 은행 그리고 월스트리트의 리더들이 문제를 해결하지 못하고 있기 때문에 금융 폭풍은 점점 더 거대해지고 있는 것이다.

이들은 문제를 더욱 악화시키고 있다.

우리의 정치 지도자들과 금융인들은 문제를 해결하는 대신 돈으로 게임을 하고 있다. 수조 달러를 찍어내고, 더 많은 사람들이 돈을 빌리기를 기대하면서 금리를 제로 수준으로 내리고, 생산보다 부채를 늘리고, 주식시장과 주택시장을 떠받치면서 금융 교육을 받지 못한 순진한 사람들에게 거짓말을 하고 있는 것이다.

불행하게도 대부분의 사람들은 모든 것이 정상으로 돌아가기를 바라고 있다. 사람들은 구름이 걷히고 햇살이 다시 비추고 새들이 다시 지저귀고, 일자리가 다시 생기고 월급이 오르고 경제가 연간 10퍼센트 정도 성장하기를 바라고 있다.

대부분의 사람들은 정치 지도자, 정부, 학교 그리고 금융기관들이 문제를 해결할 것이라는 희망을 가지고 있다. 수백만 명의 미국인들이 워싱턴의 정치꾼들을 바꾸면 문제가 해결될 것으로 생각하고 있다. 하지만 나는 그렇게 낙관적이지 않다. 우리의 정치 지도자들이—새로운 정치 지도자든 과거의 정치 지도자든—반드시 나쁜 사람들이었던 것은 아니다. 단지 금융위기가 너무 거대해져 정부와 지도자들이 통제할 수 있는 범위를 넘어섰다는 게 문제다.

우리가 전 세계에 엄청난 빚을 지고 있는데 대통령이 얼마나 영향력을 발휘할 수 있겠는가? 미국의 국채를 가장 많이 보유하고 있는 중국에게 미국이 어떻게 무엇인가를 하라고 지시할 수 있겠는가? 세계 모든 국가들이 미국 달러에 대한 신뢰를 잃어가고 있는 상황에서 미국이 어떻게 막강한 영향력을 발휘할 수 있겠는가?

미국의 국내적 금융 문제가 폭발하기 직전에 미국에 대한 신뢰가 사라지고 있다는 것은 더욱 불행한 일이다. 2010년에 베이비붐 세대들의 은퇴가 시작되면서 사회보장 프로그램은 파산에 직면해 있다. 국가 예산의 더 큰 구멍인 의료보장과 관련된 예산도 2019년이면 바닥을 드러낼 것이다. 사회보장과 의료보장 재정의 부실에도 불구하고, 오바마 대통령은 의료개혁안에 서명함으로써 사회복지 문제에 더 큰 부담을 주고 있다.

　미국은 2개의 전선에 걸쳐 이길 수 없는 2개의 전쟁을 치르고 있다. 미국은 제2차 세계대전처럼 산업화된 국가들과 전쟁을 하는 것이 아니기 때문이다. 미국이 한 것이라고는 베트남을 이라크와 아프가니스탄으로 대체한 것뿐이다. 미국인들은 이 두 전쟁이 얼마나 무모한 것인지 곧 깨닫게 될 것이다.

위기의 정의

위기라는 말은 "무엇인가 발생하는 과정에서 중요하거나 전환점이 되는 단계"라고 정의할 수 있다. 의학적인 측면에서는 위기를 기점으로 환자가 죽거나 상태가 다시 호전된다. 우리는 세계 역사에서 전환점에 서 있다. 문제는 우리가 사망할 것인가 아니면 생존할 것인가다.

　"경제가 다시 좋아질까요?"라고 물어보는 사람들이 많다. 경제는 지금까지 한 단계에서 다음 단계로 계속 움직여왔다. 따라서 금융 교육을 받지 않은 대부분의 사람들은 다음 단계로 이동할 수 없다.

　사람들은 다음 단계로 이동하기보다 더 이상 쓸모없는 가치에 매달리면서 과거에 살고 있다. 많은 일자리들이 저임금 국가들로 옮겨가고 있는 시대에 아직도 많은 부모들이 자녀들에게 학교에 가서 좋은 직장에 취직하라고 이야기하고 있다. 부모들은 또 중앙은행이 수조 달러를 찍어내고 있는데도 저축을 하라고 말한다. 그리고 수백만 명의 베이비붐 세대들이 연금을 받기 시작하고 있는 시점에서 많은 사람들이 계속해서 연금을 납부하고 있다.

《부자 아빠의 미래설계》에서 주장한 것처럼 좋은 기회를 잡을 수 있는 금융 폭풍이 다가오고 있다. 금융폭풍의 희생자가 되지 않기 위해 당신은 금융 교육의 수준을 높여야 한다. 금융 교육은 당신이 경제위기에서 재산을 빼앗기고 뒤처지는 대신 경쟁에서 앞서가는 기회로 삼을 수 있도록 불공정한 경쟁우위를 제공할 것이다.

당신이 미래를 바꿀 수 있다

당신의 두 번째 불공정한 경쟁우위는 세계가 직면하고 있는 도전에 대한 해결책의 일부가 될 수 있다는 것이다. 2007년에 발발한 금융위기는 실제로 이미 오래전에 시작됐다. 역사적으로 보면 1913년에 연방준비은행이 설립되었을 때 시작됐다고 할 수 있다. 미국의 국세청인 IRSInternal Revenue Service는 미국 수정헌법 16조가 만들어진 1913년에 창설됐다. 하지만 연방준비은행과 국세청은 미국의 헌법 정신을 위반한 것이었다.

이것이 단순한 우연의 일치일까? 나는 그렇지 않다고 생각한다. 2011년에 돈은 더 이상 돈이 아니다. 1971년에 금본위제도가 폐지되면서 달러는 돈으로서의 기능을 상실했고 지금은 달러화가 부채다. 달러가 인쇄기를 통해 발행될 때마다 국세청은 인쇄된 돈에 대한 원금과 이자에 대해 국민들에게 세금을 부과한다. 돈을 찍어내고 찍어낸 돈에 대해 세금을 부과하는 체제가 1913년부터 시작되었다.

오늘날 납세자들은 2가지 세금을 낸다. 하나는 직접세이고, 다른 하나는 인플레이션이다. 세금과 인플레이션은 모두 증가하고 있다. 이것이 재무설계사들이 항상 수입 범위에 맞춰 살라고 충고하는 이유다. 세금을 납부하고 인플레이션을 따라잡기 위해서는 수입 범위 안에서 살아야 할 것이다. 학교에서 금융 교육을 시키지 않는 것도 동일한 이유다. 정부와 부자들은 당신이 세금을 내고 인플레이션에 대한 대가를 지불하도록 하고 있다.

스스로 해결책을 찾아라

많은 미국인들은 새로운 정치 지도자를 선출하면 그들이 문제를 해결할 것이라고 믿고 있다. 미국에서 두 번째 티파티Tea Party(미국의 한 증권 중개인이 새 정부의 조세정책에 반대하면서 의회에 티tea 한 봉지씩을 보내자고 제안하면서 시작된 운동 - 옮긴이) 운동이 벌어진 것도 이 때문이다.

첫 번째 티 파티 운동은 1773년에 참정권 없는 영국의 세금정책에 반대하기 위해 보스턴에서 시작됐다. 2010년에는 미국 정부의 세금 정책에 반대하기 위한 두 번째 티 파티 운동이 일어났다. 2010년에 영국 정부는 50만 명의 공무원을 감원할 것이라고 발표했다. 국가의 복지정책에 의존하는 사람들도 혜택이 줄어드는 것을 보게 될 것이다.

지난해 프랑스 파리에서는 정년퇴직 연령을 60세에서 62세로 연장하는 것에 반대하는 시위와 폭동이 일어났다. 소득의 대부분을 저축하고 열심히 일하는 근로자들을 배출하는 교육제도를 갖추고 있는 일본은 지난해 세계 최대의 채무국이 되었다. 일본의 국가 부채는 GDP의 200퍼센트에 달한다. 한때 숙적이었던 중국과 러시아는 2010년에 달러가 아니라 자국의 화폐인 위안yuan과 루블ruble로 교역을 했다. 이것은 신용등급이 낮은 사람들에게 은행이 돈을 빌려주기를 거부하는 것과 다를 바가 없다.

이런 현상들이 의미하는 것은 무엇일까? 파티가 끝났고 산타 할아버지의 썰매타기가 종착역에 도착했다는 의미다. 또 자본주의가 제3세계 국가들로 확산되고 있다는 뜻이기도 하다. 당신이 자본주의자라면 이는 좋은 소식이다. 그러나 정부가 모든 것을 돌봐주기를 기대하는 사회주의자라면 끔찍한 소식이다. 당신이 자본주의자라면 해결책의 일부가 될 수 있지만, 사회주의자라면 문제가 될 것이기 때문이다.

정부가 당신의 문제를 해결해줄 것이라고 기대한다면 오산이다. 세계 각국의 정부들이 파산에 이르렀기 때문이다. 문제의 대상이 되기보다 해결책의 일부가 되라. 더 많은 것을 얻기 위해 더 많이 주는 일에 힘쓰는 진정한 자본주의자가 되라. 적게 일하고 더 많이 받기를 기대하는 시대는 끝났다.

내 말을 오해해서는 안 된다. 사회주의의 이상을 추구하는 것은 잘못된 것이 아니다. 우리는 다른 사람들을 배려하는 사람들이 필요하다. 하지만 당신이 공짜 점심을 신봉한다면 사회주의는 탐욕으로 변할 것이다. 주지하다시피 세계는 탐욕스러운 자본주의자들과 사회주의자들로 가득하다.

당신의 진정한 불공정한 경쟁우위는 금융 교육을 받아서 문제를 해결하는 데 일조하는 것이다. 진정한 자본주의자는 적은 것을 가지고 더 많은 일을 하는 것, 즉 생산성을 높이는 일에 힘을 집중한다는 사실을 명심하라. 이것은 더 좋은 제품을 더 낮은 가격에 생산한다는 의미다. 진정한 자본주의 사회에서는 제품의 가격은 내려가고 생산성은 올라간다.

고장 난 시스템

우리가 직면하고 있는 커다란 문제 가운데 하나는 교육제도다. 현재의 교육제도는 적게 일하고 더 많은 돈을 받는 방법을 가르치고 있다. 대부분의 선생님들은 적은 투자로 더 많은 학생을 가르칠 방법을 고민하는 대신 직업 안전성과 평생 일하는 것에 더 신경을 쓰고 있다.

중국은 세계 시장에 진출한 이후 더 좋은 제품을 더 싸게 제조해야한다는 사실을 깨달았다. 그렇지 않으면 서구 국가들처럼 실업률이 급격하게 높아질 것이기 때문이다. 서구 국가들이 생존하기 위해서는 적은 양을 투입해 더 많은 일을 하는 진정한 자본주의의 가치로 돌아가야 한다.

불행하게도 서구 국가의 지도자들은 학교에서 공부를 잘했던 똑똑한 학생들이었다. 문제는 대부분의 똑똑한 학생들이 사회주의적 환경에서 교육을 받았다는 것이다. 대부분의 학생들이 금융 교육이나 비즈니스 교육을 제한적으로 받았기 때문에 실제 세계를 이끌어갈 준비가 안 된 상태로 학교를 졸업한다.

이들은 번영을 촉진하기보다 긴축을 추구한다. 생산을 촉진시키는 대신 생산을 억압하는 세금을 인상한다. 금융 교육을 제대로 받지 못한 정치 지도자들의 가장 큰 문제는 부패와 탐욕을 조장한다는 것이다.

상당수의 똑똑한 학생들은 부자들로부터 빼앗아 가난한 사람들에게 나눠주는 것을 지지하는 사회주의적인 환경에서 교육을 받았다. 이것은 부자들로부터 더 많이 빼앗아 가난한 사람들에게 나눠줄수록 가난한 사람들을 더 많이 양산하게 만드는 문제를 발생시킨다. 적게 일하고 돈을 더 많이 받고 싶다는 사고방식은 반드시 바뀌어야 한다. 이제 다시 첫 번째 질문으로 돌아가보자.

자주 묻는 질문 —— 리치대드컴퍼니가 제공하는 금융 교육의 가장 큰 혜택은 무엇인가?

간단한 답변 —— 당신이 해결책의 일부가 될 수 있다는 것이다.

설명 —— 당신의 진정한 불공정한 경쟁우위는 금융 교육을 활용해 관대해지는 것이다. 금융 교육을 활용해 당신과 다른 사람들의 재정적인 문제들을 해결하라. 사람들에게 물고기를 잡아주는 것보다 물고기 잡는 방법을 가르치는 것이 진정한 변화를 만들어낼 수 있다는 사실을 명심해야 한다. 하지만 불행하게도 우리의 학교들은 물고기 잡는 방법을 가르치는 대신 물고기를 파는 사람들인 은행가와 재무설계사를 불러 모으고 있다.

재무설계사, 주식 중개인, 부동산 중개인 그리고 보험 판매원들이 금융 교육을 위장해 영업을 하는 것을 듣고 있으면 혼란스럽다. 물고기를 파는 것은 교육이라는 이름 아래 돈을 벌어들이는 이기적인 접근법이다. 이기적이 되어서 순진한 사람들에게 물고기를 파는 대신 금융 교육을 활용해 너그러운 사람이 되어라. 불공정한 경쟁우위를 이용해 금융 교육을 받지 못한 사람들을 기만하는 대신 사람들을 가르치고 재정적으로 자유롭게 만들어주기 위해 금융 교육을 활용하라. 당신만이 부자가 되기 위해 불공정한 경쟁우위를 이용하지 말고, 다른 사람들의 삶을 풍요롭게 하기 위해 당신이 가지고 있는 불공정한 금융지식을 활용하라.

2010년에만 수백만 명이 일자리를 잃었고 집을 잃었다. 또 수백만 명이 자신들의 연금저축을 날렸다. 이들은 금융 교육을 받지 못했고,

317

미래의 재정 문제를 다른 사람들의 손에 맡겼기 때문에 패배자가 되었다. 이번 금융위기를 나쁘게만 보지 말고 무엇인가 좋은 것을 하기 위한 동기 유발 요인으로 활용하라. 무엇을 하라고 지시를 받기보다 스스로 생각하도록 자기 자신과 다른 사람들을 교육시켜야 한다.

우리는 용감한 신세계와 새로운 경제 시대로 진입하는 단계에 있다. 이번 금융위기는 간단히 말하면 한 시대의 종말을 알리는 동시에 새로운 시대와 새로운 경제의 시작이다. 우리가 무제한적인 풍요와 기회의 새로운 시대에 진입하고 있다는 것은 좋은 소식이다.

기술은 금융위험을 감소키고 제품의 가격과 임금을 낮추는 동시에 시장을 개방시킨다. 기술의 발전으로 기업가가 되는 것이 더 쉬워지는 것은 좋은 소식이다. 하지만 기술은 봉급생활자들의 삶을 더 팍팍하게 만든다.

자동차가 말을 대신했듯이, 기술이 노동자를 대체하면서 실업률이 올라갈 것이다. 더 높은 연봉을 받는 직업을 찾기 위해 학교로 돌아가는 대신 자신을 교육시키는 새로운 방법을 찾는 일에 몰두하라. 금융 교육을 받은 사람들에게 새로운 세계는 풍요와 기회가 가득한 국경 없는 세상이 될 것이다.

사회주의와 전체주의의 신조를 따른 사람들은 빈곤의 세계에서 계속 살게 될 것이다. 낮은 임금과 높은 세금 그리고 높은 인플레이션 때문에 이들의 부는 자신의 재산을 신탁한 사람들에게 돌아가는 수수료와 각종 비용을 통해 빼앗기게 될 것이다. 반대로 다음의 3가지 보상 법칙을 따른 사람들에게는 인생이 더욱 쉬워질 것이다.

- 더 많은 것을 얻기 위해 더 많이 주어라.

- B와 I사분면에서 더 많이 주는 방법을 배워라.
- 복합적으로 작용하는 지식의 힘을 활용하라.

이렇게 살면 정부도 세금 혜택을 주고, 은행들은 자산을 매입하는데 필요한 돈을 빌려줄 것이다. 그리고 월스트리트는 B사분면에 있는 기업가들을 위해 자금을 조달해줄 것이다.

사회주의자와 전체주의자들이 자본주의자들에게 너그러운 이유는 무엇일까? 그들이 자본주의자를 필요로 하기 때문이다. 자본주의자들이 없으면 사회주의자와 전체주의자들은 배고프고 성난, 게다가 실직한 대중들에 의해 공격을 받을 것이다.

당신은 노동자와 정치 지도자들 사이에서 힘겨루기의 희생양이 되지 않기 위해 금융 교육을 통한 불공정한 경쟁우위를 가져야 한다. 시위를 벌이는 노동자들과 정치가들 사이에 끼지 말고 진정한 자본주의자가 되기 위해 노력하라. 더 많은 일을 할 수 있도록 더 많이 배워라. 적은 것을 가지고 더 많은 일을 하고 다른 사람들의 삶을 풍요롭게 하는 일에 전력을 다하라.

부자 아빠 기요사키가 말하는
부자들의 음모
로버트 기요사키 지음 · 윤영삼 옮김 · 값 16,000원

부동산 대폭락, 금값 폭등, 실업률 최고조, 퇴직연금 파산, 중산층 몰락… 금융위기 이후 돈의 규칙이 완전히 바뀌었다. 그런데 아직도 보통 사람들은 부자들이 말하는 '돈의 낡은 규칙'을 철석같이 믿으며 따르고 있다. "버는 한도 안에서 아껴서 살라"는 부자들의 속임수 대신 부자들끼리만 공유하고 있는 '돈의 새로운 규칙'을 배워라.

★ 2010년 하반기 경제경영 베스트셀러
★ 2010년 예스24 네티즌 선정 올해의 책 후보도서

그들이 부자가 될 수밖에 없는 이유
강남 부자들
고준석 지음 · 값 14,000원

프라이빗 뱅커 겸 부동산 전문가인 저자가 10여 년간 대한민국 대표 부동산 부자 50인의 자산을 관리해주고 조언하면서 발견한 강남 부자들만의 투자 패턴. 특히 단순히 투자가치 가 있는 지역과 전문가적 조언을 나열한 투자 비법 노트가 아닌 강남 부자들의 인생 자체 를 조명, 그들의 열정과 용기를 가르쳐준다.

★ 2011 상반기 경제경영 베스트셀러